高等职业教育数字商务高水平专业群系列教材
编写委员会

高等职业教育数字商务高水平专业群系列教材

总主编：张宝忠

短视频策划与剪辑

主　编／刘婉莹（西安航空职业技术学院）

魏　頔（陕西能源职业技术学院）

蒋　博（陕西职业技术学院）

副主编／陈　宏（黑龙江建筑职业技术学院）

张华琼（临沂科技职业学院）

韦玉玲（南充文化旅游职业学院）

胡　婧（湖北科技职业学院）

谢昀桐（黑龙江职业学院）

曹春华（上海科学技术职业学院）

邱瑜琦（上海商业会计学校）

参　编／张　瀛（陕西聚亮网络科技有限公司）

李传锐（义乌市简尚饰品有限公司）

李冰慧（陕西佳帮手集团控股有限公司）

华中科技大学出版社
http://press.hust.edu.cn
中国·武汉

内容提要

随着全媒体时代的深入发展，短视频凭借其强大的流量聚集能力，已成为各行各业传播赋能的核心载体。可以说，短视频正以其独特魅力和深远影响力，在经济、文化、社会等多个领域发挥着不可替代的积极作用。

本教材的核心目标是提升学习者的短视频策划及剪辑技能。在课程设置上，从初学者的视角出发，首先介绍短视频行业的发展现状、内容类型及主流平台特性，然后逐步延伸至团队搭建、账号类目定位等核心环节，帮助学习者系统掌握脚本策划、拍摄构思、剪辑制作、推广运营及数据分析等短视频创作的各个环节技能。

本教材注重理论与实践相结合，案例丰富，既可作为高等职业院校相关专业的教学用书，又适合对短视频创作感兴趣的创作者、自媒体工作者及有意进入短视频领域的人员学习。

图书在版编目（CIP）数据

短视频策划与剪辑 / 刘婉莹，魏頔，蒋博主编 . -- 武汉：华中科技大学出版社，2025. 6. --（高等职业教育数字商务高水平专业群系列教材). -- ISBN 978-7-5772-1826-7

Ⅰ. F713.365.2；TP317.53

中国国家版本馆 CIP 数据核字第 20253F13M8 号

短视频策划与剪辑　　　　　　　　　　　　　　　　　　　刘婉莹　魏　頔　蒋　博　主编
Duanshipin Cehua yu Jianji

策划编辑：张馨芳　宋　焱　聂亚文
责任编辑：陈　孜
封面设计：廖亚萍
版式设计：赵慧萍
责任校对：唐梦琦
责任监印：曾　婷
出版发行：华中科技大学出版社（中国·武汉）　　　电话：（027）81321913
　　　　　武汉市东湖新技术开发区华工科技园　　　邮编：430223
录　　排：华中科技大学出版社美编室
印　　刷：武汉科源印刷设计有限公司
开　　本：787mm×1092mm　1/16
印　　张：18　插页：2
字　　数：408 千字
版　　次：2025 年 6 月第 1 版第 1 次印刷
定　　价：68.00 元

总　序

以数字经济为代表的新经济已经成为推动世界经济增长的主力军。数字商务作为先进的产业运营方法，以前沿、活跃、集中的表现方式，助推数字经济快速增长。在新的发展时期，我国数字商务的高速发展能有效提升产业核心竞争力，对我国经济的高质量发展有重要的意义。在此背景下，数字商务职业教育面临愈加复杂和重要的育人育才责任。

（一）新一代信息技术推动产业结构快速迭代，数字经济发展急需数字化人才

职业教育最重要的特质与属性就是立足产业与经济发展的需求，为区域经济转型和高质量发展提供大量高素质技术技能人才。以大数据、云计算、人工智能、区块链和5G技术等为代表的新一代信息技术全方位推动整个社会产业经济结构由传统经济向数字经济快速迈进。数字经济已经成为推动世界经济增长的主力军。

产业数字化是数字经济中占比非常大的部分。在产业数字化中，管理学和经济学领域的新技术、新方法、新业态、新模式的应用带来了较快的产业增长和效率提升。过去十年，中国数字经济发展迅速，其增长速度远远高于同期GDP增长速度。

持续发展的通信技术、庞大的人口基数、稳固的制造业基础以及充满活力的巨量企业是中国数字经济持续向好发展的基础与保障，它们使得中国数字经济展现出巨大的增长空间。数字经济覆盖服务业、工业和农业各领域，企业实现数字化转型成为必要之举，熟悉数字场景应用的高素质人才将成为未来最为紧缺的要素资源。因此，为企业培养和输出经营、管理与操作一线人才的职业教育急需做出改变。

（二）现代产业高质量发展，急需明确职业教育新定位、新目标

2019年以来，人力资源和社会保障部联合国家市场监督管理总局、国家统计局正式发布一批新职业，其中包括互联网营销师、区块链工程技术人员、信息安全测试员、在线学习服务师等市场需求迫切的新职业。这些新职业具有明确的培养目标和课程体

系，对培养什么样的人提出了明确的要求。

专业升级源自高质量发展下的产业升级。在全球数字化转型的背景下，如何将新一代信息技术与专业、企业、行业各领域深度融合，对新专业提出了新要求。2021年3月，教育部印发了《职业教育专业目录（2021年）》。该专业目录通过对接现代产业体系，主动融入新发展格局，深度对接新经济、新业态、新技术、新职业。同时，新专业被赋予新内涵、新的一体化知识体系、新的数字化动手能力，以有效指导各院校结合区域高质量发展需求开设相关专业。

具备基本的数字经济知识将成为职业院校培养高素质技术技能人才的基本要求。职业院校要运用新一代信息技术，通过知识体系重构向学生传授数字化转型所需要的新知识；要学习大数据、云计算、人工智能、区块链、5G等新技术，让学生适应、服务、支持新技术驱动的产业发展；要与时俱进地传授数字技能，如数据采集与清洗、数据挖掘与分析、机器人维修与操作、数字化运营、供应链管理等，因为学生只有具备数字技能，才能在未来实现高质量就业。

为什么要在这个时间节点提出"数字商务专业群建设"这一概念，而不是沿用传统的"电子商务专业群建设"概念？可以说，这是时代的需要，也是发展的选择。电子商务是通过互联网等信息网络销售产品或者提供服务的经营活动，它强调的是基于网络；而数字商务是由更新颖的数字技术，特别是将大数据广泛应用于商务各环节、各方面形成的经营活动，它强调的是基于数据。

1. 数字商务包括电子商务，其内涵更丰富，概念更宽广

商务部办公厅于2021年1月发布的《关于加快数字商务建设 服务构建新发展格局的通知》，将电子商务理解为数字商务最前沿、最活跃、最重要的组成部分。数字商务除了电子商务外，还包括电子政务、运行监测、政府储备、安全监督、行政执法、电子口岸等与商务相关的更广泛的内容。

2. 数字商务比电子商务模式更新颖

无论是实践发展还是理论的流行，数字商务都要比电子商务晚一些。数字商务是电子商务发展到一定阶段的产物，是对电子商务的进一步拓展。这种拓展不是量变，而是带有质变意义的新的转型与突破，可以带来更新颖的商务模式。

3. 数字商务更强调新技术，特别是大数据赋能

上述新颖的商务模式是由5G、物联网、大数据、人工智能、区块链等较为新颖的技术及其应用，特别是大数据的应用所催生的。数据驱动着更前沿的数字技术广泛应用于实体经济中商务活动的各环节、各方面，可以进一步突破先前电子商务的边界，包括打破数字世界与实体世界的边界，使数字技术更深入地融入实体经济发展。

4.数字商务更强调数字技术跨领域集成、跨产业融合的商务应用

相对于电子商务，数字商务不仅包括基于互联网开展的商务活动，而且将数字化、网络化的技术应用延展到商务活动所连接的生产与消费两端；不仅包括电子商务活动的直接关联主体，而且凭借物联网等技术延展到相关的客体以及与开展商务活动相关的所有主体和客体，其主线是产商之间的集成融合。这种跨界打通产供销、连接消费和生产、关联服务与管理的应用，是数字商务提升商务绩效的基础。

5.数字商务结合具体的应用场景，更深度地融入实体经济

与电子商务相比，数字商务是更基于应用场景的商务活动，在不同的产业应用场景之下，以多种数字技术实现的集成应用具有不同的内容与形式。实际上，这正是数字商务更深度地融入实体经济的体现。换个角度来理解，如果没有具体应用场景的差别，在各行各业各种条件之下数字技术的商务应用都是千篇一律的，那么，商务的智能化也就无从谈起。从特定角度来看，数字商务的智能化程度越高，就越能灵敏地反映、精准地满足千差万别的应用场景下不同经济主体的需求。

大力发展数字商务，不断将前沿的数字技术更广泛、更深入地应用于各种商务活动，必将进一步激发电子商务应用的活力和功效，不断推动电子商务与数字商务的整体升级。更重要的是，范围更广、模式更新的数字商务应用，必将为自电子商务应用以来出现的商务流程再造带来新的可能性，从而为商务变革注入新的发展动能。

本系列教材的理念与特点是如何体现的呢？专业、课程与教材建设密切相关，我国近代教育家陆费逵曾明确提出"国立根本在乎教育，教育根本实在教科书"，由此可见，优秀的教材是提升专业质量和培养专业人才的重要抓手和保障。

第一，现代学徒制编写理念。教材编写内容覆盖企业实际经营过程中的整个场景，实现教材编写与产业需求的对接、教材编写与职业标准和生产过程的对接。

第二，强化课程思政教育。教材是落实立德树人根本任务的重要载体。本系列教材以《高等学校课程思政建设指导纲要》为指导，推动习近平新时代中国特色社会主义思想进教材，将课程思政元素以生动的、学生易接受的方式充分融入教材，使教材的课程思政内容更具温度，具有更高的质量。

第三，充分体现产教融合。本系列教材主编团队由全国电子商务职业教育教学指导委员会委员，以及全国相关高校数字商务（电子商务）学院院长、副院长、学科带头人、骨干教师等组成，全国各地优秀教师参与了本系列教材的编写工作。教材编写团队吸纳了具有丰富教材编写经验的知名数字商务产业集群行业领军人物，以充分反映电子商务行业、数字商务产业集群企业发展最新进展，对接科技发展趋势和市场需求，及时将比较成熟的新技术、新规范等纳入教材。

第四，推动"岗课赛证"融通。本系列教材为"岗课赛证"综合育人教材，将电子

商务证书的考核标准与人才培养有机融合，鼓励学生在取得电子商务等证书的同时，积极获取包括全媒体运营师、商务数据分析师在内的多种证书。

第五，教材资源数字化，教材形式多元化。本系列教材构建了丰富实用的数字化资源库，包括专家精讲微课、数字商务实操视频、拓展阅读资料、电子教案等资源，形成图文声像并茂的格局。部分教材根据教学需求以活页、工作手册、融媒体等形式呈现。

第六，数字商业化和商业数字化加速融合。以消费者体验为中心的数字商业时代，商贸流通升级，制造业服务化加速转型，企业追求快速、精准响应消费者需求，最大化品牌产出和运营效率，呈现"前台—中台—后台"的扁平化数字商业产业链，即前台无限接近终端客户，中台整合管理全商业资源，后台提供"云、物、智、链"等技术以及数据资源的基础支撑。数字商业化和商业数字化的融合催生了数字商业新岗位，也急需改革商科人才供给侧结构。本系列教材以零售商业的核心三要素"人、货、场"为依据，以数字经济与实体经济深度整合为出发点，全面构建面向数字商务专业群的基础课、核心课，全方位服务高水平数字商务专业群建设，促进数字商业高质量发展。

根据总体部署，我们计划在"十四五"期间，结合以下两大板块对本系列教材进行规划和构架。第一板块为数字商务专业群基础课程，包括数字技术与数据可视化、消费者行为分析、商品基础实务、基础会计实务、新媒体营销实务、知识产权与标准化实务、网络零售实务、流通经济学实务等。第二板块为数字商务专业群核心课程，包括视觉营销设计、互联网产品开发、直播电商运营、短视频策划与剪辑、电商数据化运营、品牌建设与运营等。当然，在实际执行中，可能会根据情况适当进行调整。

本系列教材是一项系统性工程，不少工作是尝试性的。无论是编写系列教材的总体构架和框架设计，还是具体课程的挑选以及内容和体例的安排，都有待广大读者来评判和检验。我们真心期待大家提出宝贵的意见和建议。本系列教材的编写得到了诸多同行和企业人士的支持。这样一群热爱职业教育的人为本教材的开发提供了大量的人力与智力支撑，也成就了职业教育的快速发展。相信在我们的共同努力下，我国数字商务职业教育一定能培养出更多的高素质技术技能人才，助力数字经济与实体经济发展深度整合，助推数字产业高质量发展，为我国从职业教育大国迈向职业教育强国贡献力量。

丛书编委会
2024 年 1 月

前　言

在自媒体创业热潮的推动下，越来越多的创作者拿起手中的拍摄工具，用短视频记录生活与工作的精彩瞬间。"三农"领域的创作者通过镜头展现家乡风貌，让当地特色农产品突破地域限制，走向更广阔的销售市场；文化类IP博主则以精致生动的短视频形式，对传统文化、地方民俗进行创新表达，让古老的东方文化在新时代重焕光彩，从而增强大众的民族文化自信；企业通过精心策划的短视频内容，实现产品"种草"，在促进销售的同时，持续提升品牌知名度，最终达成流量变现的目标。

如今，各行各业已深刻认识到短视频的重要价值，纷纷将其视为对外展示形象、开展有效沟通的核心纽带。借助这一新兴的媒介传播形式，在流量主导的时代背景下抢占传播高地，利用手机等设备拍摄短视频似乎成了一项基本的生活技能。然而，想要创作出优质的短视频内容并非易事，这需要创作者具备全方位的创意策划能力，掌握扎实的拍摄和短视频剪辑技能，才能让短视频更具视觉冲击力，呈现出更好的效果。

党的二十大报告指出，"开辟发展新领域新赛道，不断塑造发展新动能新优势"。为了更精准地契合当前市场环境对人才的需求，编者团队综合考量了行业发展态势、短视频领域的特定要求，以及短视频创作者需要具备的各项岗位技能的实际需求与反馈，精心编撰了本教材。

本教材共包括八个项目，系统讲解了短视频创作中脚本策划、拍摄构思、剪辑制作、推广运营及数据分析等各环节技能。

本教材内容具有以下几大特色。

1. 结构清晰，理实结合

本教材以短视频创作全流程为逻辑主线，构建了层次分明的知识体系，让学习者能快速把握学习脉络。本教材突出"以应用为主线，以技能为核心"的编写特点，实现理论与实践的无缝衔接，帮助学习者既懂"为什么"，又懂"怎么做"。

2. 案例丰富，实操性强

本教材收集整理了大量短视频策划与剪辑的案例，不仅详细解读了每个案例的策划思路和剪辑技巧，还配套设计了阶梯式实操任务，帮助学习者逐步掌握从构思到成品的完整创作技能，真正做到"学完就能用"。

3.图文并茂，讲解详细

本教材采用"文字+示例图"的多元呈现方式，对复杂的剪辑操作、镜头语言等内容进行可视化讲解。即使零基础的学习者也能轻松理解，降低学习门槛。同时，本教材四色全彩印刷、版式精美，增强了阅读体验感，增加了学习短视频相关知识的乐趣。

4.资源丰富，便于教学

本教材配套多维度教学数字资源，包括慕课视频、教学PPT、实操练习、教学大纲等立体化教学数字资源。教师可直接调用数字资源开展相关教学活动；学生也能通过补充数字资源进行自主预习和课后巩固，满足教与学的双向需求。

5.融入思政，育能铸魂

本教材紧密结合短视频岗位的技能需求与职业要求，融入丰富的思政元素，既确保技能深深扎根于思政的肥沃土壤，又促进精神养分滋养职业成长，旨在培养既具备扎实技能又恪守职业操守的专业人才，坚定落实"立德树人"的教育根本任务。

本教材由刘婉莹、魏頔、蒋博担任主编，陈宏、胡婧、韦玉玲、谢昀桐、张华琼担任副主编。本教材在编写之初便充分考虑初学者可能会遇到的困难，因此本教材基础知识的讲解全面而深入，内容结构循序渐进，力求通过大量案例，使学习者在掌握短视频相关理论知识的同时，提升短视频策划与剪辑的实战技能，提高学习效率。

同时，在编写本教材的过程中，编者团队引用了许多来自互联网的图片，由于无法与原作者联系以及无法查证真实原作者等因素，若涉及版权问题，敬请原作者与我们联系。在此，也对这些原作者深表感谢！

尽管编者团队在本教材的编写过程中力求准确、完善，但难免存在不足之处，恳请广大读者批评指正。

编　者
2025年6月

目 录

数字资源目录

项目一　全面认识短视频

📋 项目背景

随着互联网技术的飞速发展，特别是短视频平台的兴起，为农产品营销带来了前所未有的机遇。《抖音2024乡村文旅数据报告》显示，2024年抖音新增乡村内容数达10.9亿个，播放量近2.8万亿。这些数据不仅展示了短视频在乡村传播中的巨大影响力，也揭示了其作为农产品营销新渠道的巨大潜力。通过短视频，农产品可以跨越地域限制，直观、生动地展现在消费者面前，极大地拓宽了销售市场。

短视频营销不仅提升了农产品的曝光度，还直接带动了经济效益的增长。《抖音2024乡村文旅数据报告》指出，2024年抖音吸引1990万名乡村游客下单，帮助2万个乡村文旅商家增收超47亿元。这些真实的数据反映了短视频营销在促进农产品销售、增加农户收入方面的显著成效。

从淄博烧烤到贵州"村超"，再到天水麻辣烫，一系列中小城市及乡村地区通过短视频营销成功出圈。新疆维吾尔自治区某县时任副县长贺娇龙因策马奔腾的短视频走红网络（图1-1），从而带动了当地旅游业的发展。同时，贺娇龙还利用短视频为当地的农副产品带货，不断将线上流量转化为现实收益。

图1-1　贺娇龙抖音号发布的短视频

学习目标

◇ 素养目标

1.坚持弘扬社会主义核心价值观，恪守法律法规及商业道德，共同构建健康的网络生态环境。

2.遵守短视频平台的规则，不发布损害国家和人民利益、影响社会和谐的短视频。

3.引导学生爱岗敬业，秉持专业精神，诚实守信，尽职尽责，敢于创新。

4.引导学生遵守短视频营销从业人员的职业道德规范、职业素养标准，掌握短视频专业知识技能要求。

◇ 知识目标

1.了解短视频的发展历程和发展前景。

2.熟悉短视频前期准备工作的具体要求。

3.熟悉短视频的主流平台和内容分类。

4.熟悉短视频团队的组建方法。

5.掌握短视频的创作流程。

◇ 能力目标

1.具备根据项目需求调整短视频创作流程的能力。

2.具备与团队成员有效沟通、协作和解决问题的能力。

3.能够根据目标受众和特定平台的特点，灵活选择并创新短视频类型，以满足不同平台和受众的需求。

工作场景与要求

小张同学近期将开展农产品的短视频营销工作，目前正处于筹备阶段。他深知，在这个全新的领域里，全面了解短视频的发展历程、深入理解短视频的类型与短视频的创作流程是至关重要的。这不仅能够快速了解短视频领域，还能提升短视频策划、拍摄和制作方面的能力。因此，他决定首先学习这些内容，为后续的工作打下坚实的基础。

小张同学和项目组沟通后一致认为，要想成功开展农产品的短视频营销工作，必须事先对短视频营销的各个环节进行周密的筹备与规划。否则，短视频营

销工作可能难以顺利进行，也难以达到预期的推广和销售目标。为了帮助农户通过短视频营销增加农产品的营收、提升农产品的市场竞争力，并打造具有可持续竞争力的农产品品牌，他们需要从多个方面着手进行短视频营销的筹备与规划工作。

任务一 全面了解短视频

样片

一、任务导入

小张同学及其项目组立刻进行了短视频营销工作的安排。短视频是一种新的视频形式，又被称为微视频。短视频主要依托移动智能终端以实现快速拍摄和美化编辑，可以在社交媒体平台进行实时分享。短视频融合了文字、音频和视频，可以更好地满足用户的表达与沟通、展示与分享的需求。但是由于先前项目组成员都没有接触过完整的短视频制作与传播流程，仅仅对短视频的热门趋势有所了解，对其本质、核心要素、类型缺乏深入的研究与分析。为了确保本短视频项目能够顺利推进并取得预期效果，项目组决定首先全面熟悉短视频的特点、类型与内容生产方式。

请问：短视频有哪些类型？针对农产品的短视频营销与宣传应该选择哪种类型呢？

二、知识准备

短视频的
前期拍摄准备

（一）短视频的特点

短视频作为一种新兴的传播媒介，近年来在全球范围内迅速崛起，其多个显著特点不仅体现在内容形式上，还深刻影响着其传播方式和用户互动等多个方面。

1.短小精悍，内容丰富

短视频的时长通常控制在几秒到几分钟之间，这使得创作者必须在有限的时间内迅速吸引用户的注意力并传递丰富的信息。例如，像抖音这类平台上的许多热门短视频，都通过精心编排的剧本、快速切换的镜头以及引人入胜的音乐，成功地在短短几十秒内讲述了一个完整的故事或传达了一个明确的观点。

2.形式多样，创意无限

短视频采用多种表现形式，如动画、特效、快速剪辑等，这些手法不仅增加了短视频的趣味性，还极大地丰富了用户的视觉体验。例如，快手平台上的某个用户利用简单的动画和特效，创作出了一系列关于日常生活的幽默短视频，这些短视频因其独特的创意和表现形式迅速走红网络。

3.注重美学，提升观赏性

短视频非常注重画面的美感和观赏性，创作者通过摄影技巧、剪辑手法、配乐选择以及色彩调配等手段，营造出独特的视觉效果。例如，哔哩哔哩（B站）上的一个知名UP主，以其精美的画面构图、流畅的剪辑和恰到好处的配乐，制作了一系列关于自然风光的短视频，这些短视频因其极高的观赏性广受好评。

4.社交属性强，互动便捷

短视频平台通常具备方便快捷的社交分享功能，这使得用户可以轻松地将自己喜欢的短视频分享到社交媒体平台上，与朋友互动、讨论或产生共鸣。例如，微信视频号上的一个热门视频，因为其内容引发了广泛的共鸣，被大量用户分享到朋友圈和微信群中，从而迅速获得了数百万的观看量和大量的评论互动。

5.门槛低，生产流程简单

相较于传统视频，短视频的生产门槛大大降低，创作者只需一部智能手机即可完成短视频的拍摄、剪辑制作和上传。这种低门槛的生产方式使得更多人能够参与到短视频的创作中来。例如，抖音国际版TikTok的一个普通用户，仅凭一部手机就创作出了一系列关于日常生活的搞笑短视频，最终成为该平台的知名创作者。

6.目标精准，营销效果好

短视频平台通常具备精准的推荐算法，能够根据用户的兴趣和需求推送相关内容。这种精准推送机制使得短视频营销更加有效。例如，某一时尚品牌在某短视频平台上投放了一系列关于新品发布的短视频广告，平台通过精准的算法将这些广告推送给了对时尚内容感兴趣的用户群体，从而实现了高效的营销转化。

（二）短视频的类型

短视频作为当代流行的数字媒介形式，以其独特的内容与表现方式吸引了广大受众。根据不同的分类标准，短视频可以划分为不同类型，每种类型都有其独特的特点和受众群体，如表1-1所示。

表 1-1　短视频的类型

短视频的分类	短视频的类型	特点
按照内容主题分类	娱乐搞笑类	以幽默、诙谐为主要特点，通过夸张的表演、巧妙的剪辑和配乐，为用户带来欢乐和放松
	知识教育类	涵盖各种学科知识、生活技能、历史文化等内容，以传授知识和提升用户认知为目的
	生活方式类	展示时尚潮流、美食制作、旅行攻略等与生活息息相关的内容，引导用户追求高品质的生活方式
	新闻资讯类	及时报道社会热点、政治经济动态、科技进展等，满足用户对信息的需求
按照表现形式分类	Vlog（视频日志）类	以个人日常生活记录为主，展现真实、自然的生活状态，具有较强的个人色彩和互动性
	广告类	以宣传推广为目的，通过创意和精美的制作吸引用户注意，传达产品或品牌信息
	剧集类	以连续剧情或系列故事为主线，通过短视频的形式展现，具有较强的叙事性和观赏性
	教程类	以教授某种技能或知识为主，通过步骤演示和讲解，帮助用户学习并掌握新技能

各种类型的短视频展示内容如图 1-2 至图 1-9 所示。

图 1-2　娱乐搞笑类短视频

图 1-3　知识教育类短视频

图 1-4　生活方式类短视频

图1-5　新闻资讯类短视频　　　　图1-6　Vlog类短视频　　　　图1-7　广告类短视频

图1-8　剧集类短视频　　　　图1-9　教程类短视频

（三）短视频的内容生产方式

短视频的内容生产方式丰富多样，涵盖了从用户自发创作到专业团队制作，再到机器自动生成等多个方面。这些不同的内容生产方式为短视频行业提供了源源不断的创意和内容，满足了不同用户的需求和喜好。

1.用户生成内容

用户生成内容（UGC）是指普通用户利用手机、相机等便捷设备拍摄并上传至短视频平台的原创作品。这一内容形式以其低门槛、高互动性的特点著称，内容广泛涵盖生活的各个方面，包括娱乐、教育等多元领域，极大地丰富了短视频平台的内容库，促进了平台内容的多样性和活跃度的提升。

2.专业生成内容

专业生成内容（PGC）是指由专业团队或个人根据市场需求精心策划、拍摄、剪辑的短视频内容。这类内容以其高质量、高观赏性和强传播价值为特点，通常在内容策划的深度、拍摄的精良度以及后期制作的专业性方面表现突出，为用户提供了更为精致和具有吸引力的观看体验。

3.官方生成内容

官方生成内容（OGC）是指由政府、企业、媒体等官方机构制作并发布的内容。这类内容以其权威性和高可信度为核心特征，短视频平台通过与官方机构的合作，不仅能够获得高质量的内容资源，还能有效提升自身的品牌形象和社会影响力。

4.专业用户生成内容

专业用户生成内容（PUGC）是指形式上以 UGC 为载体，但内容质量接近 PGC 的专业化短视频。PUGC 结合了 UGC 的广泛参与性和 PGC 的专业制作水准，其内容质量介于两者之间，既保持了 UGC 的多样性和新鲜感，又融入了专业制作的高品质元素。

5.机器生成内容

机器生成内容（MGC）是指利用人工智能技术自动抓取网络素材，并结合先进算法进行剪辑、配音等处理而生成的短视频内容。MGC 以其高效的生产速度为优势，但内容质量可能因算法限制而参差不齐。随着人工智能技术的不断进步，预期MGC的质量将得到显著提升，为短视频领域带来新的创新点。

三、任务实践

（一）任务背景

请各小组选取自己家乡的一款具有代表性的农产品，并在抖音、小红书、快手等短视频平台上查找该农产品的相关短视频内容。通过这一过程，全面了解短视频的特点，并熟悉不同类型的短视频。

（二）任务目标

1.全面了解短视频的特点

通过实践活动，掌握短视频的核心特征，如内容精练、制作简单、互动性强等。

2.熟悉短视频的类型

分析不同类型的短视频内容，理解其在营销中的应用场景。

3.了解短视频的内容生产方式

梳理不同类型短视频的内容生产方式，理解其背后的驱动因素。

（三）任务内容

1.步骤1：分析短视频的特点

1）观看短视频
打开抖音、小红书、快手等短视频平台，选择农产品短视频进行观看。
2）记录特点
在观看过程中，记录下这些短视频的特点，如时长、内容结构、视觉效果、互动方式等。

3）小组讨论

与小组成员分享各自记录的特点，讨论短视频为何能迅速吸引用户注意并广泛传播。

2.步骤2：熟悉短视频的类型及内容生产方式

1）分类整理

根据短视频的内容生产方式（UGC、PGC、OGC、PUGC、MGC）和表现方式（情景短剧、人物讲解、探店、动漫、Vlog等），对之前观看的短视频进行分类整理。

2）案例分析

选取每种类型中的典型案例，分析其创作背景、内容特点、受众群体及营销效果。

3）小组讨论

小组讨论并总结不同类型短视频的创作规律和营销潜力。

（四）总结分析

根据每个组长的汇报情况，教师进行总结点评，并排出各组的名次。

任务二　短视频的热门平台

一、任务导入

短视频的热门平台

在当今的网络环境中，短视频平台如雨后春笋般涌现，构成了丰富多彩的数字内容生态。深刻认识和了解这些热门的短视频平台，对于创作者而言，无疑是打开了一扇通往更广阔受众群体的大门，有助于更精准地投放作品，从而吸引更多的流量和关注。小张同学及其项目组在深入研究了短视频的特点和类型之后，开始将思考的触角伸向更实际的层面——如何有效地投放他们的短视频作品，以及选择哪个平台作为投放的"舞台"。

他们意识到，不同的短视频平台，尽管都能承载短视频这一内容形式，但每个平台都有其独特的用户群体、内容生态和推荐机制。因此，即使是相同农产品品类的短视频，在不同平台上的投放策略和执行细节也可能会存在显著的差异。为了最大化短视频的传播效果和商业价值，小张同学及其项目组决定对几个主流的短视频平台进行深入的对比分析，探究它们在用户画像、内容偏好、互动模式以及推广机制等方面的异同。

请问：如何选择短视频平台呢？选择短视频平台的原则是什么？

二、知识准备

短视频平台中的内容包罗万象，多是用户自己创作并发布的。短视频平台以抖音、微信视频号、快手等为代表（图1-10）。短视频平台不仅能够播放短视频，还具备短视频的拍摄、剪辑、发布和运营等功能。

| 抖音 | 视频号 | 快手 | 好看视频 | 西瓜视频 | 微视 |
| 土豆 | 秒拍 | 腾讯视频 | 优酷视频 | 哔哩哔哩 | 搜狐视频 |

图1-10　主流短视频平台

（一）热门短视频平台

1.抖音

抖音是目前短视频领域的主流平台，也是进行短视频设计和制作的首选平台之一，在 CNPP 品牌数据研究院给出的 2022 年短视频平台市场排名中位居第一。QuestMobile 数据显示，截至 2025 年 3 月，抖音（包括抖音和抖音极速版）月活跃用户规模已突破 10 亿，达到了 10.01 亿。此外，抖音用户月人均使用时长高达 46.54 小时，这意味着平均每人每天刷抖音超 1.55 小时。图1-11 所示为抖音的短视频界面。

1）算法推荐精准

抖音的短视频采用算法推荐机制，先对短视频内容进行分类，再收集用户特征、喜好等数据，最后分析用户数据并持续为用户推荐其喜欢的短视频内容，这种精准的算法推荐大大地增强了用户黏性。

2）互动性强

抖音定期推出不同的短视频标签、短视频特效和话题活动等，引导用户积极参与，这种互动活动容易激发用户的创作灵感，引导用户参与。

3）用户群体明确

抖音的用户以年轻用户为主，根据巨量算数的数据，抖音用户的基本特征表现为19～40岁、女性用户比例大于男性用户比例等。

4）营销功能丰富

抖音的营销功能丰富，除网店销售外，产品还可以通过短视频话题、活动等进行场景化营销和"病毒式"传播，从而达到更好的营销效果。

2. 快手

快手是目前短视频行业的领头羊之一，对短视频内容创作者的支持力度相对较大，在CNPP品牌数据研究院给出的2022年短视频平台市场排名中位居第二。数据显示，截至2024年第二季度，快手的平均日活跃用户和平均月活跃用户分别达到3.95亿、6.92亿。

1）记录普通人的日常生活

快手的短视频内容坚持"拥抱每一种生活"的理念，以"记录世界，记录你"为口号，鼓励用户上传各类真实、有力量的原创生活类短视频。

2）用户可以选择自己喜欢的短视频

除了具备与抖音相同的算法推荐机制外，快手还为用户提供了一种点击播放模式，即快手首页会展示多个短视频的封面图，如图1-12所示，由用户自行选择感兴趣的短视频，并点击播放。

图1-11　抖音的短视频界面

图1-12　快手的首页界面

3）以用户为中心且用户平等

快手的产品逻辑是给每位短视频内容创作者平等的曝光机会，在这种机制下，整个平台的短视频内容非常多样化，且普通用户更喜欢分享自己的日常生活，愿意主动点赞、评论，互动率高，用户黏性较强。

4）用户群体明确

艾媒咨询数据显示，快手用户的基本特征表现为40岁以下用户为主、男性用户比例大于女性用户等。

5）短视频达人的带动性强

快手上的很多短视频达人与用户有着密切的关系，甚至有自己专属的粉丝群体。这些达人的号召力较强，粉丝一般会选择相信他们推荐的产品。

6）渗透潜力较大的下沉市场

快手的用户群体主要集中在三线及以下城市，符合下沉市场的用户特点。快手在下沉市场中有着较高的渗透率，更容易实现营销转化。

3. 微信视频号

微信视频号是2020年1月22日腾讯公司正式宣布开启内测的平台，以图片和短视频内容为主，可以发布长度不超过1分钟的短视频，还能带上文字和公众号文章链接，是一个在微信社交媒体平台中存在的新兴短视频平台，微信视频号位于微信的"发现"界面中的"朋友圈"选项下方。在微信推出的各项功能中，微信视频号的定位高于"扫一扫"，仅次于"朋友圈"。可见微信对微信视频号非常重视。微信视频号主页包括"关注""朋友""推荐"三个板块，如图1-13所示。

图1-13　微信视频号主页

1）以微信为基础，具备多个流量入口

微信视频号内嵌在微信中，不需要用户安装单独的App。用户可以直接在微信中通过微信视频号观看短视频，而且微信视频号在微信中有10个以上的流量入口，用户通过任何一个入口都可以进入微信视频号。

2）具备天然的社交功能，互动性强

微信视频号的内容推荐机制是将社交作为首要因素，优先向用户推荐微信好友喜欢的短视频。只要是微信好友点赞过的短视频，就会向用户推荐。这不仅有利于短视频的传播，还有利于用户与好友之间的社交互动。

3）推荐机制更利于普通用户

微信视频号的推荐机制以社交推荐为主，好友互动率高的短视频更容易推荐给其他感兴趣的陌生用户。

这也意味着，如果某个用户的短视频被很多微信好友点赞，那么该短视频被平台推荐给其他用户的可能性会更大。

4）用户群体明确

微信视频号用户与微信用户存在重合，微信公开课PRO发布的数据显示，微信视频号的女性用户多于男性用户，一、二、三线城市的用户居多。

5）生态场景互通，获得更多流量

微信视频号可以与微信中的公众号、小程序、朋友圈、企业微信、支付等功能互通，将这些场景中的用户引流到微信视频号中，从而获得更好的营销效果。

4.好看视频

好看视频是百度旗下的短视频平台，其定位是短视频知识互动社区，内容以泛知识类短视频为主，在CNPP品牌数据研究院给出的2022年短视频平台市场排名中位居第七。2017年11月上线之后，好看视频在2018年底已达到7500万月活跃量，同比增长1206%。不到3年时间，好看视频实现全域覆盖用户超8亿，全域日活跃用户1.1亿，独立App日活跃用户超3000万。图1-14所示为好看视频的短视频界面。

1）以百度为依靠

基于百度AI、大数据等领先技术能力，打造沉浸式内容消费模式，实现优质内容和兴趣人群精准匹配，助力内容创作者通过内容找到用户。

2）重视和激励原创

重视优质的原创短视频内容，促进用户活跃度提升。积极引入直播答题模式以及内容创作者激励机制，不断增强用户的参与感，让用户和内容创作者都能获利。

3）用户群体明确

好看视频用户的基本特征表现为以30岁及以上的中青年男性群体为主，且对军事、政治、财经等专业性内容的需求突出。

4）专业的知识型平台

好看视频坚持走泛知识类道路，邀请名家、行家等专业人士签约入驻，传播专业的知识，潜移默化地增强用户在短视频浏览中的知识获得感，帮助用户了解更多有价值、深层次的内容。

图1-14 好看视频的短视频界面

5）整合资源、生态互通

好看视频通过设计互动功能，与百度百科、百家号等百度系知识类产品进行链接，利用百度资源优势为内容创作者提供便利，推动创作的多元化。

图 1-15　小红书的短视频展示界面

5. 小红书

小红书是一个内容分享类平台，以用户发布图文笔记、分享好物为特色。截至 2023 年 2 月，小红书有 2.6 亿月活用户、超 6900 万分享者，用户里"90后"占比 70%，大部分用户来自一、二线城市。

美妆和穿搭是小红书的特色内容，用户会习惯性地在小红书上搜索美妆和穿搭方面的信息，而美妆和穿搭等内容会吸引大量女性用户关注，这些内容也更容易与相关产品挂钩。这也是小红书女性用户居多的重要原因之一。在小红书中，短视频也是产品的主要展示方式之一。短视频能够全方位、多角度、长时间跨度地展示产品，受到品牌和达人的青睐，也进一步丰富了产品的营销方式。另外，小红书也上线了视频号功能，用于展示各种短视频，如图 1-15 所示。

6. 今日头条

今日头条是以图文为主的综合资讯内容平台，和抖音同属于北京字节跳动科技有限公司。其推出的产品有头条号、微头条和悟空问答等，包括文字、图片和视频三种主流内容表现形式。

由于今日头条与抖音同属于一家公司，因此用户的今日头条账号可以与抖音账号绑定，用户在抖音上发布的内容能够直接同步到今日头条账号上，间接地带动了今日头条的视频生态形成和发展。今日头条中有多个视频页面入口，较为重要的是"视频"频道，图 1-16 所示为今日头条 App"视频"频道中的短视频界面。

图 1-16　今日头条的短视频界面

（二）短视频平台选择原则

在选择短视频平台时，应综合考虑以下因素。

1. 用户群体

了解各平台的用户画像，包括年龄、性别、地域、兴趣偏好等，确保目标受众与平台用户画像高度匹配。根据目标受众的特征，选择用户画像与之匹配的平台。例如，如果目标受众是年轻人，那么抖音、快手等平台可能是更好的选择；如果目标受众关注特定领域的内容，如科技、教育等，则可以考虑B站等平台。

2.内容生态与风格

分析各平台的内容类型和风格，选择与自己短视频内容相契合的平台。如果短视频内容以娱乐搞笑为主，可以选择用户活跃度较高、内容氛围轻松的平台；如果短视频内容以教程类为主，可以选择注重知识分享、用户黏性较强的平台。例如，抖音注重音乐和舞蹈类短视频，快手则更注重生活记录和搞笑类短视频，而B站则以动漫、游戏、二次元等内容为主。

3.算法推荐机制

了解各平台的流量分配规则和推荐算法，确保自己的短视频能够获得足够多的曝光机会。一些平台可能更注重原创内容、用户互动或特定话题的热度，小张同学及其项目组应据此调整创作策略。

4.商业变现能力

如果短视频项目有明确的商业目标（如销售农产品、提升品牌知名度等），则需要考虑各平台的商业变现能力。其具体包括广告投放、直播带货、电商链接等功能是否完善，以及平台对创作者的扶持政策等。

5.平台政策与稳定性

了解平台的审核机制和标准，确保短视频内容符合平台要求，避免因违规而被删除或限制传播。选择稳定可靠的平台，确保短视频能够持续稳定地传播，并保护用户的数据安全。

直通职场

短视频平台选择专员，是一个负责分析、评估并推荐适合公司业务发展需求的短视频平台的关键岗位。此职位要求具备敏锐的市场洞察力、数据分析能力和良好的谈判技巧，以确保所选平台能有效提升品牌影响力、增强用户黏性及扩大市场份额，实现品牌与市场的有效对接，促进业务的快速增长。这一岗位是连接创意与市场的桥梁，对推动品牌在数字时代的成功发展至关重要。

课堂讨论

请同学们学习各短视频平台的特点和规则，并结合自己的短视频项目或创意进行思考和准备。

（1）各短视频平台的内容生态和风格有何不同？

（2）如何确保自己的短视频内容与所选平台的内容生态和风格相契合？

（3）如果短视频内容跨越多个领域或风格，是否应该选择多个平台进行发布？

三、任务实践

（一）任务背景

请各小组在热门短视频平台查找浙江仙居杨梅的相关短视频，并观看短视频，通过这一过程，全面了解各短视频平台的特点以及浙江仙居杨梅在不同平台投放的不同之处。

（二）任务目标

1.了解热门的短视频平台

通过实践活动，分析每个平台的用户基数、活跃度、用户画像（如年龄、性别、地域、兴趣偏好等）以及内容生态。

2.对比分析不同平台的投放策略

对比不同平台上的短视频内容生态、风格、互动量等。

（三）任务内容

1.步骤1：平台选择与分析

（1）根据收集的信息，选择几个热门的短视频平台作为分析对象。

（2）对每个平台进行深入分析，包括用户基数、活跃度、用户画像（如年龄、性别、地域、兴趣偏好等）以及内容生态等，并记录分析结果。

2. 步骤2：查找并观看短视频

（1）在每个选定的短视频平台上，使用关键词"浙江仙居杨梅"进行搜索。

（2）观看并记录至少5个与浙江仙居杨梅相关的短视频，注意短视频的时长、互动量（点赞、评论、分享）等指标。

（3）对每个短视频进行简要评价，包括其优点和不足，以及可能的改进方向。

3. 步骤3：对比分析投放策略

（1）分析浙江仙居杨梅在不同短视频平台上的投放策略，包括内容定位、目标受众、推广方式等。

（2）对比不同平台上的短视频内容生态、风格、互动量等，评估哪个平台更适合浙江仙居杨梅的推广。

（3）根据分析结果，总结每个短视频平台的特点以及浙江仙居杨梅在不同平台上的投放效果。提出针对浙江仙居杨梅短视频的投放建议，包括平台选择、内容策略、推广方式等。

（四）总结分析

根据每个组长的汇报情况，教师进行总结点评，并排出各组的名次。

任务三　短视频的创作团队

一、任务导入

短视频的创作团队

在当今的短视频时代，无论是个人还是商家，要想真正做好短视频，搭建一支专业的短视频创作团队是至关重要的。一个合理的团队分工和明确的工作流程，能够确保制作出来的短视频更加专业、更有吸引力，并最大化其传播效果和商业价值。小张同学及其项目组在深入研究了短视频平台的特点和确定了投放作品的平台后，着手组建他们的短视频创作团队。他们深知，一个成功的短视频创作团队不仅需要创意和才华，更需要明确的角色分工和高效的工作流程。

请问：一个高效的短视频创作团队应该有哪些核心角色？并解释每个角色在团队中的重要性及其主要职责。

二、知识准备

（一）短视频创作团队的组成和分工

短视频制作是一个涉及内容策划、拍摄、剪辑、发布和运营等多个环节的综合性过程，它要求具备相关专业知识的人员协同合作，共同组成一个高效的短视频创作团队来完成。

一个常见的短视频创作团队通常包括编剧、导演、演员、摄像师、剪辑师、运营专员以及助理等岗位。表1-2所示为短视频创作团队的人员组成及其工作职责、岗位要求的具体内容。

表1-2　短视频创作团队的人员组成及其工作职责、岗位要求

人员	工作职责	岗位要求
编剧	根据短视频的类型和定位，收集和筛选短视频选题；收集和整理短视频创意；撰写短视频脚本	具备独立创作短视频脚本的能力，拥有成熟作品者优先；需要熟悉短视频主流平台及渠道，深谙网络文化，具备捕捉热点的能力；应擅长从网上收集并整理内容素材以影视文学相关专业背景为佳，熟悉影视剧的脚本创作流程；同时，应具备文字欣赏、分析及评论的能力，对流行短视频元素反应敏锐
导演	负责短视频拍摄及后期剪辑指导，通过镜头语言及后期剪辑充分表达短视频脚本；拍摄工作的现场调度和管理	能够熟练运用手机、相机和摄像机进行独立拍摄，并具备拍摄、场景搭建、布光和剪辑等方面的能力；有一定的短视频拍摄相关工作经历；具备一定的现场指挥能力，并能够熟练使用专业的短视频剪辑和制作软件
演员	根据编剧创作的短视频脚本，完成短视频剧情的表演；在拍摄过程中，对产品进行展示或介绍；在短视频创作过程中提供创意，提升短视频的吸引力	外形条件和气质较好，有一定的辨识度；通常需要毕业于演艺及其相关专业，口齿清晰，普通话标准，或者能掌握特殊方言；具备一定的演艺经验，擅长表达，且有极强的镜头感；性格活泼开朗，遵纪守法，保持正面形象

续表

人员	工作职责	岗位要求
摄像师	与导演一同策划拍摄的场景、构图和景别等；熟悉掌握手机、相机和摄像机等摄影摄像器材的使用，独立完成或指导其他工作人员完成场景布置和布光等操作；按照短视频脚本完整地拍摄短视频；编辑和整理拍摄的所有短视频素材	具备影视剧或短视频拍摄的工作经验；对时尚和潮流有一定的敏锐度；有较强的美术和摄影功底，对颜色、构图等视觉表达有自己的独特见解
剪辑师	整理短视频素材，设计剪辑流程；根据短视频脚本独立完成相关短视频的后期剪辑工作，包括短视频剪辑、特效制作和音乐的添加等	具备一定的创意和策划能力，能从剪辑的角度就脚本撰写给予编剧帮助；精通 Premiere、剪映、Photoshop 等短视频剪辑与制作软件；能够较好地把握短视频内容的主题创意、动画、质感和节奏等
运营专员	负责各大短视频平台中短视频账号的运营；根据短视频账号的发展方向和目标规划短视频账号的运营重点和内容主题；与一些短视频达人联系并促成合作；负责与用户互动，并增强用户黏性	具备短视频运营的经验；具备较强的文案写作和创意能力；能够独立完成短视频账号的整体规划和内容输出；熟悉各大短视频平台的内容发布机制和运营规则，保证短视频账号的正常运营；具有良好的团队意识，工作积极负责
助理	灯光搭建与调整，运用明暗效果进行画面构图，呈现符合短视频格调的光影效果；负责配音工作，根据要求为角色配上声音或替换原片语言对白；完成现场录音，确保录音质量符合导演和脚本要求；负责化妆/造型，根据导演和脚本要求为主角进行化妆和设计造型；准备服装道具，确保主角服装和短视频中所需道具的准确性和可用性	能够独立或协助完成短视频的选题、策划、拍摄、剪辑等工作，具备良好的审美能力和创意思维，能够捕捉热点并融入短视频内容中；具备良好的沟通能力和团队合作精神，能够与团队成员紧密协作，共同完成任务；短视频行业竞争激烈，助理需要具备较强的抗压能力，能够在快节奏的工作环境中保持高效的工作状态

（二）确定团队人员配置规模

在短视频账号运营的初期，创作者需要根据资源投入、目标设定以及内容创作的工作量和难度，进行科学合理的人员配置规划。对于具备全面才能的创作者而言，他们可以选择自编、自导、自演、自拍、自剪的全流程作业模式。然而，对于企业账号来说，初始团队配置通常需要包含2～3名核心成员，即1名负责整体内容策略与把控的运营专员，1名专注于短视频制作的技术人员；若对出镜人员有较高要求，则至少还需要增设1名专业演员。

1. 3～5人团队配置策略

根据丰富的实践经验，一个规模较小的短视频创作团队往往需要3～5名成员。以3人配置为例，具体职责分配如下：第1人负责导演、编剧和运营等岗位的工作，全面把控内容创作与推广策略；第2人负责摄像和剪辑任务，确保短视频制作的专业性与质量；第3人则专职于演员工作，负责出镜表演，塑造角色形象。这样的人员配置足以应对不同类型短视频的制作与推广需求。在此配置下，团队更倾向于采用实拍形式，内容类型可涵盖剧情表演、知识讲解、技能教学等。该团队配置的优势在于便于打造个人或品牌IP，具有高度的真实感和广泛的适用性。随着业务量的增长，短视频创作团队可依据各板块的需求适时增加人手，以实现更高效的内容产出与推广效果。

2. 5人以上团队配置策略

当短视频创作团队人数超过5人时，将拥有更充足的人力资源和发展空间。短视频创作团队可结合业务需求、团队成员实际情况等因素，从深度和宽度两个维度寻求发展，以提升团队的整体竞争力。

在深度方面，团队可致力于更专业化的内容生产。例如：拍摄多人剧场类短视频时，剧本、拍摄和表演环节均可启用专业人员，以确保每个环节的专业性与质量；对于动画类短视频，则可配备专业的漫画师、策划人员、特效师、剪辑师等，形成专业的制作团队，以确保制作内容达到精良、专业的水准。专业度的提升将降低内容的可替代性，从而更有利于打造独特的账号IP，增强粉丝黏性与提升粉丝忠诚度。

在宽度方面，团队可实施多账号短视频矩阵化运营策略。通过制作不同类型的短视频并打造多个不同的IP，形成多元化的内容矩阵；同时，采用矩阵式推广方式，将不同类型的短视频推广给更广泛的受众群体，以在数量和类型的丰富度上占据优势，进而获得更高的回报和更大的品牌影响力。

值得注意的是，由于团队从事的是创意工作，因此应保持精干的规模，避免机构臃肿。这样才能确保团队具备足够的灵活性与高效率，以迅速应对快速变化的内容营销市场与受众需求。

思政园地

　　短视频领域发展迅速，知识更迭日新月异，这要求同学们必须持续在专业领域内探索创新，不断学习、进步和突破自我。在此过程中，团队协作精神和沟通能力显得尤为重要。这正是党的二十大精神中强调的"尊重劳动、尊重知识、尊重人才、尊重创造"的具体体现。只有相互支持、紧密合作，才能积极应对挑战，实现团队和个人的共同进步与成长。

三、任务实践

（一）任务背景

　　请各小组选取各自家乡的特色农产品作为主题，组建一支专注于农产品短视频创作的团队，并确保团队成员间分工明确。将编剧与导演这两个关键岗位进行有机结合，同时设立演员、摄像师、剪辑师以及运营专员等职位，以确保团队运作高效有序。

（二）任务目标

1. 明确拍摄对象

　　选定将要拍摄的农产品，确保选品具有家乡特色，且符合团队创作主题。

2. 确定团队分工

　　详细规划并确定每位成员的分工，包括编剧、导演、演员、摄像师、剪辑师以及运营专员等职位的职责和要求。确保团队成员能够清晰了解自己的角色和职责，提高团队整体协作效率，推动短视频创作项目的顺利进行。

（三）任务内容

1. 步骤 1：明确拍摄对象与主题

　　（1）集体讨论，精确选定将要拍摄的农产品，确保选品具有鲜明的家乡特色，并符合团队整体的创作主题。

（2）确定拍摄对象后，进一步细化创作主题，明确短视频所要传达的核心信息和情感。

2.步骤2：详细规划团队分工与职责

（1）召开分工会议，详细规划并确定每位成员的分工，包括编剧、导演、演员、摄像师、剪辑师以及运营专员等职位。

（2）明确每个职位的职责和要求，确保团队成员能够清晰了解自己的角色和任务，从而提高团队整体的协作效率。

（3）分工完成后，形成书面的分工表，以便团队成员随时查阅和对照。

（四）总结分析

根据每个组长的汇报情况，教师进行总结点评，并排出各组的名次。

任务四　短视频创作流程

短视频创作流程

一、任务导入

在短视频风靡的当下，掌握一套科学、高效的创作流程至关重要。小张同学及其项目组组建团队并进行了明确的分工，随后，他们开始深入解析短视频创作的核心流程，从策划构思、拍摄执行到后期制作，每一个环节都进行细致剖析。学习短视频创作的整体流程，理解每个步骤的关键要素和相互关联，为实战做好充分准备，从而打下坚实的基础。

请简述短视频创作的主要流程，并指出每个流程环节中的关键要素或注意事项。

二、知识准备

短视频创作的基本流程涵盖了产品策划的精心构思、内容创意的深度挖掘、文案写作的精细打磨、拍摄制作的精湛技艺，以及运营策略的巧妙布局，如图1-17所示。

内容创意的
深度挖掘

拍摄制作的
精湛技艺

产品策划的
精心构思

文案写作的
精细打磨

运营策略的
巧妙布局

图1-17　短视频创作的基本流程

（一）短视频产品策划

短视频创作流程的起始环节是产品策划，这一环节至关重要，它涵盖了短视频产品的深入调研、短视频内容的精心策划以及短视频IP的策划与塑造，为整个创作过程奠定了坚实的基础。

1.短视频产品的深入调研

在短视频产品开发之前，全面洞悉短视频行业的发展态势是至关重要的。这需要进行深入的行业发展环境、政策以及市场竞争的调研。通过了解行业趋势、政策导向以及竞争对手的情况，可以为短视频产品的开发提供有力的市场依据。同时，市场调研阶段还不可或缺地包括市场细分和目标市场的研究分析。这两项工作的完成，有助于在短视频产品策划阶段实现差异化定位，使产品能够在激烈的市场竞争中脱颖而出。

2.短视频内容的精心策划

完成市场细分和目标市场的研究分析后，首要任务是对短视频内容进行精心策划。短视频内容策划的核心在于定位，创作者需要明确自身的差异化竞争优势，以打造具有吸引力的爆款短视频产品。这需要创作者深入了解目标受众的需求和喜好，结合市场趋势和自身特长，制定出独特的内容策略。通过精心策划的内容，可以吸引更多用户关注，提升短视频产品的知名度和影响力。

3.短视频IP的策划与塑造

短视频IP的价值不容忽视，它主要体现在创作者的综合能力、议价和变现能力，以及多元化的内容生态上。一个成功的短视频IP，不仅能够为创作者带来丰厚的经济收益，还能够形成独特的品牌形象，吸引更多的粉丝和合作伙伴。因此，在短视频IP的策划与塑造上，需要遵循一系列的开发原则，包括独占性原则、全面覆盖原则、多元利用原则、紧密关联原则、持续一致原则等。这些原则的指导，可以确保短视频IP的开发具有系统性、前瞻性和可持续性。而打造短视频IP的方法则涵盖多个方面，如组建专业团队、形成独特模式、强化互动体验、合理变现收益、多维开发内容以及精耕细作运营等。这些方法的实施，需要创作者具备丰富的经验和创新思维，以打造出具有独特魅力和市场价值的短视频IP。

（二）短视频内容创意

短视频创作的第二个关键环节是内容创意，此环节包括确定短视频形态、短视频内容选题、短视频故事创意以及短视频系列内容的创意开发。

1.确定短视频形态

创作者需要深入了解短视频的外在表现形式，包括横屏与竖屏的选择，这直接影响到用户的观看体验和内容的传播效果。同时，熟悉短视频领域内多样化的内容类型，如微纪录片以其真实记录的魅力、网红IP凭借个性鲜明的形象、情景短剧展现的生活片段、技能分享传递的实用知识、街头采访捕捉的真实声音，以及创意剪辑展现的视觉盛宴，都是创作者在选择短视频形态时应考虑的因素。

2.短视频内容选题

短视频内容选题是关乎作品能否触动用户心弦的关键。选题不仅要明确其目的（是为了教育启发、娱乐消遣还是情感共鸣），还要熟悉不同类别的选题，如社会热点、生活小贴士、文化探索等，建立丰富的选题库，通过不断积累和优化，确保选题的时效性和吸引力，从而增强短视频的传播效果。

3.短视频故事创意

创作者需要巧妙运用故事构成要素，如角色、情节、背景等，通过突出某一方面的独特性来形成故事亮点。同时，在故事中巧妙设置悬念和冲突，增加故事的张力和深度，丰富故事细节，使用户在情感上与故事产生共鸣，增强故事的吸引力和记忆点。

4.短视频系列内容的创意开发

短视频系列内容的创意开发是持续吸引用户、构建品牌影响力的关键策略。创作者应广泛分析竖屏剧、短视频综艺、短视频纪录片、Vlog、短视频广告等多种形式的创意开发案例，从中汲取灵感，探索创新点。通过跨领域的创意融合，为短视频系列内容的创意开发提供源源不断的动力，打造出既有深度又具广度的内容矩阵，满足用户多样化的观看需求，实现短视频内容的长期吸引力和品牌价值。

（三）短视频文案写作

短视频创作的第三个环节是文案写作，此环节涵盖短视频标题与简介撰写、短视频故事脚本撰写、短视频营销植入撰写，以及短视频开头结尾文案撰写。

1.短视频标题与简介撰写

对于众多短视频平台而言，一个优秀的标题与简介是短视频成功的关键。通过了解短视频标题的作用、特点和写作方法，为标题的写作奠定坚实基础。短视频的标题应通俗易懂、贴近生活、与内容紧密相关，以吸引用户的注意力。

2.短视频故事脚本撰写

故事脚本对短视频至关重要，包括提纲脚本、分镜头脚本、文学脚本等。其中分镜头脚本最为常用。创作者需要筛选分镜头脚本要素，如镜头编号、景别、对话、音乐、音效和镜头长度等，以写出高质量的分镜头脚本，确定故事发展方向，提高拍摄效率和质量，并指导剪辑工作。

3.短视频营销植入撰写

一个好的故事脚本还能起到营销作用。在了解了短视频营销文案价值的前提下，对比故事主导型与产品主导型的营销植入文案，学习短视频营销文案的写作手法，使营销与短视频内容完美融合。

4.短视频开头结尾文案撰写

掌握短视频开头和结尾文案的写作技巧至关重要。开头和结尾的文案既有相似之处（如悬念的设置等），又有不同之处（如增加互动、引导关注等）。两者的作用也有所差异，开头的文案主要是为了吸引用户观看短视频，而结尾的文案则是为了引导用户关注短视频账号。

（四）短视频拍摄与制作

短视频创作的第四个环节，即拍摄与制作阶段，是将前期创意转化为具体视觉作品的关键步骤。这一环节涵盖了从拍摄前准备到最终的剪辑和特效制作，每一步都需要细致规划与执行，以确保短视频的质量与提升短视频的吸引力。

1.短视频拍摄前准备

充分的筹备工作是不可或缺的。这包括：组建专业的拍摄团队，他们负责将故事脚本中的每一个细节转化为生动的画面；精心编写的故事脚本，它作为拍摄的蓝图，指导着整个创作过程；选择合适的演员，他们的表演将为角色注入灵魂；细致入微的服化道准备，它们营造出符合故事背景的氛围；确保拍摄场地的适宜性，为拍摄提供理想的物理环境。这些准备工作共同构成了短视频拍摄的基础。

2.确定短视频拍摄与制作器材

确定短视频拍摄与制作器材是确保拍摄顺利进行的关键。创作者需要熟悉并掌握各种拍摄与制作器材的使用，从摄像机、手机等拍摄设备，到灯光、反光板等照明工具，再到录音设备以及辅助设备，每一样器材都在拍摄过程中发挥着不可或缺的作用。同时，后期制作所需的电脑设备也是必不可少的，它们将承担着剪辑与特效制作的重任。

3.短视频拍摄过程把控

在拍摄过程中，把控每一个环节是至关重要的。创作者需要严格遵守短视频平台的规范和拍摄要求，确保作品能够在平台上顺利发布并获得良好的传播效果。同时，注重构图手法、景别选择、拍摄技巧以及拍摄模式的运用，这些都将直接影响到短视频的视觉呈现和用户体验。此外，关注细节问题也是必不可少的，它们往往能够为作品增添独特的魅力。

4.确定短视频制作软件

确定短视频制作软件是剪辑前的重要准备工作。创作者需要了解并掌握各个短视频平台自带的制作功能，这些功能通常简单易用，适合快速制作短视频。同时，专门的手机短视频制作 App 和视频剪辑制作软件也是创作者的好帮手，它们提供了许多高级编辑功能和特效。此外，各类辅助工具（如调色插件、音频处理软件等）也能够为短视频制作增添更多可能性。

5. 短视频剪辑和特效制作

在短视频剪辑和特效制作阶段，创作者需要明确剪辑思路，确保短视频主题清晰、内容连贯。同时，注意处理敏感信息，确保作品符合社会道德和法律法规要求。在剪辑过程中，灵活运用剪辑与转场技巧、选择合适的音乐、制作精美的特效以及添加清晰易读的字幕都是提升短视频质量的关键环节。通过这些努力，创作者能够将前期的创意和拍摄成果转化为一个引人入胜的短视频作品。

（五）短视频运营

短视频创作的第五个环节，即运营阶段，是将创作好的短视频内容推给用户，并与用户建立紧密联系的关键过程。这一环节涵盖了从账号的基础设置到深度的跨界合作，每一步都旨在扩大短视频的影响力，吸引并维护粉丝群体，最终实现短视频内容的价值转化。

1. 账号设置

账号设置是短视频运营的起点。创作者需要精心创建和完善短视频账号，包括完成账号的注册流程，编辑具有吸引力和个性的昵称与签名，选择能够代表账号特色的头像，以及认真填写基本资料（如简介、联系方式等），以增加账号的专业度和可信度。同时，进行账号的绑定认证也是必不可少的步骤，它有助于提高账号的安全性等。

2. 短视频内容的上传发布

短视频内容的上传发布是连接创作者与用户的重要桥梁。在发布短视频时，创作者需要仔细考虑标题的吸引力、封面的吸引力、标签的准确性以及发布时间的策略性。了解并掌握短视频平台的审核程序，确保内容能够顺利发布，并通过引导粉丝和用户积极分享，扩大内容的传播范围。

3.短视频的粉丝经营

短视频的粉丝经营是运营环节中的核心任务。创作者需要掌握有效的引流方法和"涨粉"技巧（如定期发布高质量内容、开展互动活动等），以吸引更多粉丝关注。同时，与粉丝保持积极互动，回应他们的评论和反馈，建立稳固的社群经济，线上线下同步运营，提高短视频账号的活跃度和粉丝忠诚度。

4.短视频矩阵布局

短视频矩阵布局是一种多元化的运营策略。通过创建多个短视频账号或渠道，针对用户的不同需求和兴趣点提供丰富多样的内容。这种布局方式不仅有助于提升创作者的影响力，还能吸引更多粉丝，并将他们导流到特定的短视频上，实现短视频内容的商业变现。

5.短视频的深度运营

短视频的深度运营是探索跨界合作、拓展内容价值的关键步骤。短视频与直播、电商、社交、文旅、餐饮、教育等领域的结合具有巨大的潜力。通过与其他领域的深度合作，不仅能够推动这些领域的发展和创新，还能为短视频带来更多的流量和商业机会，实现共赢和持续发展。

思政园地

在当今社会，随着通信技术、互联网、大数据等新兴技术的迅猛发展，数据已成为信息时代的核心战略资源，在享受数据带来便利的同时，我们也必须清醒地认识到，数据安全风险日益凸显，数据泄露、窃听、滥用等事件频发，严重威胁到个人隐私安全和国家安全。特别是短视频等新媒体平台，在用户定位、内容推荐等过程中，涉及大量个人身份信息、地理位置、消费记录等敏感信息，更需要高度警惕。

因此，作为短视频创作者和运营者，我们必须深刻理解并践行党的二十大精神中关于法治建设、社会公德、个人信息保护等的要求。在利用数据进行创作和运营的同时，严格遵守相关法律法规，保护和尊重用户隐私，确保数据安全，让技术真正服务于社会进步和人民福祉。这不仅是对用户负责，更是对国家和社会的庄严承诺。

三、任务实践

（一）任务背景

在深入学习短视频创作的知识后，小张同学及其项目组认识到短视频创作是一个涉及多环节、多维度的复杂过程，它不仅仅局限于拍摄和剪辑，更涵盖了创意策划、脚本撰写、拍摄技巧运用、后期剪辑制作以及音效配乐等多个环节。每个环节都要求团队成员具备扎实的专业知识和技能，同时还需要充分考虑目标受众的需求、平台规则的限制以及内容的创新性，以确保短视频作品能够脱颖而出，实现预期的传播效果。

（二）任务目标

1.全面掌握短视频创作流程

思考将要拍摄的农产品短视频的创作环节，确保每个环节都能得到充分重视和有效执行。

2.强化团队协作和沟通能力

在实践过程中，加强项目组成员之间的沟通与协作，确保创意、拍摄、剪辑等各个环节能够无缝衔接，共同推动项目的顺利进行。

3.提升专业技能和知识

针对短视频创作的每个环节，通过实践学习和理论指导，提升团队成员的专业技能和知识水平。

（三）任务内容

1.步骤1：创意策划与脚本撰写

（1）召开创意会议，讨论并确定短视频的核心创意和故事线。

（2）撰写脚本，包括场景描述、角色设定、对话内容等，确保每个环节都有明确的指导。

2.步骤2：拍摄技巧运用

根据脚本制订拍摄计划，包括场地选择、设备准备等。

3.步骤3：后期剪辑

（1）将拍摄的素材导入剪辑软件，进行初步的整理和筛选。
（2）根据脚本和创意进行剪辑，添加过渡效果、字幕、配乐等，确保短视频流畅且符合主题。

（四）总结分析

每个组长汇报项目开展情况并展示作品，教师进行总结点评，并排出各组的名次。

项目二　短视频内容策划

📋 **项目背景**

　　在当前数字经济蓬勃发展与乡村振兴战略深入实施的交汇点上，农产品短视频营销以其独特的优势，正逐步成为推动农业产业升级、拓宽农产品销售渠道的重要力量。依托短视频平台，通过创意内容策划，展现农产品的独特魅力，提升品牌价值，促进农民增收与农村经济发展，助力农产品更好地触达消费者，实现销售转化和品牌形象提升。

　　据统计，2022年9月—2023年9月，抖音电商平台共助销农特产47.3亿单，平均每天就有1300万个装有农特产的包裹，通过抖音电商平台运往全国各地。这一数据充分证明了短视频平台在农产品营销中的巨大潜力和实际成效。

　　现代消费者对农产品的需求日益多样化、个性化，他们不仅关注产品的品质和安全，还渴望了解产品背后的故事和文化内涵。短视频以其直观、生动的形式，能够满足消费者的这些需求。例如，某农产品商家通过短视频展示农产品的种植过程、生长环境以及农民的日常劳作，吸引了大量消费者关注和购买，有效提升了产品的销量和品牌形象。这表明，通过精心策划的短视频内容，可以更好地满足消费者需求，助力农产品销售。又如，某抖音电商通过短视频和直播的形式，成功将优质农产品推向市场，实现了销量与品牌形象的双重提升。

☆ 学习目标

◇ **素养目标**

　　1.锻炼学习对短视频策划的全局统筹能力。

　　2.培养学生的短视频创意能力。

　　3.培养精益求精的工作态度。

　　4.具有使命感和责任感，这样才能够创作出弘扬社会主义核心价值观和中华传统美德，以及传播社会正能量的短视频内容。

◇ 知识目标

1.掌握短视频内容创作的方法。

2.了解短视频内容的价值，熟悉短视频内容的创作方式、结构和创意方法。

3.熟悉短视频脚本的类型，掌握短视频脚本的写作思路和写作技巧。

4.掌握短视频封面和标题设计的方法与技巧。

◇ 能力目标

1.具备策划和设计各种短视频内容的能力。

2.具备创作不同类型短视频脚本的能力。

3.具备短视频封面、标题设计的能力。

工作场景与要求

　　为确保农产品短视频营销工作的顺利进行，并达到预期的推广和销售目标，小张同学及其项目组需要对短视频的定位、创意方法、拍摄脚本撰写以及封面和标题设计等环节进行专业、周密的筹备与规划。他们需要明确目标受众，挖掘农产品特色，确定内容方向；收集并筛选创意点子，将创意与农产品融合，制订创意执行计划；规划脚本结构，设计镜头语言，撰写旁白与字幕；同时，设计具有吸引力的封面图片，撰写简洁明了、具有创意的标题，并确保封面与标题内容的一致性。在正常工作状态下，他们将按照这些要求，对农产品短视频策划的各个环节进行专业、细致的筹备与规划，以助力农户通过短视频营销增加营收、提升产品的市场竞争力，打造具有可持续竞争力的农产品品牌。

任务一　短视频的定位

短视频选题

一、任务导入

　　小张同学及其项目组在确定阳山水蜜桃的短视频创作流程后，开始考虑明确短视频账号及内容定位的问题，明确短视频的定位可以确保创作方向与市场需求、用户偏好高度契合，从而实现内容的有效传播与粉丝的快速增长。他们从市场调研的工作开始，分析用户画像和短视频的内容形式与风格，制订详细的内容创作计划，包括主题设定、脚本编写、拍摄计划等。小张同学及其项目组讨论在短视频内容创作时，应注重内容的创意与互动性，如设置挑战赛、邀请用户分享自己的水蜜桃食谱等，形成独特的品牌记忆。

请简述短视频内容定位的步骤。

二、知识准备

短视频的内容分类和IP定位

短视频定位，作为短视频创作旅程的基石。通过精准而富有创意的定位策略，赋予短视频以鲜明的个性与辨识度，确保内容输出的连续性和一致性，使用户对短视频账号形成稳固的认知框架，从而在众多选择中迅速识别并持续关注。反之，若定位模糊或偏离目标受众，势必导致吸引的流量杂乱无章，难以有效转化为忠实粉丝或潜在客户，严重影响账号的成长潜力和商业价值。

（一）短视频定位的含义

短视频定位是指明确账号的身份、目标用户及其需求的过程。它涵盖"我是谁""我的用户是谁""我的用户有什么需求"三个核心点。精准定位有助于系统识别账号特性，推送精准流量，使目标用户群体更加明确，提高转化效率，增强用户信任感，促进用户的购买与复购行为。

短视频定位主要包含内容定位和用户定位两部分，内容定位即确定短视频要讲什么，用户定位即确定短视频给谁看。图2-1所示为某美食探店账号的短视频定位。

📒 **课堂讨论**

请选择你喜欢的一个短视频，说说它讲了什么内容，适合哪些人群观看。

（二）短视频内容定位

在短视频创作过程中，精准的内容定位是至关重要的，它是整个筹备、脚本编写、拍摄与后期制作流程的基石。为了实现有效的内容定位，差异化定位法成为一种广泛采用的方法，其核心在于创作者基于个人优势来确立独特的内容领域。以下是实施差异化定位法的五个关键步骤。

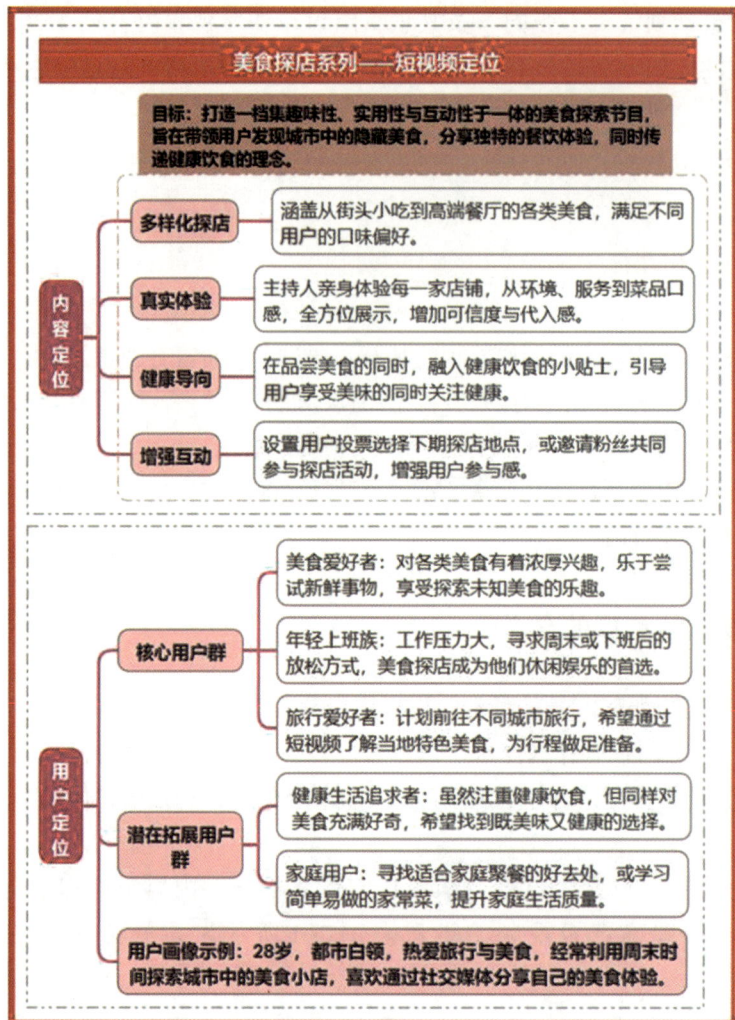

图2-1　某美食探店账号的短视频定位

1.全面审视自身条件

首先，创作者需要深入剖析自身条件，包括但不限于所在地域特色、个人知识水平、年龄层次、专业技能与工作经验、个人兴趣所在，以及是否熟练掌握各类摄像设备、拍摄软件及短视频编辑工具等，这一步骤旨在明确个人资源与能力边界，为后续的内容定位提供坚实基础。

2.广泛调研与细分定位

通过广泛观看各类短视频作品，创作者应从创作者视角深入分析这些案例，评估自身是否具备创作同类短视频的能力。在此基础上，结合自身特长与知识背景，选定一个或多个具体的细分领域（如农产品领域的特色果蔬、生态谷物、健康坚果等）作为内容聚焦点。明确的细分领域有助于保持内容的一致性和专业性，随后，应进行详尽的书面分析，巩固定位决策。

3.学习借鉴与明确方向

基于上述分析结果，锁定2～3个潜在的内容创作方向。随后，在短视频平台上搜索并关注这些领域内的优秀创作者账号，仔细研究其发布的短视频作品，从中汲取创作灵感与技巧。这一过程不仅有助于深入理解目标受众的喜好，还能通过模仿与借鉴，逐步摸索出适合自己的创作风格。

4.实践探索与初步尝试

在掌握了短视频创作的基本流程后，创作者应开始动手实践，模仿优秀达人的风格拍摄并制作几个短视频作品，随后将其上传至短视频平台，以检验市场反馈。这一步骤是理论与实践相结合的关键环节，有助于创作者在实际操作中发现问题、调整策略。

4.持续优化与灵活调整

持续发布与选定内容方向相符的短视频，并密切监控粉丝增长情况。经过一段时间（约1～2个月）的观察与评估，若粉丝增长未达到预期水平，则表明当前内容方向可能不符合市场需求或竞争激烈。此时，创作者应勇于尝试，适时调整内容方向，探索新的创作领域，以保持账号的活力与竞争力。

（三）短视频用户定位

1.确定用户的基本需求

精确识别并满足用户的基本需求，有助于创作者精准把握受众特点，从而产出更具吸引力的内容。用户的基本需求广泛多样，涵盖休闲娱乐、知识技能学习、强化归属感及消费指引等方面。例如，短视频创作的目的是进行知识传播，则内容务必紧密围绕知识分享，确保信息的准确性与实用性。

2.获取用户的基本信息

美食、职场、旅游、才艺、美妆、萌宠等各个领域都有其特定的用户群体，了解这些用户群体的基本信息，有助于短视频创作者锁定目标用户群体，实现精准定位。用户的基本信息是指短视频用户在网络中观看和传播短视频的各种具体数据。在大数据时代，获取用户数据简单且常用的方法就是通过专业的数据统计网站获取，例如，新榜、抖查查、飞瓜数据等。图2-2所示为飞瓜数据官方网站上某达人的粉丝画像，短视频创作者通过该画像即可了解同类账号用户的基本信息。

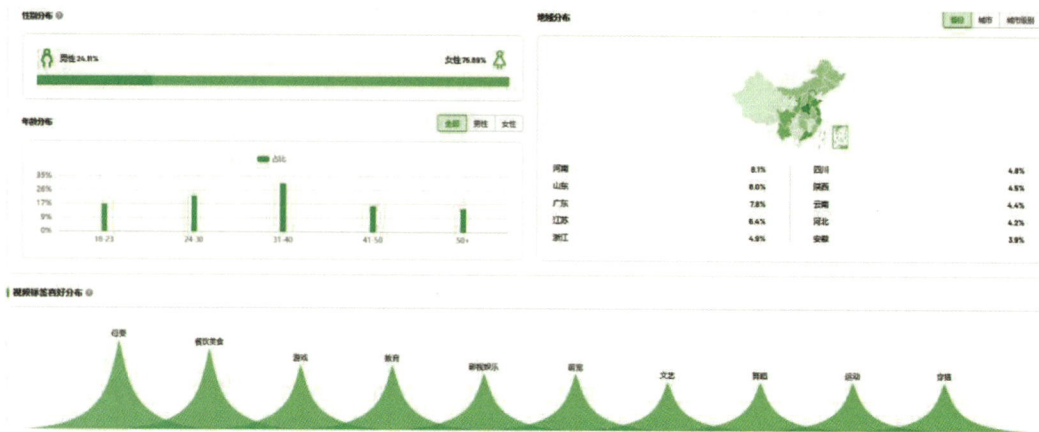

图2-2　用户画像数据

3.形成用户画像

在掌握用户基本信息的基础上，创作者需要进一步整合这些信息，构建出详尽的用户画像。用户画像是一个基于用户属性、兴趣偏好、购物习惯、消费能力及行为等多维度信息构建的标签化模型。其目的在于全面归纳用户特点，特别是其对短视频内容的兴趣与需求，从而为短视频内容的精准定位提供坚实基础。以下是一个宠物类短视频账号用户画像的示例。

性别分布：以女性用户为主，占比高达80%，男性用户占比较低。

年龄结构：用户主要集中在青少年与年轻成人群体，其中17岁以下用户约占半数，18~24岁用户约占三成，25~35岁用户约占一成，35岁以上用户占比相对较低。

地域特征：用户地域分布广泛，南方省份用户约占六成，直辖市与省会城市用户合计占比高达九成。

活跃时段：用户在工作日的午间休息时段（12：00—14：00）及傍晚至深夜（16：00—23：00）活跃度较高，节假日则从上午十点至午夜持续活跃。

兴趣焦点：用户对宠物饲养、装饰及训练等方面的话题表现出浓厚兴趣，如猫粮狗粮选择、宠物装扮及训练技巧等。

关注动机：用户关注账号多因画面精美、宠物可爱，且内容提供有价值的喂养知识，同时账号能持续输出高质量的内容。

互动条件：用户倾向于为内容有趣、实用性强、能引发共鸣的短视频点赞与评论，尤其是当宠物表现出可爱、乖巧等特质时。

其他特征：用户普遍热爱美食、旅行与运动，性格开朗，偏好购买受欢迎的产品。

4.分析人群痛点

用户痛点，即用户当前面临的、亟待解决的核心需求或问题，是短视频内容吸引力的源泉。精准识别并有效回应这些痛点，是提升短视频说服力和增强用户黏性的关键。

1）痛点的广度考量

在策划短视频内容时，需要考虑用户需求的普遍性。以美食为例，地域差异导致的美食认知局限是众多用户的共同痛点。短视频创作者通过探店、试吃等形式，拓宽用户的美食视野，不仅满足了"尝鲜"的好奇心，也解决了"选择困难"的实际问题，实现了痛点的广度覆盖。

2）痛点的细度划分

为能更精准触达用户，还需要对痛点进行细致划分。以摄影领域为例，细分策略如下。

（1）一级细分。可将摄影领域划分为几个主要方向，如风光摄影、商业摄影、人像摄影等，以明确服务范畴。

（2）二级细分。进一步细化每个方向，如人像摄影下可再细分为婚纱摄影、儿童摄影等，以满足不同细分市场的需求。

3）目标用户定位

基于细分方向，明确目标用户群体，如针对育儿家庭推广儿童摄影服务，确保内容定位精准。

4）一级痛点识别

针对特定用户群体，识别其核心痛点。例如，育儿家庭在儿童摄影方面的痛点可能在于如何捕捉孩子活泼天真的瞬间，同时应对其不稳定的配合度。

5.痛点的强度评估

痛点的强度反映了用户解决问题的迫切程度，高强度痛点往往意味着更高的内容关注度和商业价值。创作者应敏锐捕捉并优先解决高强度痛点，如通过分析用户评论，识别出用户频繁提及且表现出强烈解决意愿的问题。对于这类高强度痛点，创作者可通过提供定制化解决方案或专业指导，增强内容的吸引力和提升内容的影响力。

思政园地

　　在通信技术、互联网、大数据等新兴技术的推动下，数据在现代社会中的作用越来越突出，成为信息时代的核心战略资源。无论是国家对人口、经济、贸易等领域的统计，企业对生产、仓储、销售的管理，还是社会生活方式，都受到了数据的深刻影响。与此同时，各项技术应用背后的数据安全风险也日益凸显。近年来，数据泄露、数据窃听、数据滥用等安全事件屡见不鲜。例如，在进行短视频用户定位时，就会涉及用户的个人隐私，如个人身份信息、地理位置、消费记录等。因此，在这样的背景下，短视频创作者在进行用户定位时，必须严格遵守相关法律法规，保护和尊重用户隐私。

三、任务实践

（一）任务背景

　　当前，农产品领域作为短视频创作的新蓝海，正吸引着越来越多的创作者关注。农产品不仅承载着自然与人文的双重价值，还蕴含着丰富的故事性和情感共鸣点。小张同学认识到想要在农产品短视频领域取得成功，并非易事。不但要深入了解目标受众的需求和偏好，精准把握市场趋势，同时还要结合自身特色和优势，进行差异化的内容定位。这包括但不限于选择具有地域特色的农产品作为创作主题，挖掘农产品背后的文化故事，或是针对特定人群（如健康饮食追求者、家庭主妇等）创作定制化的内容。

（二）任务目标

1.精准用户定位

　　通过市场调研和用户画像分析，明确目标受众的年龄、性别、地域、兴趣偏好、消费习惯等特征，确保短视频内容能够精准触达并满足目标用户的需求。

2.差异化内容定位

　　结合农产品特性和市场趋势，挖掘具有独特性和吸引力的内容主题。

（三）任务内容

1.步骤1：市场调研与用户分析

1）收集行业信息

通过搜索引擎、行业报告、竞争对手分析等方式，收集农产品短视频领域的市场趋势、热门话题、用户行为等信息。

2）用户画像构建

基于市场调研数据，构建目标用户的画像，包括年龄、性别、地域、兴趣偏好、消费习惯等特征。

3）需求分析

深入分析目标用户的需求和痛点，识别出具有市场潜力的内容方向。

2.步骤2：内容定位与策划

1）差异化内容定位

结合农产品特性和市场调研结果，确定短视频内容的差异化定位，明确内容主题、风格、受众群体等要素。

2）内容规划

根据内容定位，制订详细的内容创作计划，包括选题方向、短视频脚本、拍摄场景、呈现方式等。

3）风格与视觉设计

确定短视频的视觉风格、色彩搭配、字体选择等，确保品牌形象的一致性。

（四）总结分析

根据每个组长的汇报情况，教师进行总结点评，并排出各组的名次。

任务二　短视频创意方法

短视频内容
及创意方法

一、任务导入

为了在阳山水蜜桃短视频创作的道路上走得更远，小张同学及其项目组即将踏上一段充满挑战与机遇的旅程——通过完成一系列精心设计的任务，深入探索短视频创意的

无限边界。这不仅考验着小张同学及其项目组的想象力与执行力，更将引导他们掌握那些让短视频脱颖而出的关键技巧。

下面我们将共同学习并实践多种创意方法，如故事讲述、创意挑战、热门话题结合、情感共鸣、创意拼接等。每一种方法都有其独特的魅力与应用场景，而本任务的目标就是灵活运用这些技巧，创造出既符合市场需求又触动人心的高质量短视频内容。接下来让我们一起学习短视频创意方法。

二、知识准备

（一）创意思维

短视频内容创作者通常需要运用发散思维、聚合思维、横向思维和逆向思维等思维方式来生成创意。

1.发散思维

发散思维亦称扩散思维、辐射思维，是指在创造和解决问题的思考过程中，从已有的信息出发，尽量发挥想象力，求得多种不同的解决办法，衍生出各种新的设想、答案或方法的思维方式。例如，运用发散思维进行联想，曲别针除了装订书页、别衣服的功能外，还可以用来当手机支架、钥匙扣、临时鱼钩等。将这些功能添加到曲别针的短视频内容中，可以丰富产品本身的功能，增加知识技能输出，使短视频内容变得更加丰富和充满吸引力。

2.聚合思维

聚合思维又称求同思维、集中思维、辐合思维、收敛思维，是指从已知信息中产生逻辑结论，从现有资料中向着结论的一个方向思考，寻求正确答案的一种有方向、有条理的思维方式。例如，洗发水有去屑、止痒、去油、滋润、养护等多种功效，设计洗发水短视频内容时强调去屑功效，只是选择了更合适、更具针对性的一项功效，这就是聚合思维的体现，即从众多信息中挑选更关键、更有效的信息展示给用户，以达到划分用户、精准营销的目的。

3.横向思维

横向思维是一种打破逻辑局限，将思维往更宽广的领域拓展的思考模式，其最大的特点是打乱既有的思维顺序，从其他角度寻求新的解决办法。例如，设计耳机短视频内容时，通常是以音质、舒适性为卖点，如果以耳机外观的酷炫，以及与服装搭配的时尚作为卖点，同样可以吸引很多年轻用户关注，这就是运用横向思维产生的内容创意。

4.逆向思维

逆向思维也叫求异思维，是对几乎已有定论的或已有某种思考习惯的事物、观点进行反向思考的一种思维方式，其特点就是让思维向对立的方向发展，从问题的相反面进行探索，找出新创意与新想法。

（二）创意方法

1.故事讲述

故事讲述是指通过特定的叙事模式，对特定人物（一个或多个人物）完成的某一过程（各种行为、互动等）进行重新组织与展现。讲故事这一创意方式的吸引力不仅来自故事内容本身，还来自叙事模式的独特性和冲突性。例如，通过对比两个人在同一出租屋内的不同生活状态，展现截然不同的生活轨迹，形成强烈的对比和冲突。

2.创意挑战

创意挑战是指设定一些有趣的挑战或任务，通过完成这些挑战来展示创意或技能。例如，抖音国际版TikTok上经常会有各种创意挑战，其中"倒放挑战"就是一个很好的例子。创作者需要拍摄一段正常行为的短视频，然后通过软件设置将其倒放，创造出一种奇异而有趣的效果。这种挑战不仅考验了创作者的创意和拍摄技巧，还激发了用户的好奇心和提高了其参与度。

3.热门话题结合

热门话题结合是指利用当前热门的电影、电视剧、歌曲或网络梗作为开头，引发用户的共鸣和讨论。例如，在2022年北京冬季奥运会期间，吉祥物"冰墩墩"成为热门话题。抖音上出现了大量与"冰墩墩"相关的短视频，包括模仿其动作、制作相关手工制品等。这些短视频借助热门话题的流量，迅速吸引了大量用户关注和讨论。

4.情感共鸣

情感共鸣是指通过分享个人情感、经历或成长故事，与用户建立真诚的情感连接。

例如，某旅行博主在抖音上发布了一系列名为"孤独星球"的短视频，记录了自己独自旅行的点滴。这些短视频通过展现博主在旅途中遇到的美丽风景和感人故事，引发了用户强烈的情感共鸣。许多用户在评论区留言分享自己的旅行经历或感受，形成了良好的互动氛围。

5. 创意拼接

创意拼接是指将具有明显不同空间属性的对象在形式上拼接组成一个整体，但内在层面上存在着不同甚至矛盾对立。这种拼接方式可以产生强烈的娱乐效果。例如短视频创作者papi酱的搞笑视频，papi酱以其独特的幽默感和创意拼接能力在短视频领域脱颖而出。她的短视频作品经常将不同场景、人物或元素巧妙地拼接在一起，创造出令人捧腹的效果。她可能会将电影片段、新闻报道或日常生活场景与幽默的旁白和音效相结合，形成一个既有趣又有深度的短视频作品。

6. 时间错位

时间错位让本来在时间上没有直接关联的不同对象之间发生直接的时间关联，创造出独特的叙事效果。例如历史穿越类短视频，虽然直接的时间错位案例在短视频中可能较为少见，但一些历史题材或科幻题材的短视频会采用类似的手法，如某一个关于古代文明与现代科技的对比视频，通过时间错位的展示方式，让用户在对比中感受到时代的变迁和科技的进步。

7. 互动与参与

互动与参与是指鼓励用户参与到短视频的创作过程中来，如开展投票、问答或调查等活动，根据用户的意见和选择来制作新的短视频。例如抖音上的"全民任务"，抖音经常推出各种"全民任务"，鼓励用户参与拍摄与特定主题相关的短视频。这些任务不仅提供了丰富的拍摄素材和创意灵感，还通过奖励机制激发了用户的参与热情。用户拍摄的短视频有机会被官方账号转发或推荐给更多人，从而增加了曝光度和提升了影响力。

8. 演示与揭示

演示与揭示是指将某一对象简单直接地展示出来，或者将正常情况下难以简单看到或不想正视的内容展现出来。许多科技评测类短视频采用演示与揭示的方式，向用户展示新产品的功能和使用效果。例如，某科技博主可能会拍摄一段关于最新智能手机的评测短视频，通过实际操作和详细解说，让用户了解该手机的性能、拍照效果、电池续航等方面的表现。

9.跨媒体合作

跨媒体合作是指与其他媒体形式进行合作，如播客、博客文章或社交媒体帖文等，共同创作短视频内容。一些短视频创作者会与热门IP进行合作，共同制作与IP相关的短视频内容。例如，某个短视频账号与某部热门电视剧或电影合作，推出相关的幕后花絮、角色特辑或剧情回顾等短视频内容。这种跨媒体合作不仅丰富了短视频的内容形式，还借助热门IP的影响力吸引了更多用户关注。

9.用户故事分享

用户故事分享是指鼓励用户分享与频道相关的个人故事或经历，并选取其中具有代表性的故事制作成短视频。例如，小红书上有很多用户分享自己使用某款产品的心得体会或生活小妙招的短视频。这些短视频以用户的真实体验为基础，通过生动有趣的讲述方式传递产品的优点和使用技巧。这种用户故事分享的方式不仅增加了短视频的可信度和亲和力，还激发了目标受众的购买欲望和参与度。

直通职场

创意的提升策略

1.广泛涉猎，积累素材

（1）多元学习：广泛阅读文学作品，观看优秀的影视作品，吸收不同领域的创意灵感。

（2）生活观察：细心观察生活细节，从日常生活中提炼创作素材，丰富想象力资源库。

2.跨界融合，创新表达

（1）跨界思维：鼓励跨界融合，将不同领域的元素巧妙结合，创造出独一无二的视觉体验。

（2）技术赋能：利用现代科技手段，如特效、虚拟现实等，为想象力插上翅膀，实现更多不可能。

3.持之以恒，不断迭代

（1）持续练习：通过持续的创作练习，不断磨炼想象力与表达能力。

（2）反馈优化：积极收集消费者与同行的反馈意见，根据反馈进行迭代优化，不断提升作品质量。

（三）确定短视频的选题

1.选题的基本原则

在内容创作的广阔天地中，选题无疑扮演着举足轻重的角色。一个精心策划的选题，不仅能够精准捕获目标受众的注意力，还能显著提升内容的传播力与影响力。

1）关注度原则：吸引眼球，激发讨论

关注度是衡量一个选题能否迅速吸引用户兴趣的关键指标。为了提升选题的关注度，我们应着重考虑以下几个方面。

（1）话题性：选择那些具有广泛讨论空间的选题，能够激发用户的参与热情，促使他们积极发表见解并转发分享。例如，某媒体曾发布一篇关于"职场性别歧视"的文章，这个选题具有广泛的社会关注度和讨论空间，迅速引发了大量用户关注和讨论。

（2）争议性：引入具有一定争议性的选题，可以引发不同观点的用户之间的辩论，从而增加内容的互动性和扩大内容的传播范围。比如，一篇关于"是否应该全面禁止塑料袋使用"的文章，就因其争议性而引发了广泛的讨论和转发。

（3）立场性：明确而鲜明的立场能够吸引用户站队，形成观点的对立阵营，进一步提升内容的讨论热度和关注度。像"支持/反对996工作制"这样的选题，就因其明确的立场性而吸引了大量用户关注和讨论。

（4）普遍性：选择那些普遍适用、人人都能发表看法的选题，能够提升内容的参与度和引发用户的情感共鸣，使内容更加贴近大众。例如，"如何平衡工作与生活"这个选题就具有普遍性，几乎每个人都能发表自己的看法和经验。

2）共鸣性原则：情感连接，深入人心

共鸣性是选题与用户建立情感纽带的关键所在。为了增强选题的共鸣性，我们可以从以下几个方面着手。

（1）戳痒点：深入挖掘用户隐藏的需求和欲望，通过内容满足他们的幻想和期待，从而与用户建立深层次的情感联系。比如，一篇关于"如何实现财务自由"的文章，就戳中了很多用户内心的痒点，引发了广泛的共鸣和讨论。

（2）用户关心：确保选题紧密贴合用户的生活、兴趣或需求，让用户感受到内容的实用性和价值，进而增强他们对内容的认同感。例如，"如何在家有效健身"这样的选题，就因其与用户的生活紧密相关而受到了广泛的关注和引发了广泛的共鸣。

（3）情绪波动：通过内容巧妙地引发用户的情绪波动，如兴奋、感动、愤怒等，以增强用户对内容的记忆和分享意愿，使内容更具传播力。像一则讲述"普通人逆袭成功"的故事，就能引发用户的情绪波动和共鸣，进而促使他们分享和传播。

3）利他性原则：提供帮助，创造价值

利他性是指选题和内容能够为用户提供实际的帮助或价值。为了提升选题的利他性，我们可以采取以下策略。

（1）戳痛点：准确识别并解决用户面临的问题和挑战，提供切实有效的解决方案，以满足用户的实际需求。例如，一篇关于"如何有效缓解工作压力"的文章，就戳中了很多职场人士的痛点。

（2）提供解决方案：针对用户的具体需求或问题，给出明确、可行的解决方案，让用户感受到内容的实用性和价值所在。比如，一篇关于"如何提升学习效率"的文章，就为用户提供了具体的学习方法和技巧。

（3）普遍适用性：确保选题和内容适用于广泛的人群，让更多人能够从中受益，从而扩大内容的影响力和传播范围。像"健康饮食指南"这样的选题，就因其普遍适用性而受到了广泛的关注和传播。

4）新奇特原则：吸引关注，激发好奇

新奇特原则要求选题和内容具备新颖性、奇特性、特别性。其具体内容如下。

（1）新颖性：密切关注最新的信息、产品或新闻动态，及时跟进并发表新颖的观点或见解，以吸引用户关注。例如，一篇关于"最新科技趋势对未来生活的影响"的文章，就因其新颖性而吸引了大量用户关注。

（2）奇特性：提供与众不同的见解、角度或表现形式，让用户感受到内容的独特魅力和创新价值。比如，一则以漫画形式呈现的历史小故事，就因其奇特性而受到了用户的喜爱和传播。

（3）特别性：关注特殊人群的需求或探讨特殊领域的话题，形成独特的内容定位和风格，以满足用户的个性化需求并激发他们的好奇心。像一篇关于"极地探险家的生活"的文章，就因其特别性而吸引了大量对探险和极地生活感兴趣的用户。

2.打造爆款选题的技巧

1）如何挖掘关注度高的选题

要挖掘关注度高的选题，我们需要紧跟时代脉搏，深入了解用户需求。以下是一些具体方法。

（1）关注热点事件：及时关注社会热点、行业动态或明星八卦等，从中挖掘与用户相关的选题。例如，某媒体在娱乐明星离婚事件后，迅速推出了一篇关于"工作中的沟通与理解"的文章，吸引了大量用户关注。

（2）用户调研：通过问卷调查、社交媒体互动等方式了解用户的需求和兴趣点。比如，一个健康类公众号通过问卷调查发现，用户对于"如何在家进行高效锻炼"非常感兴趣，于是据此发布了一系列相关文章。

（3）数据分析：利用数据分析工具分析用户行为、搜索关键词等数据，发现潜在的高关注度选题。例如，一个新闻网站通过数据分析发现，"环保与可持续发展"是近期用户搜索的热门关键词，于是加大了这一领域的报道力度。

2）如何提升共鸣性

提升共鸣性是让内容深入用户内心的关键。

（1）情感共鸣：通过讲述感人故事、分享真实经历等方式引发用户的情感共鸣。比如，一篇讲述"普通人如何逆袭成为行业精英"的文章，通过真实案例和感人故事，引发了用户强烈的情感共鸣。

（2）价值观共鸣：传递与用户价值观念相符的观点或理念，增强用户对内容的认同感和共鸣感。例如，一个倡导简约生活的公众号，经常发布关于"断舍离"和"极简主义"的文章，吸引了大量认同这一生活方式的用户。

（3）生活共鸣：关注用户日常生活中的小细节或困扰，提供实用的生活小贴士或解决方案。比如，一篇关于"如何解决上班族午餐难题"的文章，就因其贴近用户生活而受到了广泛欢迎。

3）如何确保利他性

确保利他性是让内容对用户产生实际价值的关键。

（1）用户需求分析：深入了解目标用户的需求和痛点，确保选题和内容能够切实解决用户的问题。例如，一个教育类公众号通过用户反馈发现，很多家长都对孩子的学习效率感到困扰，于是发布了一系列关于"如何提升孩子学习效率"的文章。

（2）实用价值：提供具体的操作步骤、方法或技巧，让用户能够轻松实践并从中受益。比如，一篇关于"如何在家制作健康美食"的文章，就因其提供了详细的制作步骤和实用的烹饪技巧而受到了用户的喜爱。

（3）持续更新：根据用户反馈和需求变化，不断更新和优化选题和内容。例如，一个科技类网站会根据最新的科技动态和用户反馈，不断更新其关于"最新科技产品评测"的文章系列。

4）如何打造新奇特选题

打造新奇特选题是让内容脱颖而出的关键。

（1）创新角度：从独特的视角或切入点来解读热门话题或事件，形成新颖的观点或见解。比如，一篇关于"从心理学角度解读职场竞争"的文章，就因其独特的视角吸引了大量用户关注。

（2）跨界融合：将不同领域或行业的知识、技能或元素进行跨界融合，创造独特的内容形式。例如，一个时尚类公众号将时尚与旅游相结合，推出了"时尚旅行攻略"系列文章，受到了用户的广泛好评。

（3）个性化定制：根据用户的个性化需求或兴趣点，定制独特的选题和内容形式。比如，某音乐类 App 会根据用户的听歌喜好和习惯，为其推荐个性化的音乐专题和歌单。

3.打造爆款选题的方法

在内容创作的浩瀚领域中，选题作为创作的起点，其重要性不言而喻。一个精准且具有吸引力的选题，不仅能够迅速吸引用户眼球，还能有效提升内容的传播范围和影响力。

1）热点选题法

热点选题法，顾名思义，即通过紧跟社会热点、行业动态及公众关注的焦点事件，迅速反应并创作出与之相关的内容选题。这种方法能够利用热点事件本身的高关注度和讨论热度，为内容带来天然的流量优势。

其具体操作方法如下。

（1）日历热点挖掘：详细梳理全年各个重要时间节点的日历热点，包括但不限于法定节假日、国际节日、文化庆典及重要历史人物纪念日等。通过提前规划与布局，确保在热点到来时能够迅速响应，推出应景的内容。如图2-3所示，为2024年8月26日—2024年9月1日的热点活动。

图2-3　2024年8月26日—2024年9月1日的热点活动

（2）平台热点捕捉：充分利用小红书等平台的热搜词、热门活动、官方账号动态及第三方数据分析工具，实时跟踪平台上的热门话题与趋势。同时，关注平台算法推荐的热门内容，从中汲取灵感，快速调整选题方向。如图2-4所示，为蝉妈妈热搜词榜。如图2-5所示，为小红书热门活动。

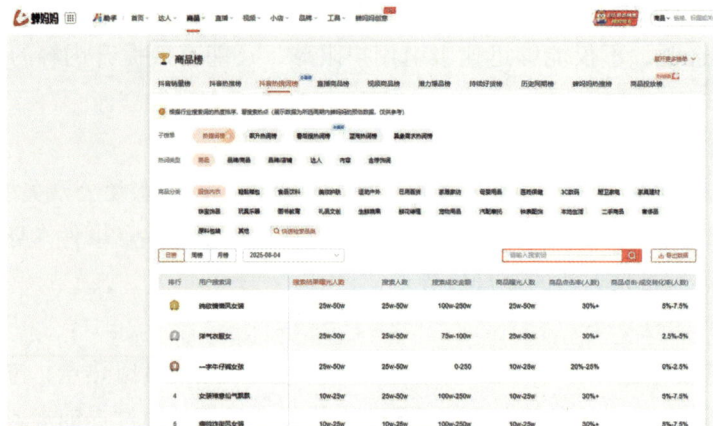

图2-4　蝉妈妈热搜词榜

图2-5　小红书热门活动

（3）周期性热点把握：针对体育赛事、季节变化、节日庆典等周期性出现的热点，建立常态化的监控与准备机制。通过历史数据分析与趋势预测，提前储备相关选题资源，确保在热点爆发时能够迅速推出高质量内容。

（4）明星与娱乐热点追踪：紧跟娱乐圈动态，关注热播电视剧、电影、综艺节目及明星八卦等娱乐热点。通过深入挖掘明星背后的故事、粉丝群体的关注点及娱乐事件的深层含义，创作出既有趣味性又有深度的内容选题。

（5）共鸣性突发事件应对：针对具有广泛社会影响力和情感共鸣的突发事件（如自然灾害、社会公益事件等），迅速反应并创作出能够引发用户共鸣的内容。通过传递正能量、展现人性光辉或提供实用帮助等方式，提升内容的传播力和影响力。

2）价值选题法

价值选题法强调内容的实用性和情感共鸣力，通过提供对用户有实际帮助或情感触动的选题来吸引用户关注。这种方法要求创作者深入了解用户需求与心理变化，从而创作出既有用又感人的内容。

其具体操作方法如下。

（1）实用价值挖掘：聚焦用户日常生活中的实际需求与痛点问题，通过分享干货知识、避坑攻略、揭秘行业内幕及探店评测等方式提供实用帮助。确保内容具有高度的可操作性和实用价值，让用户能够从中获得实质性的收益。

（2）情绪价值传递：通过讲述感人故事、分享真实经历及展现人性光辉等方式激发用户情感共鸣。在选题中融入积极向上的价值观和生活态度，让用户在阅读过程中产生情感共鸣并感受到温暖与力量。

3）对标选题法

对标选题法是一种通过借鉴同行业优秀账号的选题思路与成功经验来指导自身选题的方法。这种方法要求创作者具备敏锐的市场洞察力和分析能力，能够迅速识别并吸收优秀账号的选题精髓。

其具体操作方法如下。

（1）精选对标账号。在海量账号中筛选出粉丝数适中（如1万以下）但拥有多篇"千赞"以上笔记的优质账号作为对标对象。确保这些账号在选题上具有较高的参考价值且竞争压力相对较小。

（2）深入拆解爆款话题。详细记录并分析对标账号的爆款选题特点与成功要素。关注其选题角度、内容形式、呈现方式及用户反馈等方面，思考如何结合自身特点进行创新与优化。对标拆解选题表格如表2-1所示。

表2-1　对标拆解选题

项目名称	内容
账号名称	
粉丝数	
收藏数	
点赞数	
第一篇内容更新时间	
近3个月更新频率	

续表

项目名称	内容
赛道和细分方向	
人设风格	
呈现方式	
可学习的点	
变现方式	
崛起点（起爆视频）	

（3）构建选题库：将对标账号的爆款选题整理归档到选题库中，并持续更新与维护。通过不断积累优质选题资源，为自身的选题创作提供源源不断的灵感与支持。

4）热门问题选题法

热门问题选题法是指通过关注用户普遍关心的问题与痛点来指导选题创作的方法。这种方法要求创作者具备敏锐的用户洞察力和问题识别能力，能够准确捕捉并回应用户的核心需求。

其具体操作方法如下。

（1）利用算法推荐机制：通过不断刷新平台页面和搜索关键词来触发算法推荐机制，发现与用户关注点高度相关的热门话题。利用平台提供的数据分析工具来评估这些话题的热度与潜在影响力。

（2）精准搜索关键词：直接输入用户可能关心的具体问题作为搜索关键词，在平台上寻找相关的热门笔记与讨论话题。通过收集这些笔记的标题、封面、内容形式及用户反馈等信息来构建选题思路。

（3）挖掘用户评论与反馈内容：深入分析对标账号笔记下的用户评论与反馈内容，从中挖掘出用户普遍关心的问题与痛点。结合这些问题来构思新的选题方向与内容框架，确保选题贴近用户需求且具有高度针对性。

5）匹配选题法

匹配选题法是一种通过结合创作者自身人设、标签及用户痛点、痒点、爽点来指导选题创作的方法。这种方法强调选题与创作者个人品牌的契合度以及与用户需求的匹配度，旨在通过精准定位来提升内容的吸引力和传播力。

匹配选题法的具体内容，如图2-6所示。

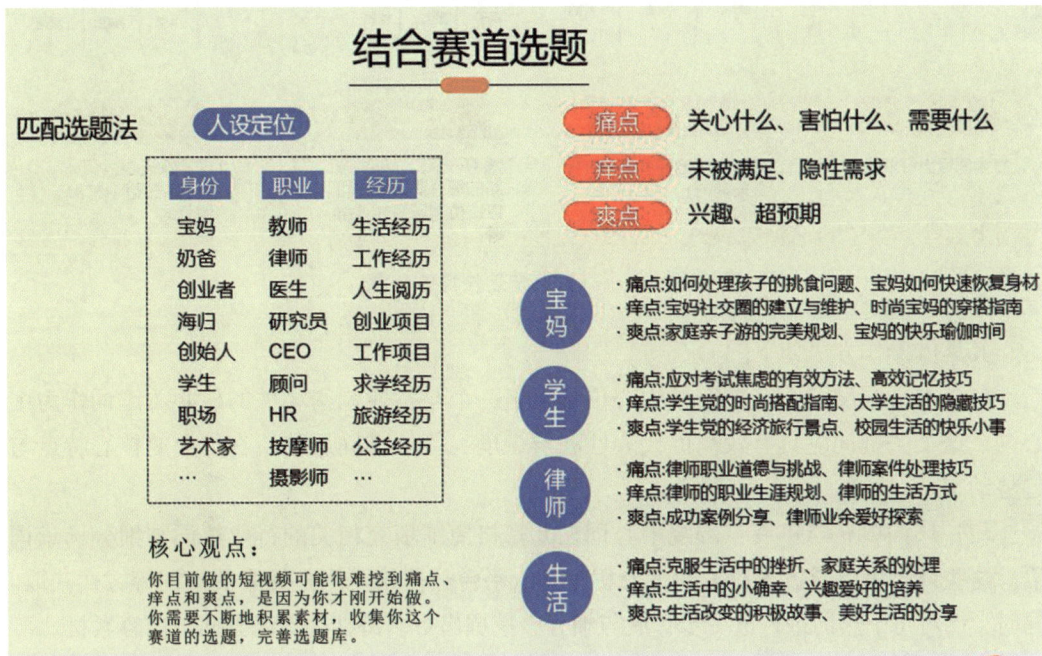

图2-6 匹配选题法的具体内容

其具体操作方法如下。

（1）明确人设与标签定位：回顾并明确自身在内容创作领域的人设定位与标签设置。确保人设鲜明且具有辨识度，标签准确反映个人品牌特色与优势所在。

（2）深度挖掘用户痛点、痒点、爽点：通过持续刷选题、收集用户反馈及关注行业动态等方式来积累用户痛点、痒点及爽点的相关素材。利用这些素材来构建选题框架并丰富内容细节，确保选题贴近用户实际需求并引发用户共鸣。

（3）精准匹配选题方向：结合自身人设与标签定位以及用户痛点、痒点、爽点的挖掘结果来精准匹配选题方向。通过综合运用多种选题方法（如热点选题法、价值选题法等）来构思出既符合个人品牌特色又贴近用户需求的高质量选题内容。

6）九宫格选题法

九宫格选题法是一种通过构建九宫格矩阵并运用创新思维来指导选题创作的方法。这种方法要求创作者具备丰富的想象力与创造力，能够灵活运用行业热词与细分场景来构思出新颖独特的选题内容。其具体步骤如图2-7所示。

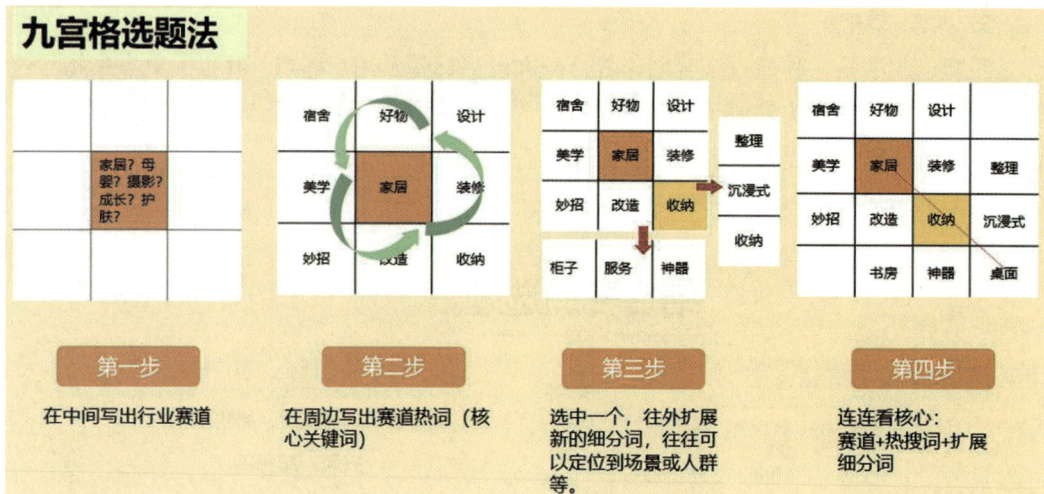

图2-7   九宫格选题法具体步骤

其具体操作方法如下。

（1）中心词设定：在九宫格中心位置设定一个与行业紧密相关的核心关键词作为中心词。这个关键词应具有较高的代表性和辨识度，能够准确反映所在行业的核心特点与趋势动态。

（2）热词填充与扩展：围绕中心词在九宫格周围填充相关的行业热词与细分场景词语。这些词语可以通过第三方数据分析工具、平台热搜榜及用户搜索关键词等方式获取。同时，针对每个热词进行进一步扩展与细分，挖掘出更多潜在的选题方向与内容素材。

（3）创新连线与组合：运用创新思维将九宫格中的词语进行自由连线与组合，尝试构思新颖独特的选题内容。通过不断尝试与调整连线方式，探索出既符合行业趋势又具备创新点的选题方向与内容形式。同时，关注用户反馈与市场变化，及时调整选题策略以适应新的市场需求与挑战，如图2-8所示。

图2-8   九宫格选题法的创新连线与组合

三、任务实践

（一）任务背景

消费人群的多样化，需要短视频创作者深入探索短视频创意的无限可能，掌握从构思到制作的全过程技能。于是小张同学及其项目组围绕一个或多个主题（如阳山地方特色文化、阳山水蜜桃产品推广、阳山镇生活趣事等），运用所学的故事讲述、创意挑战、热门话题结合、情感共鸣、创意拼接等多种创意方法，创作出既富有创意又贴近目标受众需求的短视频作品。

（二）任务目标

1.创意能力培养

激发对短视频创作的兴趣与热情，通过市场调研、创意策划等环节，培养学生的创新思维和想象力，使其能够独立思考并设计出新颖、独特的短视频内容。

2.市场洞察力

通过市场调研和分析，培养学生对市场趋势和受众需求的敏感度，使其能够准确把握市场动态，创作出既符合市场需求又能吸引目标受众的短视频作品。

3.技能提升

帮助学生熟练掌握短视频制作的全流程技能，包括脚本撰写、拍摄技巧、后期制作等，提升其实践操作能力和专业素养。

（三）任务内容

1.步骤1：市场调研与用户分析

1）市场调研

根据分配的主题（如阳山地方特色文化、阳山水蜜桃产品推广、阳山镇生活趣事等），通过问卷调查、网络搜索、实地考察等方式收集目标受众的兴趣偏好、观看习惯及市场需求等信息。

2）需求分析

基于市场调研结果，分析目标受众的具体需求，识别短视频创作中的关键要素和潜在机会点，为后续创意策划提供数据支持。

2.步骤2：创意策划

根据市场调研和需求分析结果，小组成员进行头脑风暴，提出多种创意方案。通过讨论和筛选，确定最终的创意方向和内容大纲。

（四）总结分析

根据每个组长的汇报情况，教师进行总结点评，并排出各组的名次。

任务三　短视频拍摄脚本撰写

短视频拍摄
脚本撰写

一、任务导入

小张同学及其项目组通过市场调研，了解阳山水蜜桃的市场定位、目标消费群体以及竞争对手的情况。他们提炼出了阳山水蜜桃的核心卖点，如口感、营养价值、产地特色等关键信息点。接下来，他们要对阳山水蜜桃短视频拍摄进行脚本的撰写。小张同学及其项目组需要明确短视频脚本的框架，了解短视频脚本的基本结构，包括开头、主体、高潮和结尾等部分，以及如何合理安排各部分以吸引用户的注意力。挖掘阳山水蜜桃的亮点，深入分析阳山水蜜桃的特点与优势，提炼出能够吸引目标受众的卖点，并将其巧妙融入脚本中。同时，需要思考如何引导用户参与互动，如通过提问、挑战或呼吁点赞、分享等方式，增加短视频的互动性和扩大其传播范围。

请简述如何明确短视频的核心内容方向，确保所有内容紧密围绕主题展开。

二、知识准备

脚本是短视频制作的核心，它详细描述了视频或图文的具体内容和表现形式。脚本通常包括台词配音、画面场景、花字备注等要素。

（一）脚本的类型

短视频脚本主要有三种类型，分别是提纲脚本、分镜头脚本和文学脚本。

1.提纲脚本

提纲脚本涵盖短视频内容的各个拍摄要点，通常包括对主题、视角、题材形式、风格、画面和节奏的阐述。提纲脚本是指为拍摄 Vlog 制定的拍摄内容要点。这种形式的脚本主要应用在纪实拍摄当中。纪实拍摄是以记录生活现实为主的摄影方式，素材来源于生活，如实反映我们所看到的。例如，景点讲解类、街头采访类、美食探访类等采用的都是纪实的拍摄手法。提纲脚本的内容包括：明确主题、情境预设、资料准备与信息整合、制定拍摄方案四个内容。

1）明确主题

明确主题是短视频制作的起点，需要清晰界定短视频的主题或选题，即确定想要拍摄什么内容的短视频，并用简洁的语言概括出来。明确主题有助于后续工作的顺利开展。

2）情境预设

情境预设涉及对拍摄环境的预判和规划。它要求制作者对拍摄现场的环境或即将发生的事件有大致的了解和设想，以便提前做好准备，确保拍摄过程顺畅。

3）资料准备与信息整合

在正式拍摄之前，收集拍摄内容相关的知识和信息至关重要。这一步骤不仅能增加短视频的专业性和准确性，还能帮助制作者在解说时条理清晰、逻辑严密，避免现场解说时出现内容空洞或误导用户的情况。

4）制定拍摄方案

基于前面的准备工作，详细规划拍摄方案。方案应涵盖时间线安排（确保拍摄进度有序进行）、拍摄场景的选择与布置（确保画面效果符合预期），以及话术设计（确保解说内容精练、引人入胜）。通过周密的方案制定，可以有效提升拍摄效率和短视频质量。

具体提纲脚本示例见表2-2。

表2-2　提纲脚本示例

提纲要点	要点内容
主题	青春颂——回忆校园时光
拍摄场景	学校校园
画面内容	航拍镜头展现美丽的校园景色，包括大操场、教学楼、图书馆等；中长镜头捕捉学生们在校园中奔跑、打闹、拍照的欢乐场景；特写镜头展现一些代表校园特色的事物，如校徽、校门等
拍摄机位	航拍镜头（鸟瞰整个校园）；中长镜头（捕捉学生们的欢乐场景）；特写镜头（展现一些代表校园特色的细节）

续表

提纲要点	要点内容
人物动作	学生们奔跑、跳跃、互动玩耍；围绕校徽拍照、合影；集体表演
时长	1分钟

需要注意的是，提纲脚本一般不限制团队成员的工作，可让摄像师有较大的发挥空间，对剪辑师的指导作用较小。

2.分镜头脚本

分镜头脚本主要是以文字的形式直接表现不同镜头的短视频画面，其内容能够表现短视频前期构思时对短视频画面的构想。分镜头脚本包括完整的故事，还要把故事的情节点翻译成镜头。每个镜头里面要包含许多拍摄和制作上的细节，例如，画面、光线、镜头运动、声音和字幕等。分镜头脚本就像短视频创作的操作规范一样，为摄像师提供拍摄依据，也为剪辑师提供剪辑依据。分镜头脚本示例如表2-3所示。

1）分镜头脚本的构成要素

（1）景别选择：分镜头脚本首先需要明确每个镜头的取景范围，如远景、全景、中景、近景、特写等，以精准控制用户的视觉焦点和情感投入。

（2）拍摄方法与技巧：包括摄影机的运动方式（如推、拉、摇、移、跟等）、拍摄角度、焦距选择等，这些元素共同构建了短视频的动态美感与叙事节奏。

（3）镜头时长：合理规划每个镜头的持续时间，以控制故事的节奏感和信息的传递效率，确保用户能够顺畅地跟随故事线索。

（4）画面内容描述：详细描述每个镜头中应展现的具体画面元素，包括人物动作、表情、环境布置等，确保拍摄团队对导演的意图准确理解。

（5）音效与背景音乐：虽然音效与背景音乐的具体实现可能不在分镜头脚本中直接体现，但应明确标注哪些段落需要配合特定音效或背景音乐，以增强情感表达和氛围营造。

2）分镜头脚本编制原则与逻辑要求

（1）逻辑清晰：分镜头脚本应严格遵循故事情节的发展逻辑，确保每个镜头之间的连贯性和递进关系，避免信息断裂或逻辑混乱。

（2）细节丰富：除基本要素外，还应尽可能详细地描述拍摄和制作上的每一个细节，如光线布置、色彩基调、字幕内容等，为后期制作提供全面指导。

（3）灵活性与适应性：虽然分镜头脚本需要细致规划，但也要保持一定的灵活性，以便在拍摄过程中根据实际情况进行调整，确保最终作品的最佳呈现效果。

表 2-3　分镜头脚本示例

拍摄场景	编号	画面内容	景别	台词	参考画面	时长
酒店	1	拉开窗帘拍外边的景色	中景	2021年三亚 Vlog		10s
海边公园	2	从楼梯上跑下来，冲镜头打招呼	全景	Hello		5s
海边公园	3	开心跑向大海	全景	大海我来啦～		5s
海边	4	在海边散步，转身冲镜头笑	中景	海的味道我知道～		5s
海边	5	手持相机拍海边，然后回头对镜头拍摄，并挥手打招呼	中景	无		5s
海边	6	坐在沙滩玩沙子	中景	无		5s
海边	7	展示自己堆的沙子	近景	无		6s
海边	8	指向落日的方向，然后奔向落日	全景	无		5s
海边	9	展示餐桌的菜	中景	看看今天吃什么好吃的		6s
海边	10	正在和朋友边吃饭边聊天的你	全景	吹着海风、享受美食是我想要的小日子		6s
海边	11	骑自行车，然后挥手	中景	吃饱喝足回酒店啦		5s
海边	12	坐在阳台看海，手指向大海，镜头转向大海	全景	去看日月星辰、山川湖海，去看世间万象、人生百态		8s

3.文学脚本

文学脚本是各种小说或者故事改编以后方便以镜头语言来完成的一种脚本方式。其不像分镜头脚本那么细致，适用于不需要剧情的短视频创作。文学脚本中通常只需写明短视频中的主角需要做的事情或任务、所说的台词和整个短视频的时长等。文学脚本类似于电影剧本，以故事开始、发展和结尾为叙述线索。简单地说，文学脚本需要表述清楚故事的人物、事件、地点等。

思政园地

　　撰写短视频脚本时，应该以"坚持以人民为中心的创作导向，推出更多增强人民精神力量的优秀作品"为指导，通过短视频内容在潜移默化之中丰富大众的精神世界。

（二）脚本的撰写思路

　　短视频脚本的撰写因人而异，创作者可以反复研究他人拍摄的短视频，包括其中的场景布置、镜头运用、台词动作等，然后多加实践，经过长期积累后，就会形成自己的撰写思路。图2-9为短视频脚本撰写的基本框架。

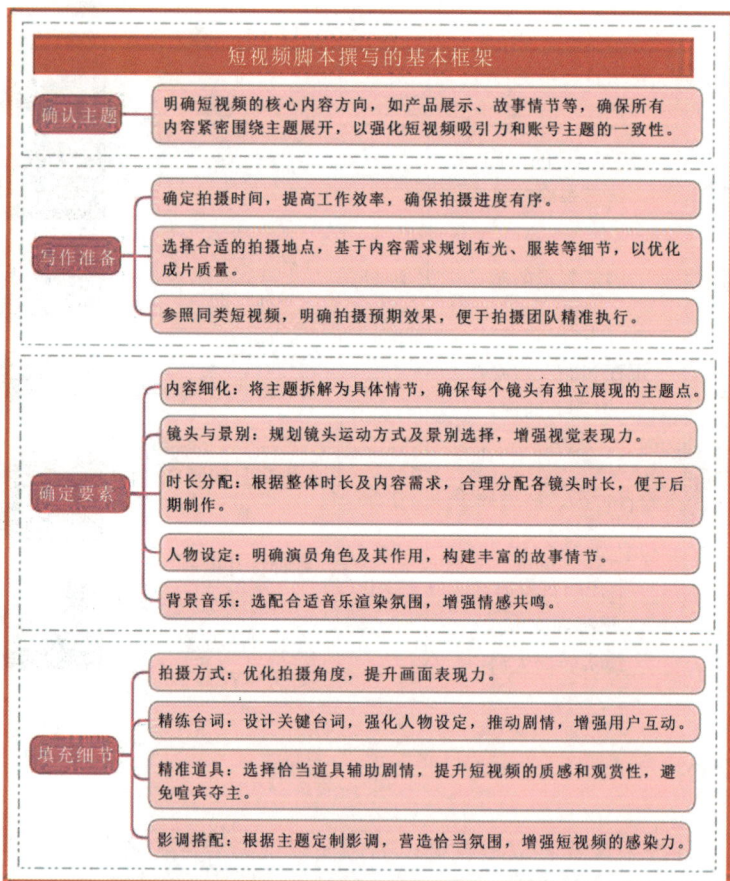

　　短视频脚本撰写的基本框架

确认主题
明确短视频的核心内容方向，如产品展示、故事情节等，确保所有内容紧密围绕主题展开，以强化短视频吸引力和账号主题的一致性。

写作准备
确定拍摄时间，提高工作效率，确保拍摄进度有序。

选择合适的拍摄地点，基于内容需求规划布光、服装等细节，以优化成片质量。

参照同类短视频，明确拍摄预期效果，便于拍摄团队精准执行。

确定要素
内容细化：将主题拆解为具体情节，确保每个镜头有独立展现的主题点。

镜头与景别：规划镜头运动方式及景别选择，增强视觉表现力。

时长分配：根据整体时长及内容需求，合理分配各镜头时长，便于后期制作。

人物设定：明确演员角色及其作用，构建丰富的故事情节。

背景音乐：选配合适音乐渲染氛围，增强情感共鸣。

填充细节
拍摄方式：优化拍摄角度，提升画面表现力。

精练台词：设计关键台词，强化人物设定，推动剧情，增强用户互动。

精准道具：选择恰当道具辅助剧情，提升短视频的质感和观赏性，避免喧宾夺主。

影调搭配：根据主题定制影调，营造恰当氛围，增强短视频的感染力。

图2-9　短视频脚本撰写的基本框架

（三）脚本的写作技巧

如果将创作短视频比作盖房子，那么脚本就相当于"施工方案"，因此其重要性不言而喻。撰写短视频脚本还需要掌握一些技巧，以提高短视频内容的质量。

1. 内容设计技巧

撰写短视频脚本前可先在脑中把短视频的画面串联起来，然后根据内容创作方式，将设想的短视频画面展现在脚本中，并运用一定的技巧提升短视频画面的吸引力。

1）在开头设置吸引点

短视频需要在一开始（5秒以内）就吸引用户的注意力，因此必须设置一个一开始就能吸引用户眼球的"点"，可以是短视频画面、人物动作、背景音乐、特效等。

2）故事情节尽量简单易懂

首先，故事情节不要太复杂，尽量不要让用户动脑子思考；其次，要将故事情节的逻辑简单地呈现出来；最后，利用短视频理解故事情节而选择继续观看。

3）以近景为主

用户通常习惯使用手机观看短视频，画面多采用竖屏形式，这一点决定了在短视频拍摄过程中，近景使用得比较多。撰写短视频脚本时也要考虑到这一点，不要使用太多种景别，应该以近景为主，从而带给用户舒适的观看体验。

4）适当添加背景音乐与音效

背景音乐能够引导用户的情绪，合适的音效可以增加短视频的趣味性，增强用户的观看体验感。

5）控制时长

短视频时长通常控制在1分钟以内，电商平台的产品短视频时长则通常控制在30秒以内。超过了这个时长范围，用户可能就没有耐心看完短视频了。

6）设计一定的转场

转场能让短视频的衔接变得流畅，常见的短视频转场效果包括橡皮擦擦除画面、手移走画面、淡化和弹走等。撰写短视频脚本时就设计一定的转场可以减少剪辑师的工作量，并提升短视频的画面品质。

2. 内容写作技巧

短视频吸引用户的根本是短视频的内容，所以，撰写短视频脚本时，一定要在内容上下功夫。

1）内容要有反差

观看短视频的用户通常没有耐心去等待漫长的铺垫，所以，短视频的内容不能像普通影视作品那样安排铺叙情节，可以设置反转、反差等情节内容，这样才能引起用户的兴趣，获得用户的点赞和关注。

2）内容节奏要快

内容节奏要快是指短视频的信息点要密集，尽可能迅速介绍产品的重要性能和卖点，并辅以字幕介绍，让用户迅速接收到卖点信息，并产生继续看下去的欲望。

3）通过关键词联想出短视频画面

不同的短视频画面往往会有一些体现画面特征的关键词，通过这些关键词可以联想出短视频画面。例如，在空气炸锅短视频中，其功能卖点是"20大智能菜单"，并介绍说"简单美味只需跟着做"，关键词有"智能菜单""简单美味"等，在撰写短视频脚本时，就可以将这些关键词体现在脚本中。

4）在短视频脚本中适当增加分镜图画

撰写产品卖点的含义比较丰富的短视频脚本时，有些内容仅凭一段文字或一个镜头无法直观展示，这时就可以适当增加分镜图画。例如，演员双脚和运动鞋产品在画面的相同位置，只是增加了场景变化（如健身房、崎岖山路、城市道路、场地台阶等）的分镜图画，直观地表现出该运动鞋在不同场景中的使用情况。

3.带货短视频脚本的写作技巧

带货短视频是目前网络中常用的电商营销方式之一。很多内容创作者并不是短视频达人，也没有足够多的用户流量，这时就可以使用一些带货短视频脚本的写作技巧，从而拍摄出能够吸引用户的产品短视频，激发用户下单购买的热情。

1）罗列卖点

罗列卖点是电商常用的带货短视频脚本的写作方法，脚本中通常会罗列产品的核心卖点，并尽量组织简单的文案一次性告知用户。例如，枇杷产品的带货短视频脚本就直接分4个镜头罗列卖点。一是在一片挂满枇杷的果园树上随手摘下一个大枇杷（原生态种植）；二是用手轻松地剥开枇杷外皮（皮薄肉厚）；三是用嘴咬上一大口，一脸陶醉的样子（味美多汁）；四是满满的一大箱枇杷，然后告诉用户价格并包邮到家（便宜量多且包邮）。

2）说明介绍

说明介绍类似产品的操作手册或说明书，介绍某款产品的使用情况，主要包括产品的外观材质和性能细节，以及产品的优越性等方面。家电、家具产品都适合采用这种方法撰写短视频脚本，服饰、美妆、软件工具等产品也适合。

3）效果展示

效果展示是直接向用户展示产品的结果、形态，主要包括产品本身的状态，如：树上挂满了成熟的水果、产品使用的状态、服装的上身效果、家具的实景展示效果、家用电器的开启效果等。

4）过程展示

过程展示是指向用户展示一个产品或设计从无到有、被做出来的过程，如房屋装修、艺术设计和美食制作等。例如，手工制作达人拍摄的短视频就是手工制作某个家具的完整过程。用户可以通过观看完整的过程来增强消费信心，内容创作者可以通过短视频树立自己的专业形象。

5）对比

对比可以让用户下定购买产品的决心。产品对比主要包含价格、质量和福利三个方面的内容。例如，在运动鞋质量和价格差别不大的情况下，推出买一双鞋子送一双袜子的福利，这样就更容易吸引用户购买产品。

6）测试

测试的目的是打消用户对产品质量的疑虑，增强用户下单购买的信心。例如，对鱼竿产品质量进行测试，很常见的就是把鱼竿放在路边，用车压、用脚踩，几个成年人同时踩，以及用鱼竿拉很重的物体等。

7）数量展示

采用数量展示的方法撰写的脚本比较适合销量较大的套餐产品。例如，数量展示脚本的写作思路通常是用户给钱要求购买某产品，商家说钱多了，然后就给用户拿产品，一边拿一边数数，最后告知用户可以用极少的钱买到很多产品且还包邮到家；或者商家拿出一个纸箱，往纸箱里放产品，一边放一边数数，直到把纸箱装满，然后告诉用户只需要一个很优惠的价格就能包邮到家。

8）专家代表

专家代表就是找特定群体来展示产品优点，有三种常见的模式。一是老板代表，脚本围绕员工采访品牌老板、产品开发负责人等展开，由这些代表说出产品的特点、使用的感受等。二是行业代表，设计脚本时可以找一些行业内的专家、意见领袖，站在专业、权威的角度评测某产品，分享其使用感受。三是用户代表，设计脚本时可以随机找用户测评，邀请用户挑战、用户分享实际感受等。例如，抖音中就有一些服装达人，其短视频内容多为找用户试穿各种服饰，通过试穿前后效果的不同来突出服饰的美，这就是用户代表的典型案例。

课堂讨论

　　短视频脚本的基本结构包括哪些部分？如何合理安排开头、中间、结尾，以最大化吸引用户的注意力？

三、任务实践

（一）任务背景

阳山水蜜桃，以其鲜美的口感、丰富的营养价值及独特的产地优势，成为众多消费者心中的夏日佳果。为了进一步提升阳山水蜜桃的品牌知名度和扩大其市场影响力。小张同学及其项目组围绕"阳山水蜜桃"主题，开展短视频拍摄脚本的创作实践。通过精心策划与撰写脚本，并结合短视频这一直观、生动的媒介形式，展现阳山水蜜桃的魅力，激发消费者的购买欲望。

（二）任务目标

1.掌握短视频脚本撰写技巧

掌握短视频脚本的基本结构和撰写技巧，包括如何构思故事情节、设置悬念、引导用户情绪等。

2.深入挖掘产品特色

通过分析阳山水蜜桃的特点与优势，提炼出能够吸引目标受众的卖点，并将其巧妙融入脚本中。

3.创意表达与情感共鸣

在脚本中融入创意元素，通过独特的视角和表达方式，触动用户的情感共鸣，增强短视频的感染力和扩大其传播范围。

（三）任务内容

1.步骤1：产品卖点提炼

（1）根据市场调研结果，提炼出阳山水蜜桃的核心卖点，如口感、营养价值、产地特色等。

（2）确定脚本的主要宣传点和亮点，为后续的故事情节构思提供方向。

2.步骤2：脚本框架搭建

（1）搭建短视频脚本的基本框架，包括开头、主体、高潮和结尾等部分。

（2）设计故事情节和镜头语言，确保脚本内容连贯、逻辑清晰。

3.步骤3：互动环节设计

（1）设计互动环节，如提问、挑战或呼吁用户点赞、分享等，增加短视频的互动性和扩大其传播范围。

（2）考虑如何在脚本中引导用户参与互动，提升短视频的参与度和增强用户黏性。

4.步骤4：脚本撰写与修改

（1）根据任务要求撰写短视频脚本初稿，注意语言简洁明了、表达生动有力。

（2）进行初稿评审与修改，根据反馈意见进行迭代优化（表2-4）。

表2-4　脚本初稿评审表

镜号	画面内容	景别	运镜方式	时长	台词	音效
1						
2						
3						
4						
5						
6						
7						
8						

（四）总结分析

根据每个组长的汇报情况，教师进行总结点评，并排出各组的名次。

任务四　短视频封面和标题设计

一、任务导入

　　一个成功的短视频不仅需要引人入胜的内容，其封面与标题更是吸引用户点击观看的第一道门槛。小张同学及其项目组通过深入的市场调研，精准定位了阳山水蜜桃的市场定位、目标消费群体及竞争对手，提炼出了其核心卖点。现在，他们将市场调研结果转化为短视频的视觉与文字力量，通过精心设计的封面与标题，让每一个短视频都能在众多内容中脱颖而出。短视频封面应既美观又具有吸引力，精准传达短视频的内容，能在第一时间抓住用户的眼球，引导他们点击观看。

　　请问：如何设计短视频的封面？

二、知识准备

短视频封面设计

（一）制作短视频封面

　　1.短视频的封面类型

　　1）拼图类封面

　　拼图类封面就是将多张图片（可以是短视频中的截图，也可以是效果前后对比图）拼接在一起的封面。这类封面可以展示出丰富的内容，常用于产品评测、美食等内容领域的短视频。一般来说，这种类型的封面风格和色调都比较统一，实用性很强，但文字内容较少，以清晰地传递图片信息为主，如图2-10所示。

　　2）遮罩式封面

　　遮罩式封面就是在短视频的上下部分添加遮罩，并在遮罩中添加文字信息（一般上部分为短视频标题，下部分为短视频旁白）的封面。这类封面不仅可以直观地展现短视频的内容，而且可以让短

图2-10　拼图类封面

视频的风格更加统一，比较适合横版短视频，常用于音乐、舞蹈、影视、知识类等主题的短视频，如图2-11所示。

3）人物类封面

人物类封面就是将真人作为主体的封面。这类封面可以直接用短视频中以人物为主体的截图，也可以拍摄人物照片，再通过后期处理后使用，以突出人物。很多真人出镜的短视频都采用人物类封面，如图2-12所示。需要注意的是，封面中人物的动作和表情要符合短视频内容风格。

图2-11　遮罩式封面

图2-12　人物类封面

4）截图类封面

截图类封面非常常见，常分为两类。一类常以短视频中的画面截图为背景，然后添加必要的、能够突出重点的概括性标题，虽然封面的设计感不是很强，但是非常能吸引用户视线，如图2-13所示。另一类只以短视频中的画面截图为封面，无任何文字，重点展示画面内容，如图2-14所示。注意，截图的画面不但要美观，还要能够代表短视频的主要内容。

图 2-13 添加概括性标题的截图类封面

图 2-14 无文字的截图类封面

图 2-15 文字标题类封面

5）文字标题类封面

文字标题类封面是指直接以文字内容为主的封面（或只有文字）。这类封面简单清晰，可以直接表达出短视频的主要内容，方便用户第一时间了解该短视频的主题，而且适用于多种类型的短视频。图 2-15 所示的封面中就采用了纯色的背景和大号的文字，重点突出了文字内容，非常引人注目。

直通职场

除了以上这些针对单个短视频的封面外，还有一种三联封面。三联封面是指将一个完整的封面切成三份，然后分别用于三个连续的短视频，封面之间无缝连接。

这种类型的封面给人带来的视觉冲击力特别强，常用于系列短视频中。需要注意的是，三个短视频的主题应该保持一致。

2.短视频封面设计的技巧

短视频封面是指短视频第一秒出现的画面，一般起着预告、补充标题的作用，一个好的短视频封面可以帮助我们的作品获得更高的关注度。以下是短视频封面设计的技巧。

1）避免重复，强化互补性

封面与标题应各自承担不同的信息传达任务，避免内容上的直接重复。标题应精练概括短视频核心主题或亮点，而封面则通过视觉元素直观展示短视频特色，两者相辅相成，共同激发用户的好奇心与观看欲望。通过差异化呈现，实现"1+1>2"的效果，最大化利用展示空间，如图2-16所示。

2）突出封面文字，增强视觉冲击力

为确保封面文字迅速吸引用户眼球，应选用大号字体，并结合鲜明对比的背景色或图形，提升文字的辨识度与吸引力。通过巧妙布局，使文字成为封面的视觉焦点，同时保持整体设计的和谐统一，既醒目又不失美感，如图2-17所示。

图2-16 强化互补的短视频封面

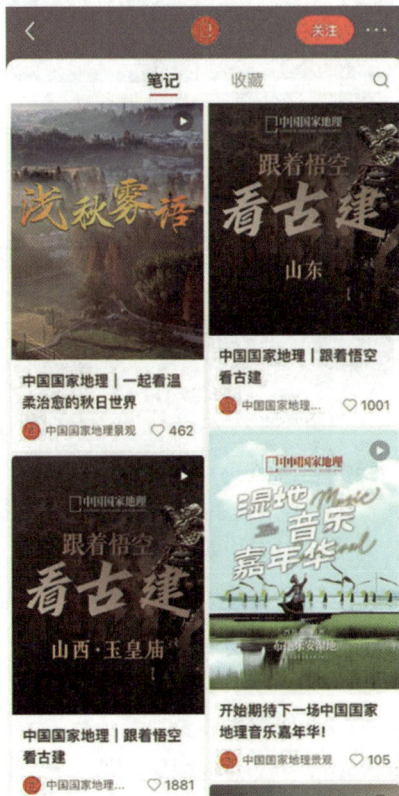

图2-17 突出文字的短视频封面

3）注重封面图像质量，提升第一印象

封面图像的质量直接影响用户的第一印象。因此，务必确保封面图片高清，避免使用像素模糊或质量低劣的图片。优质图像不仅能展现短视频的专业度，还能有效传达短视频内容的氛围与情感，激发用户的观看兴趣。如图2-18所示，某旅行博主的短视频封面图像清晰，图片美观大方，内容突出。

4）明确主题，简洁明了

封面设计应围绕短视频的主题展开，保持干净整洁，避免元素堆砌造成的视觉混乱。通过精心挑选关键帧或代表性场景作为封面，直观展现短视频的核心内容。同时，封面上的文字描述应精练准确，提炼关键信息，不宜过长，以确保信息的快速传达与理解。如图2-19所示，某知识博主的短视频封面简洁明了地展示了每个短视频的主题。

图2-18　注重图像质量的短视频封面

图2-19　明确主题的短视频封面

3.设置短视频封面

1）步骤1：预览短视频

在剪映App中预览短视频内容，确认无误后点击"导出"按钮，如图2-20所示。

图 2-20　点击"导出"

2）步骤 2：导出短视频

剪映 App 开始导出短视频并显示导出进度，如图 2-21 所示。

3）步骤 3：分享到抖音

导出完成后，在显示的界面中点击"分享到抖音"按钮，如图 2-22 所示。

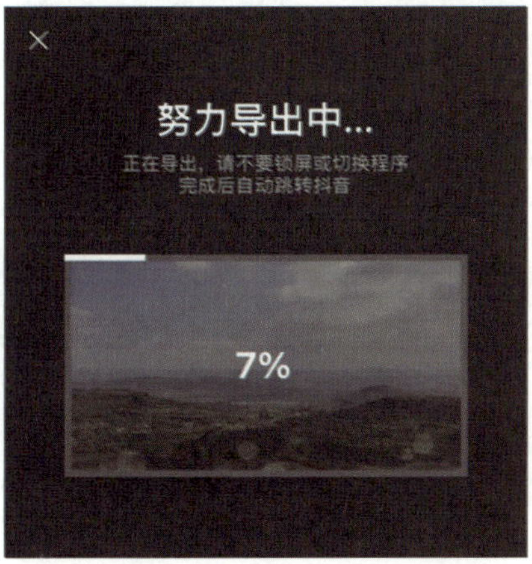

图 2-21　导出短视频

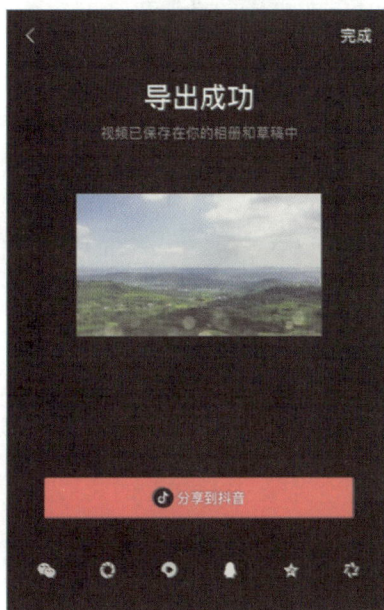

图 2-22　点击"分享到抖音"

4）步骤 4：启动抖音 App

启动抖音 App（需要提前在手机上安装抖音 App），在显示的界面中依次点击"下一步"按钮，如图 2-23 所示。

5）步骤 5：选封面

显示抖音 App 的发布界面，点击缩略图中的"选封面"选项，如图 2-24 所示。

6）步骤 6：确定封面

在显示的界面中拖曳下方的预览条，选择需要作为封面的画面，然后点击"下一步"按钮，如图 2-25 所示。

图 2-23　点击"下一步"　　　图 2-24　点击"选封面"　　　图 2-25　选择作为封面的画面

（二）打造爆款标题

标题不仅是吸引用户点击的关键，也是短视频在搜索中的热词和关键词来源。一个优秀的标题不仅能迅速吸引用户的注意力，还能引导平台流量，实现"1+1>2"的效果。

短视频标题设计

1.标题创作五大要点

1）数字吸引

人脑对数字天生敏感，利用数字可以迅速吸引用户的注意力。数字标题法包括：其一，鲜明对比型数字，通过悬殊的数字对比，直观展现差异，如"月薪五万精英医生与月薪五千普通医生的职业生涯大不同"，这样的标题即刻触动人心，激发用户探索欲；其二，精练总结型数字，将复杂信息浓缩于简短数字之中，如"三分钟速成秘籍，掌握五大摄影绝技"，既传达了高效学习的概念，又明确了学习成果，让人忍不住想要一探究竟；其三，递进式多组数据对比，通过一系列数字的变化，展现过程与成就，如"从150斤到100斤的华丽蜕变，她仅用三个月见证自我超越"，这样的标题充满了励志色彩，鼓励用户关注转变背后的故事，引人入胜。

2）高能词语

巧妙地融入带有威胁、陌生或恐惧意味的高能词语，能够瞬间触动用户的敏感神经，引发用户强烈的好奇心与警觉性。例如，"震撼！这一日常习惯，竟悄然加速你衰老"，这样的标题让人不禁想要一探究竟，了解隐藏的真相。

3）矛盾冲突

在标题中巧妙设置看似矛盾或截然相反的观点，如同磁石般吸引用户的目光，激发他们探索真相的欲望。比如，"努力工作的悖论？为何越努力的人反而感觉越贫穷？深度揭秘来袭"，这样的标题让人心生疑惑，迫切想要解开谜团。

4）细节描绘

摒弃空洞无物的抽象词语，转而用细腻而生动的细节装点标题，让用户仿佛身临其境，如"春日午后，一杯手冲咖啡的悠闲时光"。

5）行动号召

在标题中直接嵌入动词，不仅明确了用户的行动方向，还激发了他们的行动力。例如，"瘦身秘籍大公开！每日五分钟，这个动作坚持做，惊人效果等你见证"，这样的标题直接引导用户采取行动，追求更好的自己。

2.标题创作三步法

1）步骤1：精准提炼需求（核心卖点挖掘）

首先，深入剖析产品或内容，系统罗列出所有独特卖点与优势。随后，运用批判性思维，从中筛选出最能触动目标受众、最具吸引力的核心卖点。这一步是构建高能标题的基石，确保你的标题从一开始就锚定在用户最感兴趣的价值点上。

2）步骤2：创意构句，引人入胜

基于精选出的核心卖点，发挥创意，运用多样化的句型结构（如直接陈述式、问题解决式、提问引导式等）来构思初步标题。每个句型都应力求新颖独特，旨在瞬间吸引用户眼球，激发其进一步探索的欲望。同时，注意保持语句的简洁明了，确保信息传达的直接性和高效性。

3）步骤3：融合五大要素，打造高能标题

进入优化阶段，将初步标题与五大要素（数字吸引、高能词语、矛盾冲突、细节描绘、行动号召）巧妙融合。通过精准的数字运用，提升标题的量化说服力；巧妙嵌入高能词语，触发用户的好奇心与紧迫感；设置矛盾冲突，引导用户主动寻求答案；细致入微的细节描绘，增强标题的画面感和代入感；最后，以明确的行动指令作为结尾，直接引导用户采取行动。经过这一轮精心打磨，标题将更加引人入胜，成为吸引流量的强大磁石。

需要注意的是，标题创作是一个不断试错与优化的过程。建议通过A/B测试等方式，对比不同标题的表现效果，及时调整策略。同时，要深入洞察目标受众的需求、兴趣及行为模式，有助于更精准地把握标题的撰写方向。并且，确保标题与短视频内容的高度一致性，避免因"标题党"行为导致用户流失。诚信为本，方能赢得长久口碑。

3.标题创作基本原则

短视频标题主要用来吸引用户点击短视频并观看具体内容。短视频创作者在创作标题时，需要遵循以下五个基本原则。

1）真实原则

短视频标题的重要创作原则之一就是真实原则，不能做"标题党"（"标题党"是指用夸张的标题来吸引用户的注意力，以达到增加点击量或提高知名度的目的，内容却可能严重失真），这样才能获得用户的信任，否则容易引起用户的反感。

2）创新原则

创新原则是指创作短视频标题时，不能与其他相同主题的短视频标题完全一致。因为一旦标题重复，短视频平台通常会优先推荐粉丝数量更多的短视频账号所发布的短视频。

3）大众原则

短视频需要展示给大多数用户，因此，短视频创作者需要把短视频标题撰写得通俗易懂，让用户能迅速明白标题所表达的意思。

4）情感原则

人都是有感情的，所以在创作短视频标题时可以融入情感，以情动人，用情来感动用户。

5）好奇心原则

好奇心是用户观看短视频的主要驱动力之一，当用户产生好奇时，就会去探寻问题的答案。

思政园地

当前，部分短视频创作者为了博取流量、关注，在短视频平台上发布不实信息，"标题党"的问题接连不断。"标题党"看似标新立异，实则是为了博取流量、关注，炒作热点话题，混淆视听，严重败坏了社会风气，不利于社会正能量的传播，有违社会主义核心价值观。这种网络传播乱象行为不仅破坏了短视频平台健康的生态，也影响了用户的观看体验。党的二十大报告提出"健全网络综合治理体系，推动形成良好网络生态"，这为我国网络生态治理指明了前进方向，为网络强国建设提供了坚实的法治保障。中国网络视听节目服务协会发布的《网络短视频内容审核标准细则》中包含了100条审核标准，围绕短视频作品的标题作出了多项规定。作为短视频创作者，应该严格遵守相关法律法规，文明创作，共同维护良好的网络生态环境。

直通职场

短视频封面吸睛的三个公式

1. 视觉焦点封面制作公式

高清主图（吸睛）+精简标题（点题）+突出元素（亮点）

2. 情感共鸣封面制作公式

情感共鸣图（打动）+情感标题（共鸣）+配色与风格（统一）

3. 创意读题封面制作公式

创意元素（新颖）+创意标题（引人入胜）+布局设计（巧妙）

三、任务实践

（一）任务背景

短视频的封面和标题作为短视频的"门面"，直接决定了用户是否愿意点击观看。阳山水蜜桃以其独特的口感和营养价值在市场上享有盛誉，为了进一步提升其品牌影响力和市场占有率。小张同学及其项目组探讨如何通过具体、实用的封面设计与标题撰写的核心技巧，为阳山水蜜桃短视频制作吸引用户眼球的封面和标题，他们深入分析阳山水蜜桃的特点与优势，结合短视频平台的用户行为习惯，创作出既符合品牌形象，又能有效吸引目标受众的封面与标题。

（二）任务目标

1. 掌握封面设计技巧

能够结合阳山水蜜桃的特点，设计出既美观又具有吸引力的短视频封面。

2. 学会撰写爆款标题

能够提炼阳山水蜜桃的核心卖点，撰写出能够激发用户点击欲望的短视频标题。

3.提升内容营销能力

通过本任务，增强在短视频内容营销方面的综合能力，为未来的创作打下坚实基础

（三）任务内容

1.步骤1：封面制作

（1）明确设计目标：根据短视频内容，确定封面的核心信息和风格。
（2）素材准备：收集高质量的阳山水蜜桃图片、品牌LOGO等设计素材。
（3）设计实施：使用Photoshop进行封面设计，注意运用鲜明对比型数字、高能词语、细节描绘等元素提升短视频吸引力。

2.步骤2：标题制作

（1）提炼核心卖点：从阳山水蜜桃的口感、营养价值、产地特色等方面提炼核心卖点。
（2）构思标题结构：结合所学标题撰写技巧，构思出多个标题方案。
（3）筛选与优化：根据目标受众的喜好和平台规则，筛选出最合适的标题，并进行微调优化。

（四）总结分析

根据每个组长的汇报情况，进行成果展示，分享封面设计思路和标题撰写过程，教师进行总结点评，并排出各组的名次。

项目三　短视频拍摄设备

项目背景

随着信息技术的飞速发展，短视频已成为新时代传播社会主义核心价值观、展现国家文化自信的重要载体。在这一背景下，国家相继出台了一系列扶持政策，鼓励新媒体行业的健康发展，短视频行业因此迎来了前所未有的发展机遇。

智能手机、运动相机等拍摄设备成为新时代的"文化工具"，短视频创作成为传播正能量的"新文化活动"，而数据流量则成为推动文化创新的"新文化资源"。短视频不仅丰富了人民群众的精神文化生活，更成为推动社会主义文化繁荣、促进社会主义精神文明建设的新引擎。

2020年，面对突如其来的新冠疫情，短视频平台发挥了巨大作用，许多医护人员、志愿者和普通群众通过短视频记录和分享了抗疫过程中的感人瞬间，有效传播了正能量，增强了全社会的凝聚力和战斗力。这些短视频作品，不仅记录了历史，更传递了温暖和力量。

无论是在校园内记录青春风采，还是走向社会传播正能量，短视频都能成为我们表达自我、参与社会、贡献力量的重要途径。随着技术的进步和设备的普及，越来越多的人开始尝试通过短视频记录生活、表达自我、传播知识。然而，要想创作出高质量的短视频，首先需要对拍摄设备有一定的了解和掌握。

C市拥有着丰富的文化资源和活跃的创意氛围，C市居民小李是一位热爱生活、喜欢分享的00后大学生，他希望通过短视频记录和展示家乡的风土人情。但面对数码市场琳琅满目的拍摄设备，小李感到非常迷茫、无从下手。此时，来自C市某职业院校的张老师向小李伸出了援手，他希望通过开设"认识短视频的拍摄设备"这门课程，帮助像小李这样的零基础短视频爱好者，掌握必要的知识和技能。

学习目标

◇ 素养目标

1.引导学生理解新媒体在社会传播中的重要影响力，并认识到其在塑造公众意识和推动社会进步中的关键作用。

2.引导学生理解短视频在传递社会主义核心价值观中的重要作用，激发学生利用短视频传播正能量的责任感。

3.引导学生了解并遵守与短视频制作和传播相关的法律法规，培养尊重版权、保护隐私的法律意识。

4.提升学生对短视频艺术的审美能力，了解不同文化背景下的表达方式，尊重文化多样性，创作具有文化内涵的短视频作品。

◇ 知识目标

1.学习并掌握常见短视频拍摄设备的功能特点，包括智能手机、数码相机、专业相机等。

2.理解短视频拍摄中的基本技术原理，如分辨率、帧率、编码等，以及它们对短视频质量的影响。

3.能够根据短视频的拍摄目的和内容需求，知道如何选择和应用合适的拍摄设备。

◇ 能力目标

1.通过实践操作，学生能够熟练地使用各种常见的短视频拍摄设备，包括设置参数、调整拍摄角度等。

2.培养学生运用拍摄设备进行创意表达的能力，能够通过不同的拍摄手法和技巧，创作出有创意的短视频内容。

3.在小组项目或团队作业中，培养学生的团队协作能力，学习如何在团队中发挥个人优势，共同完成短视频拍摄任务。

工作场景与要求

小李在张老师的指导下，全身心地投入课程的学习。经过一段时间的学习，小李和同学们认识到，要想拍出高质量的短视频，不仅需要创意和技巧，更需要对拍摄设备有深入的了解。

　　课程之初，小李和同学们首先对市场上常见的短视频拍摄设备进行了调研，包括智能手机、数码相机、专业相机等，了解它们的特点和适用场景。通过课堂学习和实践操作，小李掌握了不同设备的使用方法，包括参数设置、拍摄技巧等，并结合自己的拍摄需求和预算，学会了如何选择合适的拍摄设备，如何对短视频拍摄设备进行保养，并能够根据自己的创作目标，调整设备设置以获得最佳效果。在张老师的悉心指导下，小李和同学们进行了多次实践拍摄，从实践中学习如何运用不同的设备拍摄出高质量的短视频。课程的最后，小李利用所学知识，创作了一部展示C市风光和文化的短视频作品，不仅提升了自己的审美和技术能力，也为家乡文化传播作出了贡献。

任务一　认识短视频的拍摄设备

认识短视频的
拍摄设备

一、任务导入

　　小李和同学们在报名张老师的课程后，便积极投身于短视频拍摄设备的市场调研之中。他们先后重点考察并调研了智能手机、数码相机和专业相机。通过这一过程，小李和同学们不仅对各种拍摄设备的技术规格和操作方式有了初步的认识，还学会了如何根据拍摄目的、内容类型和预算，选择最合适的拍摄工具。

二、知识准备

　　短视频拍摄设备的多样性为不同层次的短视频创作者提供了广泛的选择空间，了解设备的分辨率、传感器尺寸、镜头焦距范围等技术规格，对于预测和控制最终短视频的质量和风格至关重要。不同类型的内容，如风景摄影、人物访谈、动作捕捉等，对设备的要求也不尽相同，拍摄目的与设备的匹配对于创作者来说至关重要，直接影响着短视频作品的质量和创作效率。

　　想要拍摄出具有专业水准的短视频作品，最少应准备以下拍摄设备中的一种，如条件允许，可准备多种。

（一）智能手机

智能手机因其便携性和多功能性，已经成为现代生活中不可或缺的拍摄工具，是较方便、适用范围较广的拍摄设备。随着智能手机摄像头技术的发展，手机上的摄像头从原来的单摄发展为双摄、三摄、四摄，甚至五摄，手机的拍摄功能越来越强大。

单摄手机，即配备单个后置摄像头的智能手机，拍摄功能比较受限，往往只有一种拍摄的焦段，大约为28mm，且只能进行数码变焦，也就是把画面拉近放大。单摄手机通常价格更为便宜，适合预算有限的消费者或初次尝试手机摄影的用户。尽管单摄手机在变焦能力、广角拍摄或特殊效果方面可能不如多摄手机那样灵活多变，但其在满足基本拍摄需求的同时，提供了一个经济实惠且易于使用的选择。

为了提升手机的拍摄性能，让手机的焦段和拍摄性能更加丰富，成像质量更佳，各大手机品牌商一般会通过增加摄像头的方式来达成，如超广角镜头、长焦镜头等。

例如，华为Mate 60 Pro（图3-1）采用"后置主镜头、后置超广角镜头、后置超微距长焦镜头、前置超广角镜头+3D深感镜头"的配置，支持3.5倍光学变焦和100倍数字变焦，后置摄像头的照片分辨率最大可支持8192×6144像素，而摄像分辨率最大支持4K（3840×2160像素）视频录制。这些摄像头配置使得华为Mate 60 Pro能够满足用户在不同场景下的拍摄需求。

图3-1 华为Mate 60 Pro

现在市面上常见的多摄手机一般以广角镜头作为后置主摄，与第二个超广角镜头或长焦镜头进行任意组合，以苹果的iPhone 13 Pro手机（图3-2）为例，其搭配了4个摄像头，分别是前置镜头、长焦镜头、超广角镜头和广角镜头，多个镜头可以协同工作，在拍摄视频时实现平滑的光学变焦效果，满足多种环境下的拍摄需求。

图3-2　苹果iPhone 13 Pro

智能手机拍摄短视频虽然具有便捷性和即时性等优点，可以媲美甚至超越一些数码相机，但也存在一些不足之处，主要包括如下几点。

1.画质限制

数码相机的传感器尺寸一般比手机大，可以更好地捕捉光线，提高照片的清晰度和色彩还原度。而智能手机体积小巧，通常采用较小的传感器，导致照片在低光环境下噪点较多，画质相对较差。

2.音频录制

智能手机的内置麦克风通常无法提供专业级别的音频录制效果，容易受到背景噪声的干扰，如果录制时手机太靠近声源，比如嘴边，会放大呼吸声和其他近距离的噪声。

3.存储空间

手机需要一定的存储空间来缓存临时文件和运行各种应用程序，而高清视频文件由于其高分辨率和高比特率，往往会占用较大的存储空间。存储空间不足会导致手机需要更频繁地读写存储器，从而降低读写速度。如果手机没有外接内存（例如不支持micro SD卡扩展），就需要频繁地传输或删除高清视频文件，造成极大不便。

（二）数码相机

拍摄短视频时，不同类型的数码相机因其特性和功能而受到不同用户群体的青睐。以下是一些常见的数码相机类型及其特点。

1.运动相机

运动相机是一种专为运动爱好者设计的便携式相机，通常结构紧凑，坚固耐用，并且表面防水，具有体积小、重量轻、易携带、支持长时间广角且高清的视频录制的特点，所采用镜头常为超广角或鱼眼镜头，一般不配置取景屏幕。运动相机常用于拍摄第一人称视角的视频，被广泛应用于极限运动、户外运动、水上运动、滑雪、潜水等领域。图3-3展示的是大疆Osmo Action 4运动相机。

图3-3　大疆 Osmo Action 4

（1）特点：小巧轻便，耐候性强，防水、防尘、防震。

（2）用途：适合户外运动、极限运动拍摄，如滑雪、冲浪、骑行等。

（3）代表产品：GoPro系列、大疆 Osmo Action系列等。

2.口袋相机

随着自拍与短视频的流行，对画质、画面效果的精致追求越来越高，人们都期待一种既有手机便携特点，画质与稳定防抖又高于手机的便携式相机出现。口袋相机，也被称为迷你相机或便携式相机，因体积小巧，重量轻，可以轻松放入口袋或小包中而得名。图3-4展示的是大疆 Osmo Pocket 3口袋相机。

图3-4　大疆 Osmo Pocket 3

（1）特点：体积非常小巧，便携，操作简单。

（2）用途：适合日常记录、旅行拍摄、Vlog制作等。

（3）代表产品：大疆 Osmo Pocket 系列、Sony RX0 系列等。

3. 无人机相机

无人机相机，作为一种特殊的摄影工具，虽然具有独特的飞行功能，但其核心部件——相机，仍然是数码相机。无人机相机通过搭载高清摄像头进行拍摄，这些摄像头通常具备高分辨率和优秀的图像处理能力，能够捕捉到高质量的影像。与传统的数码相机相比，无人机相机的主要区别在于其可以飞行并进行空中拍摄，提供独特的视角和拍摄方式。图 3-5 展示的是大疆 Mini 4 Pro 无人机相机。

（1）特点：配备高清摄像头的无人机可以从空中捕捉图像和视频。

（2）用途：适合航拍、地图制作、监测等。

（3）代表产品：大疆 Mavic 3 Pro、大疆 Mini 4 Pro、大疆 Air 3 等。

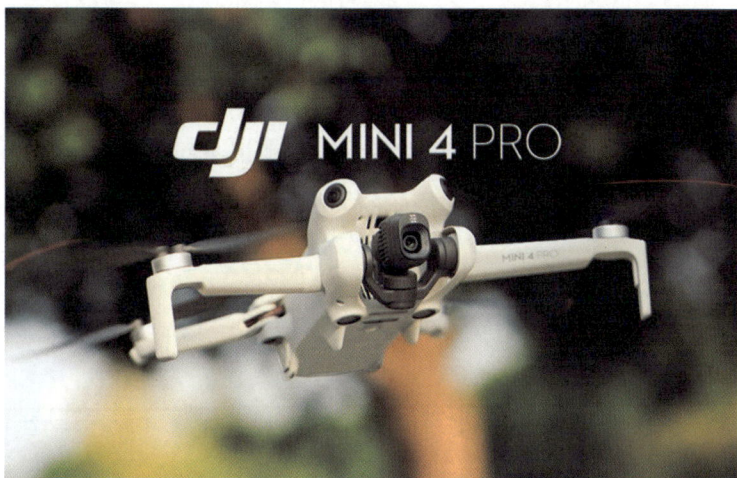

图 3-5　大疆 Mini 4 Pro

（三）专业相机

相机的种类繁多，包括专业级到消费级的各种相机类型，消费者可根据自己的需求和使用场景进行选择。专业相机主要针对需要高质量图像输出、高度可定制性，以及在各种拍摄条件下都能保持高性能的专业摄影师和高端摄影爱好者。图 3-6 展示的是佳能 EOS 6D 专业相机。

（1）特点：提供高画质、高帧率视频录制，丰富的镜头选择，优秀的低光性能和深度控制。

（2）用途：适合专业视频制作、电影制作、高质量 Vlog、专业摄影等。

（3）代表产品：佳能 EOS 6D、松下 Lumix DC-S1R 等。

图3-6　佳能EOS 6D

三、任务实践——《镜头下的世界：设备与场景的交响》

当前，短视频创作已经从单打独斗转变为团队作战，越来越专业化。短视频"麻雀虽小，五脏俱全"，创作者想要拍摄出专业、优质的短视频，团队的组建是非常重要的。

一般来说，一个专业的短视频创作团队的人员构成主要包括：导演、编剧、演员、摄像师和后期等。

（一）练习一

请在班级内组建自己的短视频创作团队（5~8人），并按照表3-1所示的角色分工进行人员配置。

表3-1　短视频创作团队的角色分工及其职能

角色分工	职能	人员
组长/导演	根据项目要求挖掘选题，完成选题素材的收集与整理，负责人员的组织、工作协调和沟通；负责创意构思和人员调度；指导拍摄过程和演员表演	
编剧	负责创作短视频剧本，包括对话、场景描述和故事情节；确保剧本适合短视频表现，并在拍摄过程中提供必要的调整	
演员	根据剧本进行表演，理解角色性格和剧情发展，在某些情况下团队其他成员也可以灵活地充当演员的角色	

续表

角色分工	职能	人员
摄像师	负责短视频的拍摄工作，包括构图、镜头选择、运动和光线控制，摄像师的水平高低一定程度上决定着短视频内容的好坏	
后期	负责短视频的剪辑、特效制作、音频处理、调色等后期工作，以完成最终的短视频作品	

（二）练习二

请以练习一中的小组为单位，选择下列四个短视频场景中的一个，并使用与短视频场景最为匹配的拍摄设备，完成短视频的拍摄与制作。

1. 场景一：自然风光

（1）建议设备：专业相机（配备广角镜头）。

（2）拍摄描述：镜头缓缓扫过宁静的山川湖泊，捕捉广阔风景和细腻的色彩层次。

（3）旁白："让我们的镜头成为画笔，探索世界的美丽，绘制出一幅幅生动的画卷。"

2. 场景二：街头采访

（1）建议设备：口袋相机。

（2）拍摄描述：手持口袋相机，穿梭在繁忙的街头，随机采访路人，记录真实的城市声音。

（3）旁白："在城市的喧嚣与宁静间，捕捉那些稍纵即逝的瞬间，让生活的真实触手可及。"

3. 场景三：竞技体育

（1）建议设备：运动相机。

（2）拍摄描述：运动相机固定在运动员的头盔或器材上，以第一人称视角展现高速运动的刺激。

（3）旁白："沉浸于速度的韵律和激情的澎湃，一探运动员的世界，与他们同呼吸，共奔跑。"

4.场景四：鸟瞰城市

（1）建议设备：无人机相机。

（2）拍摄描述：在允许无人机飞行的区域起飞，定位到城市地标或繁华街道上空，捕捉地标建筑的灯光和结构细节，展示城市的标志性夜景。

（3）旁白："夜幕降临，星光点点，城市的另一面悄然展开，城市的活力在灯光中绽放。"

任务二　短视频拍摄设备保养

短视频拍摄
设备保养

一、任务导入

小李和同学们为了深入探究市场上流通的短视频拍摄设备的种类与数量，对二手交易市场上的短视频拍摄设备进行了细致而全面的调研。他们观察到市场上的设备状况良莠不齐：一些设备得益于精心的保养，状态良好；而另一些设备则因忽视了适当的维护，导致性能逐渐衰减。此外，他们还发现许多买家因缺乏必要的知识，在购买和使用设备过程中遭遇了种种难题。

在这一现象中，一个特别引人注目的问题是，众多新手创作者在拍摄设备使用和保养方面存在明显的知识空白。这种知识的缺失不仅导致了拍摄设备性能的下降，甚至有时还会造成设备的损坏，严重地制约了他们的创作效率和作品的整体质量。小李和同学们的调研不仅揭示了短视频拍摄设备保养知识在新手创作者中的缺失，更凸显了普及这一知识的重要性。他们的调研结果强调了对新手创作者进行系统性教育的必要性，旨在通过提升他们对拍摄设备维护的理解，进而提高整个短视频创作领域的专业标准和作品的品质。通过这样的努力，可以确保创作者们不仅能够充分发挥拍摄设备的潜力，还能在竞争激烈的内容创作市场中保持其作品的高质量和创新性。

二、知识准备

短视频拍摄设备的保养对于确保拍摄质量、延长设备使用寿命至关重要。以下是一些关键的保养措施，适用于大多数短视频拍摄设备，如专业相机、数码相机等。

（一）存放环境

1. 防潮

潮湿是电子设备的大敌，易导致设备内部金属生锈、电路短路等问题。因此，设备应存放在干燥环境中，并在存放包内放置干燥剂。从寒冷环境进入温暖环境时，应让设备适应温度后再使用，避免水汽凝结。图3-7所示为相机防潮箱。

图3-7 相机防潮箱

2. 防尘

灰尘会影响镜头清晰度，甚至损害内部机械结构。在灰尘较多的环境中拍摄时，应使用防尘罩，拍摄间隙及时盖上镜头盖。清洁镜头时，使用专用镜头纸或布，避免使用粗糙材料或徒手接触镜头。

3. 防晒

避免长时间暴露在强烈阳光下，以防高温损坏设备。户外拍摄时可使用遮阳伞或遮阳罩，减少阳光直射对设备的损害。

4. 散热

设备连续工作时间过长会产生大量热量，影响性能。拍摄间隙应让设备休息，避免过热。

5.避震

设备内部机械结构精密，强烈的震动可能导致错位或损坏。使用时应避免将设备放置在不稳定的地方，防止碰撞和跌落。

6.防摔

尽量为设备配备防震垫或防震包，以减轻设备意外跌落时的冲击力。

（二）电池保养

数码相机和传统相机不同，数码相机对电力的需求特别大。因此，锂电池和镍氢电池这些可重复使用且电量也较大的电池越来越受到数码相机用户的欢迎。但不论是锂电池还是镍氢电池，各种电池的使用、保存、携带都有很多要注意的地方。

镍氢电池有记忆效应，这种效应会降低电池的总容量和使用时限。随着时间的推移，存储电荷会越来越少，电池也就会消耗得越来越快。因此，应该尽量将电力全部用完再充电。当然，如果使用的是专用的锂电池，或锂离子电池，记忆效应的问题就不需要考虑了。

在日常使用过程中，要注意保持电池绝缘皮的完整性，一旦发现有破损，应该用透明胶布粘牢。检查电池的电极是否出现氧化的情况，轻度氧化将其擦拭掉就可以，但如果是严重的氧化或脱落的情形，应该立即更换新的电池。同时，为了避免电量流失，需要保持电池两端的接触点和电池盖子内部的干净，如有需要，可以使用柔软、干净的干布轻轻地拂拭电池。用小的橡皮擦（如铅笔头上的那种）伸到电池匣里清洁金属触点，但绝不能使用清洁剂等具有溶解性的清洁产品。

另外，当打算长时间不使用数码相机时，必须将电池从数码相机中或是充电器内取出，并将其完全放电，然后存放在干燥、阴凉的环境中，而且不要将电池与一般的金属物品存放在一起，这点对于非充电电池尤为重要。

（三）镜头清洁

相机镜头是非常精密的部件，其表面做了防反射的涂层处理，一定要注意不能直接用手去摸，因为这样会使相机镜头沾上油渍及指纹，这对涂层非常有害，而且对数码相机拍摄出来的照片质量影响也很大。

相机使用后，镜头多多少少也会沾上灰尘，最好的方法是用软毛刷轻轻刷掉。如果刷不掉，那就要使用专用的镜头布或者镜头纸轻轻擦拭，但要记住一个原则，就是不到万不得已不要擦拭镜头。千万不要用普通纸巾等看似柔软的纸张来清洁镜头，这些纸张都包含较容易刮伤涂层的木质纸浆，一不小心会严重损害相机镜头上的易损涂层。在擦拭之前，要确保镜头布或镜头纸表面无可见的灰尘颗粒，以避免灰尘颗粒磨花镜片。擦拭时轻轻地沿着同一个方向擦拭，不要来回反复擦，以避免磨花镜片。如果这样还是不行，市面上也有相机专用清洗液，但要注意，使用清洗液时，应该将清洗液沾在镜头布或镜头纸上擦拭镜头，而不能够将清洗液直接滴在镜头上。图3-8所示为镜头清洁四件套。

图3-8　镜头清洁四件套

另外，绝对不能随便使用其他化学物质擦拭镜头，而且只有在非常必要时才使用清洗液，平时注意盖上镜头盖和使用相机包，以减少清洗的次数，清洗液多少还是会对镜头有害，而且有可能带来一些潮湿问题。

（四）存储卡保养

对于数码摄像、摄影而言，存储卡（SD卡，图3-9）扮演着相当重要的角色。但是，存储卡的使用比较简单，存储卡经常会因用户漫不经心地使用、处理而损坏。

1.正确插拔

图3-9　SD卡

在插拔存储卡时，应确保设备已关闭，并遵循正常的安全操作程序，避免频繁插拔，从而损坏卡槽或存储卡。同时，要注意存储卡安装的方向，避免反插或强行插入导致损坏。

2.避免极端环境

存储卡应避免长时间暴露在高温、低温、潮湿或阳光直射的环境下，这些极端环境会加速存储卡的老化进程，影响其性能和寿命。

3.定期清理和检查

定期检查存储卡的数据，删除不需要的文件或备份到其他设备中，以释放存储空间并提高存储效率。

4.数据备份

拍摄照片或视频后，应及时备份存储卡上的信息。使用合适的存储设备备份重要数据，以防因存储卡损坏或丢失导致数据无法恢复。

（五）定期检查与维护

数码相机准备长时间不使用时，除了需要对机身和镜头等重要部件进行仔细清洁外，也应注意对其他部件和配件进行保养，相机与皮套应当分开安置，避免皮套发霉影响相机。相机已上紧的快门、自拍机等部件，应予以释放，以免这些部件长时间处于疲劳状态，从而造成损伤。镜头光圈宜设定在最大档位，调焦距离应设定在无限远。若是双焦距镜头或变焦距镜头的专业相机，还应把伸出的镜头缩回至原来的位置，再放置到能够保持干燥的存储容器中。

1.定期检查

定期检查设备的各项功能是否正常，如镜头清晰度、对焦速度、电池续航等。

2.专业维护

如果拍摄设备出现故障或损坏，应及时联系售后服务中心进行保修或维修。在保修期内，应遵守保修条款，不要私自拆卸和修理。在保修期外，可以选择有经验的维修技师进行维修，但要确保选择正规的维修渠道。

（六）使用注意事项

1.避免直接对准强光源

拍摄时避免将镜头直接对准阳光等强光源，以防损坏图像感应器。

2.防止水溅到设备上

在海边、河边或雨天拍摄时，应使用防雨罩，以防水溅到设备上。

3.避免强磁场

设备应远离强磁场环境，以防图像失真或设备损坏。

总之，短视频拍摄设备的保养需要细致入微，从存放环境到电池保养、镜头清洁、储存卡保养等各个方面都要注意。只有做好日常保养工作，才能确保设备始终处于最佳状态，为短视频拍摄提供高质量的画面和稳定的性能。

三、任务实践——《镜前幕后：短视频拍摄设备的保养与维护》

基于小李和同学们对二手交易市场上的短视频拍摄设备的调研结果，我们可以通过以下任务，全面提升新手创作者对短视频拍摄设备的保养与维护能力。

（一）练习一：二手拍摄设备状况识别与评估

1.理论学习

通过在线课程资源，了解不同短视频拍摄设备（如智能手机、数码相机、专业相机等）的基本特征、技术规格和市场定位。

2.品牌研究

识别市场上的主要品牌和它们的产品线，理解各品牌设备的优势和特点。

3.工具熟悉

认识各种专业工具，如镜头纸、气吹、传感器清洁棒等，学习如何进行设备清洁和检查。

4.实操演练

对二手设备进行实际操作，检查镜头是否有划痕、灰尘或霉斑，传感器是否有灰尘或损伤，快门是否顺畅等，并进行详尽的记录。

5.试拍练习

在不同的环境和条件下进行试拍，包括不同光线、距离和运动状态下的拍摄，以评估设备的性能。

6.回放检查

通过回放检查视频质量，包括清晰度、色彩还原度、曝光准确性等。

7.小组讨论

通过小组讨论，分享各自的评估结果和经验，互相学习和提高。

8.专家评审

邀请行业专家对参与学生的评估结果进行评审和点评。

（二）练习二：二手拍摄设备保养基础与应用

1.理论学习

结合在线课程资源和教师所授知识，学习拍摄设备保养的重要性和基本原则。

2.镜头清洁

使用各种清洁拍摄设备的工具和材料，如镜头纸、清洁液、气吹等，分组练习如何清洁镜头，去除灰尘、指纹和污渍，同时避免损伤镜头涂层。

3.更换镜头

在教师的指导下，分组练习拆卸和安装镜头，了解对准卡口、旋转锁定等步骤。

4.更换存储卡

在教师的指导下，分组练习如何安全地插入和取出存储卡，避免损坏卡槽和存储卡。

5.设备存储

学习如何正确包装设备以防止在运输过程中受损，包括使用气泡膜、防震材料等，制订个人或团队的拍摄设备保养计划，并跟踪保养记录。

6.效果对比

分组展示保养前后的设备状态，让每位同学都能直观地了解保养的效果。

（三）练习三：二手拍摄设备故障诊断与排除

1.理论学习

结合在线课程资源和教师所授知识，学习识别拍摄设备的常见问题，如无法开机、自动对焦失败等；学习如何对故障进行分类，如硬件故障、软件故障等。

2.故障诊断

使用常用的故障诊断工具，如多用电表、螺丝刀等，结合故障排除指南和流程图来逐步诊断问题，并对故障原因进行排查和记录。

3.更换电池

识别电池耗尽问题，并分组练习如何更换电池，了解掌握如何清洁拍摄设备的接触点，如电池接触片、存储卡接触点等。

4.固件更新

了解固件的重要性，学习如何检查和更新设备固件；学习如何通过重置拍摄设备设置来解决软件问题。

5.效果评估

维修后对拍摄设备进行测试，评估维修效果。

6.反馈循环

收集组内成员的反馈，不断优化故障诊断与排除流程。

任务三　短视频拍摄光圈、快门、感光度设置

一、任务导入

在对短视频拍摄设备足够了解后，小李和同学们开始正式着手参与短视频的拍摄与制作。在实际拍摄中，小李负责出镜。当他做好表演的准备时，却发现负责拍摄的同学并没有着急拍摄，而是在开机前不断地调试设备的各项参数。一开始他觉得等待的时间太久，有些心烦，但当单组镜头拍摄完成并进行回放时，他惊喜地发现，通过合理设置光圈来控制景深，使得主题与背景之间的分离更加鲜明；通过调整快门速度捕捉动态画面，展现出了预期的动感或清晰度；而恰当的感光度设置则确保了在不同光照条件下都能获得高质量的图像。

短视频拍摄光圈、快门、感光度的设置

这些技术的应用使得画面中的细节和构图都达到了预期的效果，甚至超出了他的想象。那一刻，小李所有的不耐烦都烟消云散了。通过这次出镜和参与拍摄全过程，小李和同学们不仅系统地学习了光圈、快门速度和感光度设置的知识点，而且在实践中深入理解了如何通过调整这些参数来控制画面的曝光和景深。

二、知识准备

（一）曝光三要素

曝光三要素，即我们常说的光圈、快门、感光度（图3-10）。

1.光圈

光圈又称"相对口径"，是若干金属薄片组成的、大小可调的进光孔，位于镜头内。它的作用是控制通过镜头进入相机内部到达感光元件的光线量。光圈的大小通常用f（或F）数来表示，f数是镜头焦距与进光孔的直径的比值。

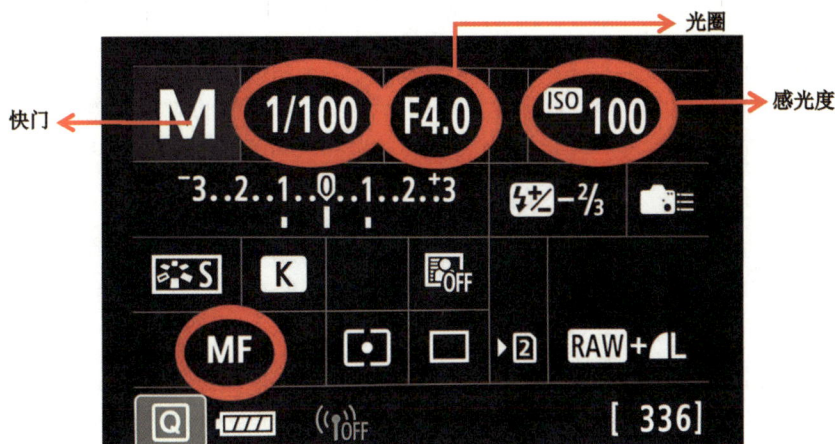

图3-10　曝光三要素

f数一般由2.8、4、5.6、8、11、16、22等数字表示。光圈开口越大，f数越小，进入相机的光线越多，这在光线较暗的环境中非常有用，但可能会导致景深较浅，即背景模糊。相反，光圈开口越小，f数越大，进入的光线越少，适合在光线充足的环境下使用，同时可以获得较深的景深。

随着f数的增加，光圈开口减小，景深增加，背景和前景的清晰度都会提高。然而，使用较小的光圈也意味着需要更慢的快门速度或更高的感光度（ISO）来补偿光线的减少，以避免曝光不足。此外，非常小的光圈可能会引入衍射现象，导致图像整体清晰度降低。因此，选择合适的光圈大小需要根据拍摄环境和创作意图来决定。光圈与景深的对应关系如图3-11所示。

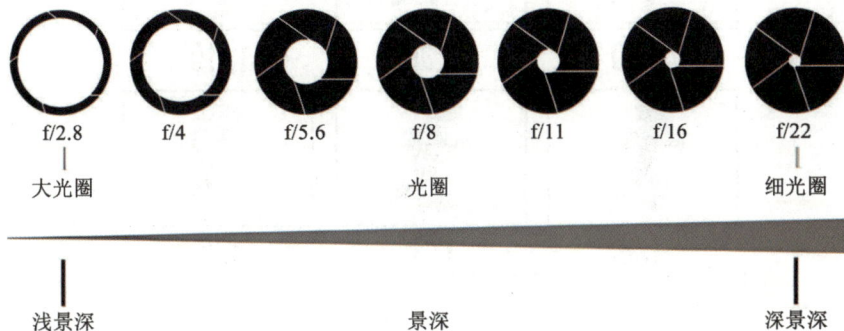

图3-11　光圈与景深

2.快门

快门是相机用来控制光线照射感光元件时间的装置，通常以秒（s）或几分之一秒（如1/60s）来表示，其作用是控制光线进入相机时间的长短。

快门的功能主要表现在以下两个方面。一是与光圈系数（f）配合，控制曝光量，光圈控制光线的量，而快门速度控制这个量的持续时间。快门速度越慢，光线进入相机的时间越长，光量越多，照片越亮；快门速度越快，光线进入相机的时间越短，光量越少，照片越暗。通过调整快门速度，摄影师可以根据环境光线和所需的曝光效果来调整曝光量。二是用于动态物体摄影，以捕捉瞬间动作，使之成像清晰。快速的快门速度（如 1/1000s 或更快）可以"冻结"快速移动的物体，减少运动模糊，使动态瞬间清晰可见。相反，较慢的快门速度（如 1/30s 或更慢）可以用来创造具有艺术效果的运动模糊，如流动的水或车辆的光轨。

快门的种类繁多，它们在不同的相机中发挥着不同的作用，类型包括机械快门、电子快门和混合快门等。其中，机械快门依靠机械部件的运动来控制曝光时间，电子快门则通过电子方式控制传感器的曝光时间，而混合快门则结合了机械快门和电子快门的特点。不同的快门类型适合不同的拍摄需求和场景，摄影师需要根据具体的拍摄目的和环境选择合适的快门类型。

快门速度及对应的拍摄效果，如图 3-12 所示。

图 3-12　快门速度及对应的拍摄效果

3. 感光度

感光度又称 ISO，是用来衡量相机感光元件对光线敏感程度的参数。在胶片时代，感光度是衡量传统相机所用的胶片感光度标准的国际统一指标。在胶片时代，感光度是由所购买的胶片决定的，数值是固定的，是胶卷本身的一种属性。在购买胶片时包装上会有标注，如 ISO 100、ISO 200、ISO 400 等字样。在数码相机时代，电子化的传感器的感光度可以在一定范围内自由设定，比在胶片时代方便许多。

在相机中，感光度的等级一般是成倍数关系，如ISO 100、ISO 200、ISO 400、ISO 800、ISO 1600。不过，现在的很多单反相机和微单相机，都开始采用1/3档位的感光度方式。

ISO值越大，代表对光线的敏感度越高。在镜头光圈和快门速度恒定的情况下，相机感光度越高，画面的曝光会越亮，即拍出来的照片也会越亮，能够在更暗的环境下拍摄照片或视频。但提高ISO值，图像中的噪点（即图像中的颗粒状或斑点状干扰）也会越多，会降低图像的清晰度和质量。

在拍摄时，摄影师通常会根据光线条件和所需的快门速度来调整ISO值，以达到最佳的曝光平衡。现代相机通常具有较高的ISO性能，能够在高ISO值下提供相对干净的图像。ISO数值与画质的关系，如图3-13所示。

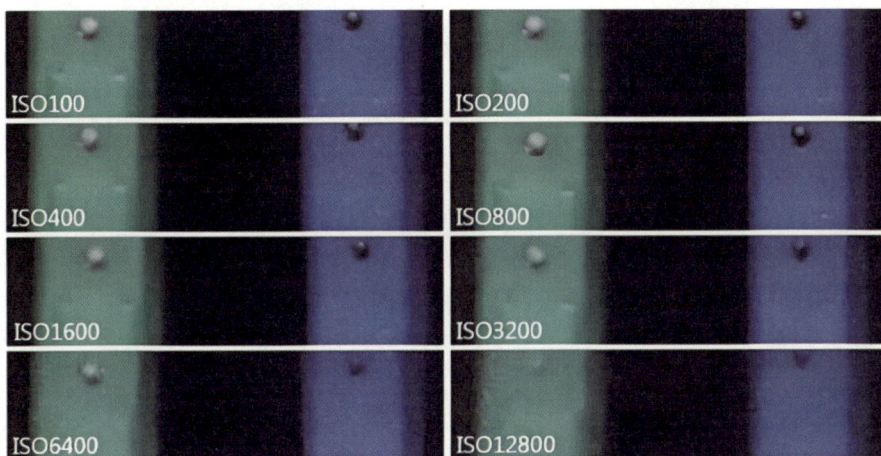

图3-13　ISO数值与画质的关系

三、任务实践——《光圈、快门、ISO：短视频拍摄的光影魔术》

短视频拍摄中，光圈、快门和ISO是三个关键的摄影参数，它们共同决定了短视频的曝光和视觉效果。

（一）任务目标

理解光圈大小、快门速度和ISO值对短视频曝光和视觉效果的影响。

（二）设备准备

确保每位参与者都有可用的拍摄设备，如相机或智能手机等。

（三）场景选择

选择一个具有一定动态范围和细节的场景，如城市街景、公园或室内环境等。

（四）分组协作

将参与者分成小组，每组2～3人，以便于讨论和协作。

（五）具体操作

1.步骤1：光圈控制

（1）固定快门速度和ISO值，调整光圈大小（如f/2.8、f/4、f/8、f/16等）。
（2）拍摄同一场景，注意景深的变化。

2.步骤2：快门速度控制

（1）固定光圈大小和ISO值，调整快门速度（如1/1000s、1/250s、1/60s、1/15s等）。
（2）拍摄同一场景，注意运动模糊和清晰度的变化。

3.步骤3：ISO值控制

（1）固定光圈大小和快门速度，调整ISO值（如ISO 100、ISO 400、ISO 800、ISO 1600等）。
（2）拍摄同一场景，注意图像噪点和清晰度的变化。

4.步骤4：综合应用

（1）综合调整光圈大小、快门速度和ISO值，尝试不同的组合。
（2）拍摄同一场景，观察整体曝光和视觉效果的变化。

（四）总结分析

（1）分组观看并比较不同设置下拍摄的短视频片段。
（2）讨论每种设置对曝光和视觉效果的影响。

任务四　短视频拍摄设备常用镜头的分类及性能

一、任务导入

　　小李和同学们在短视频拍摄的旅程上已经迈出了坚实的步伐。他们不仅掌握了光圈、快门和感光度这些基本技术，而且在实践中体会到了这些参数对画面质量的直接影响。随着技术的熟练，他们开始渴望更深入地探索摄影艺术的奥秘，镜头选择与应用流程成为他们新的学习焦点。

短视频拍摄设备常用镜头的分类及性能（一）

　　课堂中，小李和同学们首先对镜头的基础知识进行了深入学习，包括焦距、光圈大小、镜头的光学性能以及它们对画面的影响。他们了解到，不同的镜头设计可以带来不同的视觉效果，如广角镜头的广阔视角、长焦镜头的远距离聚焦能力，以及微距镜头对细节的捕捉。

　　为了将理论知识更好地转化为实践技能，张老师策划了一系列实践活动，包括镜头的实际操作、不同场景下的镜头选择练习，以及创意拍摄任务。每个环节都旨在让学生们亲身体验镜头选择的重要性，并学会根据不同的拍摄需求作出合适的决策。

　　在实践中，小李和同学们学习了如何根据拍摄主题、环境光线、预期的视觉效果等因素来选择镜头。他们意识到，选择合适的镜头不仅能够提升画面质量，还能够增强短视频的叙事能力和艺术表现力。

　　随着本项目的学习逐渐接近尾声，小李和同学们已经准备好将所学知识应用到更广泛的短视频创作中。他们对未来的拍摄项目充满期待，渴望在短视频的世界里展现自己的才华和创意。

二、知识准备

（一）定焦镜头

　　定焦镜头（prime lens）是指只有一个固定焦距的镜头，没有变焦功能。在镜头的机身上一般会以单个数字来标识。

　　定焦镜头的设计相对变焦镜头而言要简单得多，所以对焦速度更快，成像的质量也更为稳定。另外，定焦镜头一般都拥有大光圈，在光线比较弱的环境下更有优势。此外，定焦镜头的体积和重量往往更为小巧轻便，便于携带。

　　我们日常摄影范畴内较为常见的几个定焦镜头焦段有 24mm、35mm、50mm（图 3-14）、85mm 等。

图 3-14　50mm 定焦镜头

短视频拍摄
设备常用镜头的
分类及性能（二）

（二）变焦镜头

变焦镜头是在一定范围内可以变换焦距，从而得到不同宽窄的视场角、不同大小的影像和不同景物范围的照相机镜头。允许摄影师在不改变拍摄位置的情况下，通过变焦在拍摄过程中不断调整构图，寻找最佳视角。由于一个变焦镜头可以担当起若干个定焦镜头的作用，外出旅游时不仅减少了携带摄影器材的数量，也节省了更换镜头的时间。图 3-15 所示为 24～50mm 变焦镜头。

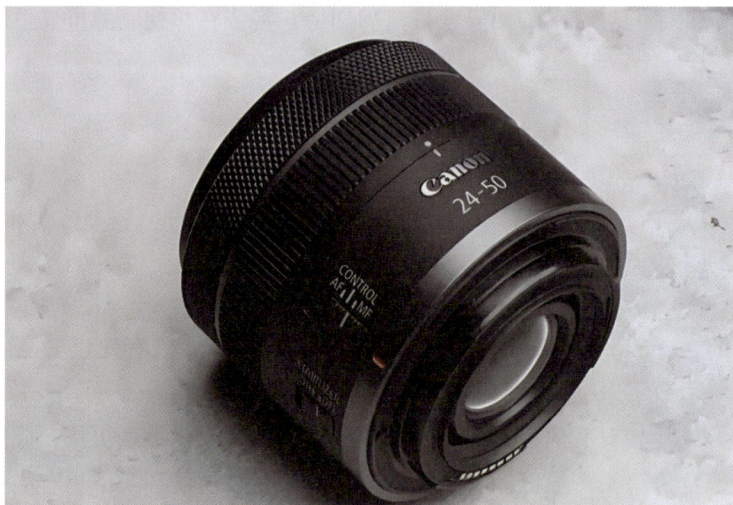

图 3-15　24～50mm 变焦镜头

常见变焦镜头的应用场景如下。

1.广角变焦镜头

广角变焦镜头适合风景摄影、建筑摄影，以及需要展现广阔场景的场合。例如，11～24mm、14～24mm、16～35mm等镜头，能够提供宽阔的视角，强调前景和背景的关系。

2.标准变焦镜头

标准变焦镜头适合日常拍摄、人像摄影、街拍等，提供接近人眼所见的视角。例如，24～70mm、24～85mm、24～105mm等镜头，是摄影师的常用"工作镜头"，因其多功能性而备受青睐。

3.长焦变焦镜头

长焦变焦镜头适合体育摄影、野生动物摄影、航空摄影等，能够捕捉远处的细节。例如，70～200mm、70～300mm、100～400mm等镜头，可以让摄影师在不打扰被拍摄对象的情况下，捕捉到清晰的远距离图像。

变焦镜头的多功能性和便利性使其成为摄影师的得力助手。无论是专业摄影师还是摄影爱好者，都可以利用变焦镜头的灵活性，捕捉到丰富多样的画面，创造出具有个性和创意的摄影作品。

（三）广角镜头

广角镜头是一种具有较短焦距的摄影镜头，焦距通常小于或等于标准镜头的焦距，其视角宽广，可以涵盖更大范围的场景。

广角镜头能够提供比人眼更宽广的视角，可以捕捉更多的场景细节，适合拍摄风景、建筑和大场景的照片。由于广角具有这种宽广的视角，具有明显的透视效果，拍摄时可以做到夸大近景，缩小远景，从而增加画面的纵深感。这种透视效果能够使前景元素显得更加突出，增强视觉冲击力，同时也能展示出景物的空间关系。广角镜头在边缘部分容易产生桶形畸变，特别是在拍摄直线物体（如建筑物等）时，这种畸变会更加明显。因此在用广角镜头拍摄时，尽量不要太靠近边缘，不过现在比较好的广角镜头通常会在设计上进行畸变控制，而且后期软件也能有效地校正这种畸变。

同时广角镜头也能在有限的空间里捕捉更多的景物，在狭小的空间内拍摄全景。因此多在室内摄影和建筑摄影中使用广角镜头，以便展示更多的场景细节和空间布局。如图3-16所示的是用广角镜头拍摄的建筑。

图3-16　用广角镜头拍摄的建筑

（四）长焦镜头

长焦镜头又称远摄镜头、望远镜头，是指比标准镜头的焦距长的摄影镜头。长焦距镜头分为普通远摄镜头和超远摄镜头两类，焦距通常85～300mm，有的甚至更长。这种镜头通常用于拍摄远处的目标，如体育摄影、野生动物摄影、航空摄影等。长焦镜头可以产生强烈的背景虚化效果，突出主题，并在近距离拍摄时产生明显的压缩效果。

长焦镜头的主要功能包括以下几点。

1.背景虚化

长焦镜头可以在拍摄时产生强烈的背景虚化效果，使主题更加突出。这种效果在人像摄影中尤为常见，可以将目标受众的注意力集中在人物身上，忽略背景的干扰。

2.压缩效果

长焦镜头在近距离拍摄时可以产生明显的压缩效果，使画面中的前后景物更加紧凑。这种效果在拍摄建筑物、风景等场景时尤为明显，可以增强画面的立体感和空间感。

3.远距离拍摄

由于长焦镜头的焦距较长，因此可以在远距离拍摄时仍能保持清晰的画面。这在拍摄运动、野生动物等场景时非常有用，可以在不干扰目标的情况下捕捉到精彩的瞬间。

4.低光照环境

长焦镜头通常具有较大的光圈，可以在低光照环境下获得足够的进光量，提高拍摄的成功率。

长焦镜头虽有其不可替代性，但由于焦段比较长，拍摄时任何微小的抖动都会被放大，从而影响照片的清晰度，故而拍摄难度要比广角镜头大。因此，使用长焦镜头拍摄时，通常需要使用三脚架来稳定相机镜头，以确保拍摄清晰。此外，可以使用相机的防抖功能（如果有），并在按下快门时使用定时拍摄或快门线，进一步减少抖动。

图3-17所示为kowa 500mm长焦镜头。

图3-17　kowa 500mm 长焦镜头

三、任务实践——《定焦、变焦、广角、长焦：短视频拍摄镜头的多维视角》

（一）实践目标

（1）理解不同镜头（变焦、定焦、广角、长焦）的特性和适用场景。
（2）学习如何根据拍摄需求选择合适的镜头。
（3）提高实际操作能力和镜头切换的灵活性。

（二）实践准备

1.设备准备

每组2～3人，并确保每位成员都有可用的拍摄设备，包括不同类型的镜头。

2.场景选择

选择一个室内或室外场景，如公园、城市广场或多功能室内空间。

（三）实践步骤

1.步骤1：定焦镜头练习

使用定焦镜头（如35mm），拍摄静物或人像，注意景深和画质。

2.步骤2：变焦镜头练习

使用变焦镜头（如24～70mm），在不改变拍摄位置的情况下，通过变焦捕捉不同范围的画面。

3.步骤3：广角镜头练习

使用广角镜头（如14～24mm），拍摄风景或建筑，注意视角的宽广和边缘畸变。

4.步骤4：长焦镜头练习

使用长焦镜头（如150～300mm），拍摄远处的物体，如树上的鸟或远处的运动员。

5.步骤5：镜头切换练习

在同一场景中，快速切换不同镜头，捕捉不同视角的画面。

（四）观察与分析

（1）分小组观看并比较不同镜头下拍摄的短视频片段。
（2）讨论每种镜头对短视频曝光、视角和构图的影响。

（五）反馈与讨论

（1）每组分享观察结果和学习体会。
（2）教师提供专业的反馈和建议。

项目四 画面构图与设计

在视觉信息爆炸的数字时代，画面构图与设计已从传统艺术范畴延伸至跨媒介传播的核心语言。画面构图与设计的优劣直接决定了信息传递的效率和情感共鸣的深度。

当前，信息接收呈现出碎片化和快节奏的特点，大众对视觉内容的审美阈值不断提升。优质的构图设计能在0.3秒内吸引目标受众的注意力。一个出色的画面构图与设计，如同"视觉翻译官"，将抽象概念转化为可感知的视觉符号，从而形成卓越的视觉效果。

短视频的拍摄既是技术展示，又是艺术创作。创作者若想让短视频呈现出令人惊叹的视觉效果，给目标受众留下深刻印象，就必须灵活运用视觉语言，优化画面构图与设计。这要求创作者掌握一定的艺术创作技巧，通过合理运用景别、拍摄角度、光线等手段，实现画面内容与表现形式的完美统一，在信息洪流中精准、高效且富有感染力地完成视觉表达。

学习目标

◇ 素养目标

1.审美素养：培养学生的审美鉴赏能力，提升个人艺术修养和审美趣味。

2.创新思维：激发学生的创造力和想象力，形成个性化的创作风格。

3.批判性思维：培养学生在观看和分析短视频时具备批判性思维的能力。

4.团队协作：增强学生在短视频创作中的团队合作意识，促进高效沟通与协作。

◇ **知识目标**

1.构图基础：学生能够清晰阐述构图的基本概念、原则，掌握常见的构图元素（如线条、形状、色彩、空间等）及其运用法则。

2.熟悉构图类型：掌握并识别不同风格的构图法，如三分构图法、对称构图法、框架式构图法、引导线构图法等，理解每种构图法适用的场景与效果。

3.了解设计原则：深入理解短视频画面设计的核心原则，包括平衡、对比、重复与统一、节奏与韵律等。

4.技术知识：了解不同拍摄角度（如平视、俯视、仰视等）对构图的影响。

◇ **能力目标**

1.构图设计能力：学生能够根据短视频的主题、情感表达和叙事需求，创造出富有表现力和感染力的视觉画面。

2.技术应用能力：能够灵活运用技术手段调整画面构图，实现预期的视觉效果。

3.项目管理与执行能力：能够合理规划时间、资源和任务，确保构图设计理念的顺利实施和高质量完成。

4.持续学习能力：具备快速学习的能力，能不断提升个人在短视频画面构图与设计领域的竞争力。

5.精益求精的精神：鼓励学生不断修改和完善自己的作品，追求更高的质量和更好的效果，培养学生的工匠精神和求精求实的职业态度。

工作场景与要求

为了拍摄更高质量、内容更丰富的短视频，宣传家乡特色农产品，小张同学及其项目组经过前期深入研讨，计划在农产品的种植地、加工车间、售卖摊位等多地采景，并进行细致的画面规划。小张同学及其项目组严格遵循短视频的构图要素与原则，确保画面主体突出，通过巧妙运用光线和色彩，增强农产品的质感；灵活运用短视频的九种构图法，精心雕琢画面拍摄效果，生动展现短视频的动感魅力；随后，通过合理的画面景别设计，从多角度进行精细拍摄，确保最终呈现的短视频既美观又能充分凸显家乡特色农产品的独特魅力与价值。

任务一　短视频的构图要素与原则

一、任务导入：现场构图实验

短视频的构图
要素与原则

1.准备材料

准备一些简单的道具，如书本、花瓶、水果等，用于现场构建小型构图。

2.分组实践

将学生分为多个小组，每组分配一套道具和一块大纸板作为背景。

3.任务说明

要求学生利用手中的道具，在纸板上构建一个简单的短视频画面构图。可以是静态的，也可以模拟动态场景（通过道具的摆放和角度调整来暗示运动）。

4.创意引导

鼓励学生发挥创意，不拘泥于传统的构图方式，可以尝试打破常规，创造出独特的视觉效果。

5.分享与讨论

1）小组展示
每组派代表上台展示他们的构图作品，并简要说明其构思和运用的构图原则。
2）全班讨论
其他学生和教师可以就展示的作品提出问题和建议，共同探讨构图的优缺点及改进方法。

二、知识准备

构图是摄影与摄像中至关重要的基础技巧，它影响着作品视觉效果的好坏。构图不仅仅是将画面中的元素进行简单排列，而是艺术家为了表现作品的主题思想和美感效果，对画面中的人、物、环境进行精心安排和处理，从而创造出具有艺术性的画面。对于短视频创作者来说，掌握并合理运用构图原则，能够显著提升作品的吸引力和表现力。

（一）短视频的构图要素

短视频构图的三个核心要素分别为被摄主体、陪体，以及前景、背景与留白。

1.被摄主体

画面中的主要表达对象，可以是人物、动物、物体或场景。主体应当清晰、明确，能够迅速吸引用户的注意力。在拍摄时，应确保主体突出、明确，避免与其他元素混淆。关于天安门广场上的升旗仪式可以有多个主体，可以是五星红旗，也可以是仪仗队旗手，还可以是现场人群，图4-1中用五星红旗充当画面主体，凸显了五星红旗的重要意义。

图4-1　天安门广场上的升旗仪式

2.陪体

陪体是辅助主体表达内容的人或景物，在画面中起到陪衬和渲染主体的作用。陪体的选择与安排应与主体相呼应，共同构成和谐的画面。与图4-1相比，同样是升旗仪式，图4-2中的主体则成为人潮涌动的现场人群，而高高挥舞的五星红旗则成为陪体，起到烘托氛围的作用。

图4-2 元旦天安门广场上的升旗仪式

3.前景、背景与留白

1）前景

前景是指位于被摄主体前面或靠近镜头的景物，可用于增强画面的空间感和纵深感。图4-3中的前景是一簇美丽的花朵，透过其聚焦到黄色小鸟身上，立体呈现了小鸟所处的美好环境，给人视觉上的愉悦感。

图4-3 花和鸟

2）背景

背景是指位于主体之后的景物，用于交代主体所处的位置及渲染气氛。图4-4的桨板停靠在岸边，其背景是下雪后的河边景象，更凸显出下雪后的寒冷、孤寂。

图4-4　下雪后河中的桨板

3）留白

留白是指画面中的空白部分，可用于突出主体、增加画面的通透感和想象空间。图4-5中，一个女子独自置身于水雾缭绕的湖中，创作者用了大片的天空和广阔的湖面作为留白给画面极大的想象空间。

图4-5　湖中的女子

（二）短视频的构图原则

短视频的构图原则主要包括如下几点。

1.突出主体

确保主体在画面中占据主导地位，通过位置、大小、光线等手段突出。

2.平衡与稳定

保持画面的视觉平衡，避免给人头重脚轻或左重右轻的感觉。

3.简洁明了

尽量去除不必要的元素，保持画面的简洁，使用户能够快速抓住重点。

4.引导视线

利用线条、色彩等视觉元素引导用户的视线，按照创作者的意图浏览画面。

三、任务实践

（一）练习一：定义与识别

1.任务描述

请解释短视频构图的三个核心要素，并举例说明每个要素在短视频中的应用。

2.目的

帮助学生理解短视频构图的基本概念，并能识别短视频中的构图要素。

（二）练习一：构图方法识别

1.任务描述

观看5个不同类型的短视频片段，识别并列出每个片段中使用的构图方法。

2. 目的

加深学生对不同构图方法的认识，提升其观察和分析能力。

（三）练习三：案例分析

1. 任务描述

观看短视频《山河一脉》，详细分析其在构图上的成功之处，包括使用了哪些构图方法，以及这些构图方法是如何增强该短视频的视觉效果的，分析其所表达的主题思想。

2. 目的

通过实际案例分析，加深学生对构图原则的理解和提升学生对构图原则的应用能力。

任务二　短视频的九种构图法

一、九种常用的短视频构图法

在短视频创作中，构图是塑造视觉美感、引导用户视线、传达情感与主题的重要手段。下面将详细介绍九种常用的短视频构图法，帮助学习者掌握如何通过精心设计的画面布局，提升短视频的吸引力和表达力。

（一）中心构图法

1. 定义

中心、二分、
三分构图法

中心构图法是一种将被摄主体直接置于画面中心位置的构图方式。这种构图方式简单明了，能够迅速吸引用户的注意力，并强调主体的重要性。然而，过度使用可能会使画面显得单调乏味，因此需要根据实际情况灵活运用。

2. 特点

1）主体突出
中心构图法能够最直接、最有效地将用户的注意力集中在画面中心的主体上，使主体

成为视觉焦点，达到突出主体的效果。

2）平衡稳定

由于主体位于画面中心，这种构图方式往往能给人一种平衡、稳定的感觉。无论是横构图还是竖构图，都能保持画面的整体和谐。

3.应用

1）建筑摄影

建筑摄影中常使用中心构图法来展现建筑的雄伟和庄重。通过将建筑置于画面中心，可以强调其主体地位和整体美感。例如，图4-6中的天坛位于画面正中心，周围环境简洁，主体突出。

图4-6　天坛远景

2）人像摄影

在人像摄影中，中心构图法常用于拍摄人物的面部特写或全身照。通过将人物置于画面中心，可以突出人物的面部特征或身体形态，使用户更容易关注到人物本身。

3）风光摄影

在风光摄影中，中心构图法适用于拍摄具有对称结构或需要强调中心点的自然景观。例如，可以将太阳、山峰、湖泊等主体放置在画面中心，以突出其重要地位和视觉效果。

4）产品摄影

在产品摄影中，中心构图法能够直观地展示产品的外观和细节。通过将产品放置在画面中心并调整拍摄角度和光线条件，可以突出产品的特点和优势。

（二）垂直线构图法

1.定义

对称、框架、
垂直线构图法

垂直线构图法是指通过画面中明显的垂直线条元素，如树木、建筑、柱子等，来构建画面，使画面呈现出高耸、挺拔、庄严、有力的视觉效果。这些垂直线条能够在画面中形成明显的垂直特征，引导用户的视线上下移动，从而增强画面的空间感和深度感。

2.特点

1）稳定性

垂直线条给人以稳固、坚实的感觉，能够增强画面的支撑力，使用户感受到一种安定和平静的氛围。

2）延伸感

垂直线条具有向上或向下的延伸特性，能够引导用户的视线在画面中上下移动，从而增强画面的空间感和深度感。

3.应用

1）自然风光摄影

在拍摄树木时利用其垂直线条元素，通过捕捉树木的挺拔身姿和垂直生长的姿态，可以营造出一种宁静而深远的氛围。图4-7中树木的垂直线条构图，强调其挺拔、高耸的特点。

图4-7 森林里的日出和晨光

拍摄山川、瀑布等自然景观时，也可以利用山脊线、瀑布的垂直落差等自然形成的垂直线条来构建画面，展现出大自然的雄伟与壮丽。

2）建筑与城市摄影

高楼大厦、桥梁立柱等现代建筑是垂直线条构图的理想素材。通过精心选择拍摄角度和构图方式，可以展现出建筑的现代感、秩序美和空间感。

古老的建筑如塔、钟楼等，也常采用垂直线条设计，利用这些元素进行构图可以传达出历史的厚重感和文化底蕴。

（三）对角线构图法

1.定义

水平线、对角线、
引导线构图法

对角线构图法是指将画面中的主要元素或线条沿对角线方向进行布局，以形成强烈的视觉引导线和动态平衡感的一种构图方式。沿对角线布局元素，不仅能引导用户视线快速穿越画面，还能增强画面的层次感和深度感，使画面更加生动有力。

2.特点

1）动感与张力
对角线构图法能够赋予画面强烈的动感和张力，使静态的图像呈现出动态的效果。

2）引导视线
对角线作为天然的视觉引导线，能够有效地引导用户的视线在画面中流动。

3.应用

1）自然风光摄影
在自然风光摄影中，对角线构图法常用于表现山川、河流、道路等自然景观的延伸和动感。例如，图4-8中沙丘的棱角沿对角线延伸，利用线条引导用户的视线，使其汇聚到画面的主要表达对象上。

2）建筑与城市摄影
在建筑与城市摄影中，对角线构图法可以用来展现建筑的线条美或城市的现代感。通过捕捉建筑的轮廓线、道路或桥梁的延伸线等对角线元素，可以营造出一种独特的城市风貌和视觉冲击力。

3）人物与肖像摄影
在人物与肖像摄影中，对角线构图法虽然不如在自然风光和建筑摄影中直观，但也可以通过人物的动作、姿态或周围环境的对角线元素来间接体现。例如，让人物侧身站立或倾斜头部形成对角线姿态，可以增添画面的动感和趣味性。

图4-8　行走在新疆库木塔格沙漠

（四）S形构图法

1.定义

之字形、三角形、
辐射构图法

S形构图法又称为S形构图，是一种利用画面中自然或人为形成的S形曲线来构建画面的构图方式，以其独特的韵律感和延伸性，成为摄影构图中备受推崇的经典手法之一，能够赋予画面以生动、优雅和协调的美感。

2.特点

1）延长与变化

S形曲线具有自然的延长和变化特性，能够引导用户的视线在画面中流动，从而增强画面的空间感和深度感。

2）韵律感

S形曲线如同流淌的溪水或飘浮的彩云，赋予画面以优美的韵律感，使画面看上去更加生动和谐。

3）空间感

通过S形曲线的引导，画面中的空间关系得到明确展现，增强了画面的空间感和层次感。

4）统一与协调

S形曲线还能将画面中原本散乱无关联的景物连接起来，形成一种和谐统一的整体美感。

3. 应用

1）自然风光摄影

在自然风光摄影中，S形构图法常用于表现河流、小溪、曲径等自然风光。这些自然风光中的S形曲线能够自然地引导用户的视线，使画面更加生动有趣。

图4-9展示的是加拿大落基山脉的阿萨巴斯卡河，玉带般的白色河流逶迤流淌形成了一幅完美的S形构图画面。

图4-9　加拿大落基山脉的阿萨巴斯卡河

2）人文景观摄影

在人文景观摄影中，S形构图法同样适用。例如，可以利用公路、铁轨、羊肠小道等的S形曲线来构建画面。

3）人物摄影

在人物摄影中，虽然S形曲线不如在自然风光中直观，但可以通过人物的姿态、动作或周围环境中的S形元素来间接体现S形构图的美感。

（五）黄金分割构图法

1. 定义

黄金分割构图法，也称三分法或井字构图法，是短视频拍摄中较为常用的构图方法之一。它基于黄金分割比例（约为0.618），通过将画面分为九个等分区域，并将主体放置在四个交叉点之一，以达到视觉上的和谐与美感。

2. 特点

1）基于黄金比例

黄金分割构图法依据黄金分割比例进行画面分割。这种比例被认为是较具美感和视觉平衡的比例，能够赋予画面以和谐、稳定的感觉。

2）和谐与美感

通过黄金分割构图法，画面能够呈现出一种和谐、对称的美感，使用户在视觉上感到舒适和愉悦。这种构图方式有助于提升作品的整体艺术效果。

3）突出主题

黄金分割构图法能够有效地引导用户的视线，使主题或主体更加突出。通过将主体放置在黄金分割比例的交点上或利用黄金分割线条来引导视线，可以吸引用户的注意力，增强画面的表现力。

3.应用

黄金分割构图法被广泛应用于自然风光、建筑、人像等多种题材的拍摄中。图4-10中有一个人位于左上角三分点处，无边际的沙漠占据了大部分画面，但用户的视线会自然地被这个人吸引，形成视觉上的平衡与和谐。

图 4-10　新疆库木塔格沙漠中的人

（六）框架式构图法

1.定义

框架式构图法是指利用适当的前景做框，把被摄主体框起来的一种构图方法。这种构图方法通过创造一个或多个视觉上的框架，将用户的视线引导至画面的中心或特定区域，从而强调和突出主体。

2.特点

1）视觉引导性强

框架式构图法通过明确的框架元素，如树枝、门框、建筑线条等，有效地引导用户的视线，使其注意力集中在框架内的主体上。

2）层次感丰富

框架的存在使得画面具有更强的空间感和层次感，前景、中景和背景之间的关系更加明确，增强了画面的立体效果。

3）主体突出

通过将主体置于框架之内或与之形成对比，框架式构图法能够显著地突出主体，使其成为画面的视觉中心。

3.应用

1）人文景观摄影

在人文旅游景区和园林景观中，可以利用古色古香的建筑、桥梁等元素作为框架，拍摄具有历史和文化底蕴的风景。图4-11是通过框架式构图法拍摄的寺庙内景，增强了画面的层次感和深度感。

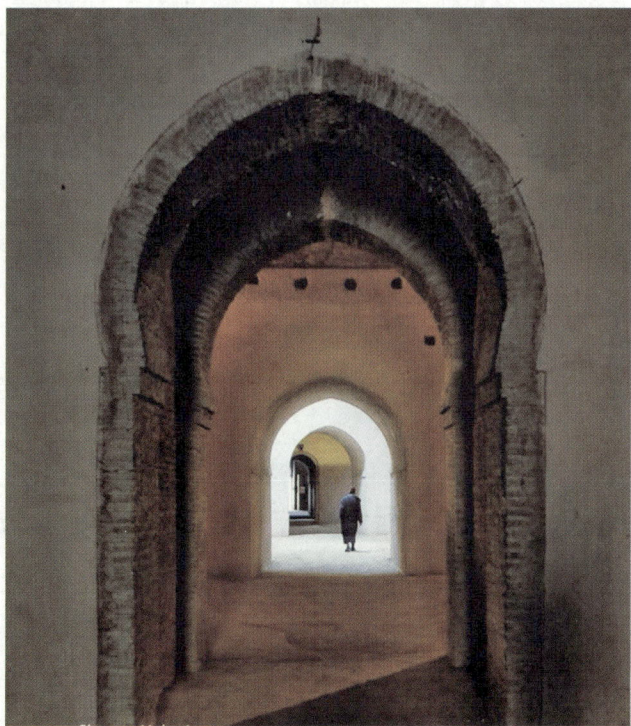

图4-11　建筑一角

2）自然风光摄影

在拍摄自然风光时，可以利用树木、山峰等自然元素作为框架，将远处的风景框起来，增强画面的层次感和深度感。例如，利用树枝形成的天然框架来突出远处的山峰或湖泊。

3）人像摄影

在人像摄影中，可以利用门框、窗户等建筑元素作为框架，将人物置于其中，突出人物的表情和姿态。同时，还可以通过光影形成的明暗对比来创造一个虚拟的框架，增强画面的艺术感。

4）街头摄影

在街头摄影中，框架式构图法同样适用。通过寻找街道上的自然或人工形成的框架元素（如栏杆、窗户、门洞等），将街头的行人、车辆等主体框起来，以构造出具有故事性和趣味性的画面。

（七）动态捕捉构图法

1.定义

动态捕捉构图法是指捕捉运动中的瞬间，利用动态元素（如人物动作、动物奔跑、水流等）构建画面，展现生命力和活力。动态捕捉构图法能够赋予画面生命力和动感，使用户感受到强烈的视觉冲击。

2.特点

1）动态性

动态捕捉构图法的核心在于捕捉和表现动态元素，如人物的动作、物体的运动轨迹等，使画面充满生机和活力。

2）时空感

通过构图技巧，如前景、中景和背景的层次安排，以及运动轨迹的引导，营造出强烈的时间流逝感和空间感。

3）视觉冲击力

利用动态元素的对比、重叠、交错等手法，增强画面的视觉冲击力，吸引用户的注意力。

4）技术依赖

动态捕捉构图法往往需要借助先进的摄影技术和设备，如高速快门、连拍模式、追焦技术等，以确保捕捉到清晰、流畅的动态画面。

3.应用

1）体育摄影

在体育赛事中，动态捕捉构图法被广泛应用。摄影师通过捕捉运动员的奔跑、跳跃、射门等瞬间动作，结合构图技巧，展现体育运动的魅力和力量。图4-12所示为捕捉到的运动员冲刺瞬间的画面，背景模糊，主体清晰，展现出强烈的动态感，尤其是最前面的中国运动员苏炳添更是在画面中呈现出像疾风一样的冲刺感。

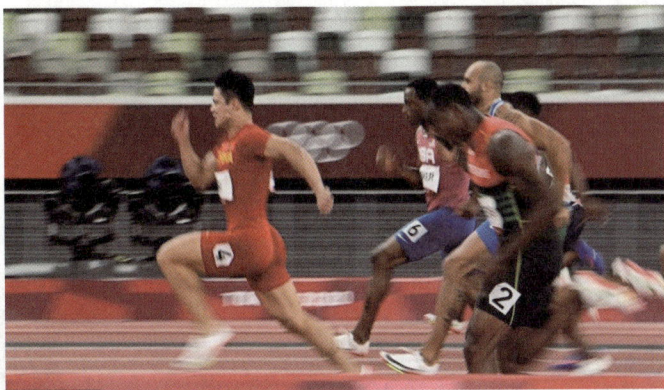

图4-12　比赛时的运动员们

2）野生动物摄影

在野生动物摄影中，动态捕捉构图法同样重要。摄影师需要耐心等待并捕捉动物的自然行为，如捕食、奔跑、嬉戏等。

3）广告与宣传片

在广告和商业宣传片中，动态捕捉构图法常用于展现产品的动态性能和特点。

（八）镜像反射构图法

1.定义

利用水面、镜面等反射面，创造对称或镜像效果，增加画面的趣味性和深度感。镜像反射不仅丰富了画面内容，还通过对比与呼应，增强了画面的平衡感和艺术感。

2.特点

1）对称性

镜像反射构图法最显著的特点是倒影与实物之间的对称性。这种对称性不仅增加了画面的平衡感，还使用户在视觉上获得一种和谐、稳定的感受。

2）虚实结合

倒影作为虚拟的影像，与实物本身形成虚实结合的对比。这种对比不仅丰富了画面的层次感，还使用户在欣赏时能够感受到一种超脱现实的梦幻感。

3.应用

1）风景摄影

利用湖面、海面等大面积的水面作为反射面，拍摄出山水、建筑等景物的倒影，营造出宁静、祥和的氛围。例如，图4-13中的湖面平静如镜，倒映出天空的云彩和岸边的建筑，形成完美的镜像效果。

图4-13　水乡

2）人像摄影

通过镜面或水面的反射，将人物与倒影相结合，创造出独特的视觉效果和故事感。例如，利用镜子拍摄人物的双重形象，或者在水边拍摄人物的倒影等。

3）创意摄影

利用镜面反射原理进行创意拍摄，如通过多个镜子进行多次反射，拍摄出超现实感的照片等。

（九）前景遮挡构图法

1.定义

利用前景物体（如树枝、花草、建筑物一角等）部分遮挡主体，形成视觉上的遮挡效果，增加画面的层次感和深度感。前景遮挡构图法能够引导用户视线穿越前景，探索更广阔的背景空间。

2. 特点

1）增加层次感

前景遮挡构图法通过在画面中加入位于主体之前的景物（即前景），将画面分割为前景、中景和背景三个层次，从而增加了画面的层次感和深度感。

2）引导视线

前景元素往往具有引导视线的作用，能够吸引用户的注意力并将其引导至画面的主体部分。

3）突出主体

通过前景的遮挡和衬托，主体在画面中更加突出和显眼。

4）增强氛围

前景遮挡构图法还可以根据拍摄主题和氛围的需要，选择合适的前景元素来增强画面的氛围和情感表达。

3. 应用

1）风景摄影

在风景摄影中，前景遮挡构图法被广泛应用。摄影师可以利用花草、树木、岩石等自然元素作为前景，将远处的山峦、湖泊等景物衬托得更加壮观和美丽。同时，通过调整拍摄角度和光线条件，可以创造出不同的视觉效果和氛围。图4-14所示为透过前景（荷叶）遮挡的荷花，使画面更有层次感。

图4-14 荷花

2）人像摄影

在人像摄影中，前景遮挡构图法同样具有重要的作用。摄影师可以利用道具、装饰物等人工元素作为前景，将人物与背景分离开来，避免画面过于杂乱无章。

3）静物摄影

在静物摄影中，前景遮挡构图法也可以得到很好的应用。摄影师可以利用不同的物体和元素作为前景，将静物主体与背景分离开来，并创造出独特的视觉效果和构图风格。

二、任务实践

（一）实践目的

通过实践操作，加深学生对九种短视频构图法的理解，提升学生对九种短视频构图法的应用能力，培养其视觉审美能力和提升其构图技巧。

（二）实践内容

1.选题与规划

选择一个你感兴趣的主题（如自然风光、城市街景、人物特写、运动场景等），并确定要使用的三种短视频构图法（从九种短视频构图法中选择）。规划你的短视频内容，包括场景选择、故事情节、色彩搭配、音乐风格等，确保它们与所选的构图法相契合。

2.拍摄准备

根据你的规划，准备拍摄所需的设备（如手机、相机、三脚架等）和道具。实地考察拍摄地点，确定每种构图法的具体应用场景和拍摄角度。

3.拍摄实践

按照规划，分别使用三种短视频构图法进行拍摄。确保每种构图法都能得到充分的展示和应用。

注意拍摄时的光线、色彩、构图细节等，力求画面美观、构图精准。

（三）成果展示与反思

将剪辑好的短视频上传至班级群或指定平台，供同学们观看和评价。撰写一篇短文，介绍你的短视频创作思路、构图法的运用心得以及拍摄过程中的挑战与收获。观看其他同学的作品，进行互评和交流，学习他人的优点并反思自己的不足。

（四）实训要求

（1）制作的短视频时长控制在1～3分钟；确保每种构图法都得到了充分的展示和应用；画面清晰、构图精准、色彩和谐。

（2）提交作业时，需要同时上传短视频文件和创作心得短文。

任务三　画面景别的设计

一、任务导入：视觉谜题引入

画面景别的设计

展示电视剧《觉醒年代》中鲁迅撰写《狂人日记》的经典片段，要求学生观察并讨论该片段，尝试根据画面内容猜测它们分别属于远景、全景、中景、近景、特写的哪种景别，这些景别展现了角色什么样的心理状态，以及这些景别可能传达的情感或信息。

二、知识准备

景别是指由于在焦距一定时，摄影机与被摄主体的距离不同，而造成被摄主体在摄影机中所呈现出的范围大小的区别。它是衡量画面内容多少和范围大小的一个单位，对于影片的叙事、人物思想感情的表达以及人物关系的处理都具有重要作用。一般来说，景别可以分为以下五种。

（一）远景

远景主要是指为了展现拍摄环境，人物在画面中只有很小的一部分，是画面最远最广的一种景别。它提供了开阔的视野，能够表现广阔的空间、场面，如自然风景、群众活动大场面等。图4-15展示的是电视剧《我的阿勒泰》的一个镜头，就是采用了远景来凸显人物在环境中的微小，营造出广阔无垠的视觉效果。

图4-15　电视剧《我的阿勒泰》镜头1

（二）全景

全景也称大远景，是指使用广角镜头或长焦镜头的远摄功能，从较高的角度拍摄一个辽阔视野的画面。在这种景别中，被摄主体往往处于画面空间的远处，与镜头中包含的其他环境因素相比显得极其渺小，甚至可能会被前景对象所遮蔽或短暂淹没。全景主要用于表现整体环境中各事物和谐统一的美，无明确的被摄主体，而是强调整个场景的氛围和气势。如图4-16所示，站在远处拍摄人物、马、羊，表现出人物同它们的关系。

图4-16　电视剧《我的阿勒泰》镜头2

（三）中景

中景在影视拍摄中的概念一般是指摄影机摄取人物膝盖以上部分或场景局部的一种画面。这种景别可以使用户看到人物的整体动作，同时展示一定的环境氛围。中景在视距上要比近景远一些，所展示的空间也更大，但相较于全景，它又更加聚焦于人物或场景的某个局部。如图4-17所示，用了一个中景来表现人物与马之间的一种冲突关系，跟随镜头可以让用户获得比较直观的情感体验。

图4-17 电视剧《我的阿勒泰》镜头3

（四）近景

近景是短视频拍摄中常用的一种景别，其特点是将被摄主体（人物、景物或动物）的局部细节放大，使用户能够近距离观察。在人物拍摄中，近景通常表现人物的胸部以上部分，特别是面部神态和情绪；在景物拍摄中，近景则用来展示景物的局部特征或细节；在动物摄影中，近景常用于展现动物的姿态和动作，以及它们所处的环境。图4-18中，镜头捕捉到了白雪覆盖的场景中两只动物觅食的生动画面，同时也展现了它们周围的部分环境。

图4-18 电视剧《我的阿勒泰》镜头4

（五）特写

　　画面构图的特写镜头是一种摄影术语，特指拍摄人像的面部、被摄主体的一个局部的镜头。这种镜头在电影画面中视距最近，因其取景范围小、画面内容单一，能够使被摄主体从周围环境中突显出来，形成强烈的、清晰的视觉形象，从而产生突出和强调的效果。图 4-19 通过特写镜头生动展现了乌龟龟壳的形态和纹理。

图 4-19　电视剧《我的阿勒泰》镜头 5

三、任务实践

1. 理论学习回顾

　　在实训开始前，简要回顾课堂上学到的关于画面景别的理论知识，确保每位学生都掌握了基本概念。

2. 故事构思与脚本编写

　　（1）分组进行，每组 5～6 人，共同构思一个简单的故事或情感表达主题。

　　（2）根据所选主题，编写包含不同景别应用的简短脚本，确保脚本中至少包含所有基本景别（远景、全景、中景、近景、特写）的使用。

3. 分镜设计与讨论

　　（1）根据脚本，设计每个镜头的景别，并讨论为何选择该景别，以及它如何服务于故事或传达情感。

　　（2）绘制简单的分镜图或使用手机拍照模拟分镜，以便实际拍摄时参考。

4.拍摄准备

（1）确定拍摄地点、所需道具、服装等。
（2）分配组内角色，包括导演、摄影师、演员等。

5.实地拍摄

（1）按照分镜计划进行拍摄，鼓励学生在拍摄过程中灵活调整，以适应现场实际情况。
（2）注意光线、构图、演员表演等细节，确保每种景别的拍摄质量。

6.后期制作

（1）使用视频剪辑软件将拍摄的素材剪辑成完整的短视频作品。
（2）添加音效、配乐，提升短视频的整体效果。

7.展示与评价

组织一次班级放映会，每组展示他们的短视频作品。采用学生互评和教师点评相结合的方式，对短视频的创意、景别运用、叙事流畅度等方面进行评价。鼓励正面反馈和建设性批评，促进学习交流。

8.实践成果

每组提交一份包含短视频成品、脚本、分镜图、拍摄心得的实践报告。
本次任务实践，不仅加深了学生对画面景别设计的理解，还让学生了解了从创意到实现的完整短视频制作过程，从而提升了学生的实践能力和培养了学生的团队合作精神。

任务四　拍摄角度的设计

一、任务导入

拍摄角度的设计

1.播放片段

（1）播放一段包含多种拍摄角度的电影或视频片段（如《鸟人》《疯狂的麦克斯：狂暴之路》中的经典镜头等）。

（2）在播放过程中，暂停并指出不同的拍摄角度（如平视、俯视、仰视等），并简要解释它们如何影响用户的感知和情感。

2.小组讨论

（1）将学生分成若干小组，每组分配一个特定的拍摄角度。
（2）要求小组讨论该角度的定义、特点、在电影或视频中的应用，以及它可能带来的观看感受。
（3）每个小组选派一名代表，向全班汇报他们的讨论结果。

二、知识准备

在短视频制作中，拍摄角度的选择是画面构图与设计的重要一环。不同的拍摄角度能够传达出截然不同的视觉感受和情绪氛围，对用户产生强烈的视觉冲击力和心理暗示。下面将详细介绍几种常用的拍摄角度设计方法，并配以示例图片加以说明。

（一）低角度拍摄

低角度拍摄是指摄影师从低于被摄对象的位置向上拍摄。这种拍摄角度能够突出被摄对象的高大、威严或力量感，营造出一种仰望和崇拜的视觉效果，适用于拍摄建筑、大型雕塑、人物、景观等场景，如图4-20、图4-21所示。

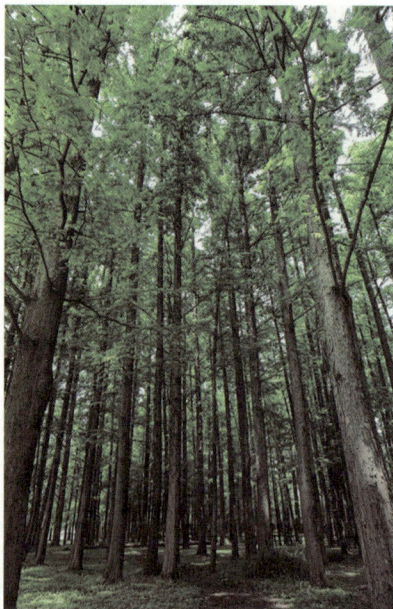

图4-20　茂密的森林

图4-21　印度尼西亚巴厘岛典型的古建筑

（二）高角度拍摄

高角度拍摄则是摄影师从高于被摄对象的位置向下拍摄。这种角度能够展现场景的全貌，增强画面的空间感和整体感，常用于拍摄广场、城市街景等，如图4-22、图4-23所示。

图4-22　福建舰首次试航

图 4-23　城市的夜景

（三）斜角度拍摄

斜角度拍摄是将相机倾斜 45 度或更多角度进行拍摄，这种拍摄方式能够产生强烈的视觉冲击力，增强画面的动感和艺术感，适用于拍摄自然风光、建筑物等场景，如图 4-24、图 4-25 所示。

图 4-24　即将呼啸而过的火车　　　　　　图 4-25　布拉格附近的狭窄街道

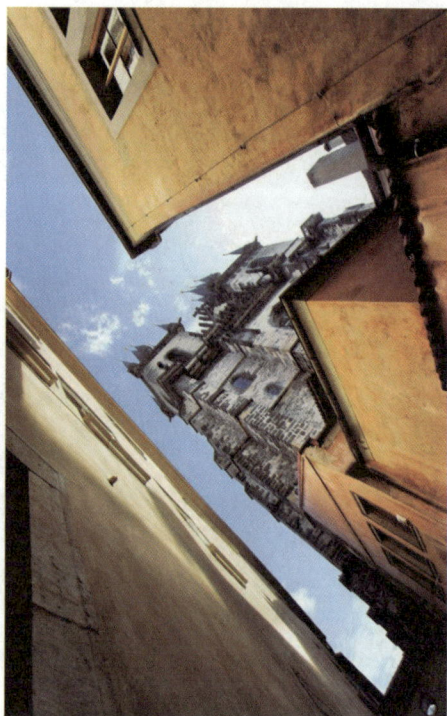

（四）眼位角度拍摄

眼位角度拍摄是指相机镜头与人眼保持平行或略低的位置进行拍摄，这种角度能够赋予画面以亲近感和自然感，使用户仿佛置身于场景中，常用于拍摄人物、动物或植物等近景，如图4-26、图4-27所示。

图4-26 新疆喀纳斯雪山风光

图4-27 新疆喀纳斯河流草原风光

（五）背后角度拍摄

背后角度拍摄是从被摄对象的后方进行拍摄，利用背景或其他元素来营造视觉层次感，增加画面的深度感和趣味性。这种角度常用于拍摄人物背影或需要展现环境氛围的场景，如图4-28、图4-29所示。

图4-28 重庆来福士广场对面

图 4-29　新疆赛里木湖

三、任务实践

（一）练习一：设计拍摄角度

1.任务

（1）设想一个简单的叙事场景（如两个人在公园相遇、一次家庭团聚、一个街头温暖事件等）。

（2）为该场景设计至少三个不同的拍摄角度，每个角度都要有明确的叙事或情感表达目的。

（3）简要说明为什么选择这些角度，以及它们如何增强场景的效果。

2.要求

（1）提交一份设计文档，包括场景描述、拍摄角度的示意图或文字描述，以及设计说明。

（2）鼓励使用绘图软件或手绘来制作示意图，以更直观地展示设计。

（二）练习二：实践拍摄

1.任务

（1）根据练习一中的设计，选择一个场景进行实际拍摄。

（2）使用手机、相机或任何可用的拍摄设备来捕捉你设计的拍摄角度。

（3）注意光线、构图和焦距等要素，以确保拍摄质量。

2.要求

提交拍摄的照片或视频片段，以及一份简短的拍摄心得。

（三）练习三：学思融合

1.任务

自行观看电影《井冈星火》，将其中经典的拍摄角度剪辑下来并加以分析。

2.要求

提交至少两个视频片段，以及两份分析说明。

项目五　短视频创作的基本元素

项目背景

当下短视频行业如火如荼，已成为助推乡村振兴的强劲引擎。镜头轻轻一转，便能让青山绿水间的乡村风光跃入眼帘，金黄的麦浪、潺潺的溪流与白墙黛瓦相映成趣；特写镜头聚焦灶台，家乡美食的烟火气扑面而来，手工拉面的韧劲、腊味腌制的讲究尽在其中。镜头还能深入街巷，用光影讲述当地历史民俗，百年古桥的传说、非遗手作的匠心皆被定格。如今，越来越多的乡村"网红"打卡点在短视频中绽放光彩，这些画面不仅展现着短视频的传播魅力，更让乡村在流量浪潮中焕发新生，为振兴之路铺就绚烂底色。

学习目标

◇ **素养目标**

1. 强化版权意识，合法使用音频作品，保护知识产权。
2. 培养一丝不苟、精益求精、求真务实的职业素养。
3. 实践出真知，让学生在实践中感受短视频创作的乐趣。
4. 培养学生的家国情怀，帮助学生增强民族自信心和自豪感。

◇ **知识目标**

1. 掌握在剪映中为短视频选择背景音乐的方法。
2. 掌握在剪映中为短视频添加音效与配音的方法。
3. 掌握在剪映中为短视频添加字幕的方法。
4. 掌握在剪映中为短视频添加贴纸的方法。

◇ **能力目标**

1. 能够为短视频选择并添加合适的背景音乐。
2. 能够根据需要为短视频添加音效与配音。
3. 能够根据实际需要在短视频中添加并编辑字幕。
4. 能够在短视频中添加内置贴纸和自定义贴纸。

工作场景与要求

　　小王是一名美食探店类自媒体创作者，为了创作经常一人或与小助手搭档，穿梭于城市各个角落探寻美食。在他的账号里，所呈现的诱人美食，都是他对前期拍摄的原素材进行后期加工而剪辑出来的。那么想要呈现一个好的短视频画面和效果，我们可以给短视频添加哪些素材呢？

　　我们可以给短视频添加的常见素材有音乐、转场、特效、字幕、贴纸等，这样有利于增强短视频的画面效果，丰富短视频的展示内容，提高短视频的可观赏性、增加短视频的曝光量。

任务一　背景音乐选择

一、任务导入

零基础"小白"快速出片

　　在短视频中，背景音乐主要起着调节气氛、调动情绪的作用。用户在观看短视频时，有时注意力可能比较分散，这时短视频创作者就可以通过背景音乐来调动用户的情绪。

　　小王今天和助手接到的任务是去一家四川本地的特色美食店探店，为了体现本地的特色，他们决定对拍摄的短视频选用当地传统乐器演奏的欢快曲调，如可用竹笛、锣鼓交织的民间音乐，将用户带入当地氛围，点明探店主题。

　　只有选择合适的背景音乐，才能有效增强短视频的情绪表达效果。那么小王在选择背景音乐时，遵循了哪些原则，为何要选用当地传统乐器演奏的曲调进行短视频创作呢？

二、知识准备

（一）选择背景音乐

短视频剪辑的
基本原则

1.遵循的原则

短视频创作者在选择背景音乐时应遵循以下原则。

1）根据短视频的情感基调选择背景音乐

短视频创作者在拍摄短视频时要清楚短视频所要表达的主题和想要传达的情感，确定短视频的情感基调，以此为依据来选择背景音乐。

例如，美食类短视频是为了让用户体会到一种轻松自在、心情舒畅的心理感受，所以短视频创作者可以选择欢快、愉悦风格的背景音乐，如爵士音乐和流行音乐等。时尚、美妆类短视频主要面向追求潮流、时尚的年轻人，因此创作者在添加背景音乐时，应选择时尚动感的音乐，紧跟当下潮流，如流行电音、节奏感强的rap等。在制作旅行类短视频时，短视频创作者可以根据景色的特点来选择相应的背景音乐。如果景色气势磅礴，可以选择气势恢宏或节奏鲜明的音乐；如果景色古朴典雅、文化底蕴深厚，可以选择温暖、轻柔或古典的音乐来渲染气氛，增强代入感。知识科普类账号，在开篇引入主题时，选取大气磅礴、引人深思的古典交响乐前奏，如贝多芬、莫扎特等名家经典乐章片段，奠定知识的厚重感，激发学员的好奇心；讲解正文知识阶段，背景音乐转为轻柔、持续的白噪声或简约的钢琴和弦乐，既舒缓学习压力，又不干扰讲师讲解，帮助学员集中注意力；结尾总结回顾知识点，音乐重回激昂振奋节奏，强化重点内容记忆，促使学员进一步巩固知识点。

2）背景音乐要配合短视频的整体节奏

很多短视频的节奏和情绪是由背景音乐来带动的，为了使背景音乐与短视频内容更加契合，短视频创作者在进行后期剪辑时最好按照拍摄的时间顺序先进行简单的粗剪，然后分析短视频的节奏，根据整体节奏来选择合适的背景音乐。从整体上讲，短视频画面的节奏和背景音乐的匹配度越高，短视频就越吸引人。

3）背景音乐不能喧宾夺主

背景音乐在短视频中主要起的是衬托作用，最高境界是让用户感觉不到它的存在，所以背景音乐不能喧宾夺主。如果背景音乐过于嘈杂，或者背景音乐对用户的感染力已经超过短视频本身，就会分散用户对短视频内容的注意力。

4）选择热门音乐

在遵循以上原则的基础上，要想让短视频获得更多的平台推荐，短视频创作者最好选择热门音乐作为背景音乐。例如，可以在抖音App中通过搜索"音乐榜"来查看"热歌榜""飙升榜""原创榜"等榜单，选择其中的音乐作品作为短视频的背景音乐。

2.添加与编辑背景音乐

在剪映中为短视频添加背景音乐的方法主要有三种，分别是添加音乐库音乐、添加抖音音乐和使用AI音乐功能。添加背景音乐后，短视频创作者还可以对背景音乐进行个性化调整。

1）添加音乐库音乐

剪映的音乐库提供了很多丰富的音乐素材，添加方法也非常简单。具体操作如下。

（1）步骤1：打开剪映App，在首页点击"开始创作"按钮，导入短视频素材，点击"音频"按钮，然后点击"音乐"按钮，如图5-1所示。

（2）步骤2：进入"音乐"界面，根据短视频所要表达的情绪选择合适的音乐类型，此处选择"欢快"类型，如图5-2所示。

（3）步骤3：在打开的音乐列表中点击音乐名称进行试听，找到要使用的音乐后，点击音乐名称右侧的"使用"按钮，如图5-3所示。点击音乐名称右侧的"收藏"五角星符号，则可以将喜欢的音乐添加到收藏列表中。

图5-1　点击"音频"　　　图5-2　选择音乐类型　　　图5-3　音乐试听并"使用"

（4）步骤4：若要添加指定的音乐，可以在"音乐"界面上方的搜索框中输入歌曲名或歌手名，如添加《快乐童年》这首儿歌，找到需要的音乐后点击"使用"按钮即可，如图5-4所示。

（5）步骤5：在"音乐"界面中点击"收藏"标签，即可查看收藏的音乐，我们会发现，已被收藏的音乐，其右侧的"收藏"五角星符号已被标黄为"★"，以便快速将其添加到短视频中，如图5-5所示。

（6）步骤6：添加音乐后，在音频轨道头部会显示相应的音乐名称，可根据需要对音乐进行修剪，方法与修剪视频相同，如图5-6所示。

图5-4　搜索音乐　　　　图5-5　查看收藏的音乐　　　　图5-6　音乐剪辑

2）添加抖音音乐

剪映作为一款与抖音直接关联的短视频剪辑工具软件，支持用户在剪辑短视频的过程中添加抖音中的音乐作为背景音乐。添加抖音音乐主要通过"抖音收藏"和"推荐/热门"功能进行，首先来看"抖音收藏"音乐的使用，具体操作方法如下。

步骤1：打开抖音App，浏览抖音短视频，当听到喜欢的音乐时可以点击界面下方的音乐名称或者右下方的音乐图标，如图5-7所示。

步骤2：在打开的界面中可以查看音乐原声信息、原声中的歌曲及使用了该音乐的短视频等。点击"收藏原声"按钮，在抖音账号中收藏该音乐，如图5-8所示。

步骤3：回到抖音App首页，点击开始创作对应的按钮，导入短视频素材，点击上方音乐如图5-9所示，进入音乐界面，点击"收藏"标签，选择刚刚收藏的音乐，如图5-10所示。

图 5-7 点击短视频音乐

图 5-8 收藏该音乐

图 5-9 点击上方音乐

图 5-10 使用刚收藏的音乐

下面我们再使用"推荐/热门"添加音乐。

步骤1：进入抖音App，若要添加抖音中比较热门的音乐。先导入短视频素材，选择上方音乐，如图5-11所示。

步骤2：可以试听"推荐"或"热门"标签中的音乐，找到符合短视频感情色彩的音乐，点击音乐名称，即可使用该音乐，如图5-12、图5-13所示。

图5-11　点击上方音乐　　　　图5-12　选择推荐音乐　　　　图5-13　选择热门音乐

3）使用AI音乐功能

有时候我们需要根据短视频的内容和风格，抒发不同的心情，我们需要不同的音乐加以渲染和点缀，这时候，我们可以使用AI音乐功能，个性化设置自己的短视频音乐背景。

背景音乐选择

（1）步骤1：以剪映App为例，在导入短视频内容后，点击工具栏中的"音频"按钮，再点击"AI音乐"按钮，如图5-14所示。

（2）步骤2：选择"灵感模式"，在歌词下方的空白区域，一句话写歌，自由编辑文本做歌词，如图5-15所示。也可选择"自定义"，选中"智能歌词"，输入关键词生成歌词。在"音乐描述"中填写歌曲风格，或直接选择系统预设的风格，然后点击"开始生成"按钮，即可得到多首不同风格的音乐，选择喜欢的音乐用于短视频制作，如图5-16所示。

图 5-14　选择"AI音乐"　　　　图 5-15　选择"灵感模式"　　　　图 5-16　选择"自定义"

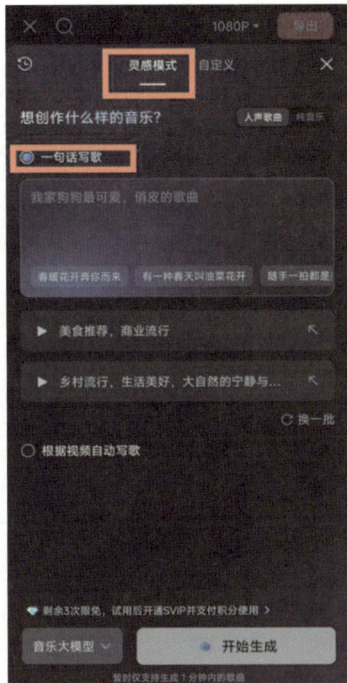

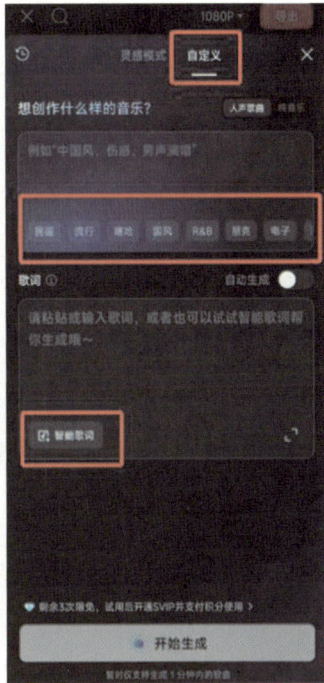

三、任务实践

请同学们根据本任务所学内容，自行剪辑一段短视频，并插入背景音乐。

关键操作提示：先对短视频进行粗剪，添加背景音乐，再根据背景音乐对短视频素材进行精剪，为短视频添加相应的音效。

任务二　添加特效

添加转场
效果与特效

一、任务导入

在当下竞争激烈的美食短视频赛道，特效已成为内容破圈的"流量密码"。相关行业数据显示，运用创意特效的美食短视频完播率提升40%，互动量增加65%，这背后是特效赋予短视频内容的视觉冲击与情感共鸣。当热气腾腾的火锅汤底泛起特效制作的动态金光，当拉丝芝士被慢动作特效放大至每一丝纤维的延展，用户不仅能直观感受美食的魅力，更能产生身临其境的感官刺激。这些精心设计的视觉语言，不仅能在信息流中快速吸引用户眼球，更能通过情绪渲染延长用户停留的时间，让美食短视频从单纯的内容分享，升级为沉浸式体验。在注意力稀缺的短视频时代，特效不仅是技术手段，更是短视频创作者传递匠心、打造个人IP的关键武器。

那么如何在短视频中添加特效？剪映又提供了哪些特效效果呢？让我们一起来探索学习。

二、知识准备

为了宣传四川的美食文化，小王和助手需要对前期拍摄的火锅视频增添各类特效。小王和助手利用剪映添加火锅视频的视觉效果，在展示火锅"热辣鲜香"的同时，传递聚餐时的"烟火温情"，沉浸式地唤醒用户食欲，勾起用户对家乡美食文化的情感共鸣。

（一）短视频特效简介

1.短视频特效的定义

短视频特效是指在短视频中添加的各种视觉效果，用以增强短视频的表现力，增强观赏体验感。

2.短视频特效的种类

短视频特效的种类繁多，剪映提供了画面特效、人物特效、AI特效等。不同类型的特效，可以实现不同的画面效果，进而增加短视频的画面感和氛围感。

1）画面特效

画面特效是指在短视频后期制作中，通过技术手段对短视频画面进行修饰、改造或添加特殊效果，以增强视觉表现力、营造特定氛围或实现创意表达的各类效果。

画面特效主要有以下几种类型。

（1）氛围特效：可以增强环境氛围，营造出复古胶片、电影感等不同的氛围效果，如光晕、雨雪、花瓣飘落、泡泡等特效。

（2）动态特效：使画面元素产生动态效果，让画面更加活泼，适合卡点短视频或强调关键动作，如震动、缩放抖动、动态倒影等特效。

（3）分屏特效：能让多画面同时播放，适用于对比展示或故事线并叙，通过不同的分屏方式，可以在一个画面中展示多个场景或元素。

（4）色彩特效：可以改变画面的整体色调、色彩饱和度、对比度等，让画面更加生动有趣，常见的有冷暖色调调整、黑白滤镜、复古滤镜等。

（5）镜头特效：可改变画面的特定部分，让其更加突出，模拟镜头的各种运动和效果，如画面缩放、镜头扫描、广角、暗角、鱼眼等特效。

2）人物特效

人物特效是指针对短视频中的人物进行特定效果添加和处理，以增强人物视觉表现、丰富短视频内容和提升趣味性的功能。

人物特效主要有以下几种类型。

（1）基础特效：包括滤镜、美颜和动态贴纸。滤镜能改变人物整体色调和风格；美颜可对人物进行磨皮、瘦脸、大眼等美化处理；动态贴纸为人物添加小星星、小爱心等动态元素，提升趣味性。

（2）进阶特效：包括抠图、分身术等。抠图能将人物从原背景中抠出，放置在其他背景中；分身术能让人物在短视频中出现多个分身，增强视觉冲击力。

（3）创意特效：可让人物扮演超级英雄、动漫人物等不同角色；也能模拟下雨天、星空下等情景，通过背景素材和特效配合，让人物融入情景；还能实现魔法变身，使人物瞬间变成其他物体。

（4）情绪特效：包括大头、难过、憎、无语、脸红等，通过改变人物的面部表现或添加相关元素来体现特定情绪。

（5）挡脸特效：提供多种风格的特效来遮挡人物脸部，既可以保护隐私，又能增加短视频的炫酷感和梦幻感。

3）AI特效

剪映中的AI特效是利用人工智能技术对短视频进行风格转换、内容生成、画面优化等处理的功能。

AI特效要有以下几种类型。

（1）风格转换类：可以将短视频转换为不同的艺术风格，如：油画风，让短视频呈现出油画的质感，使画面具有艺术感；漫画风，将短视频变成二次元风格，适合创意短视频；胶片风，为短视频添加复古胶片的质感，营造出怀旧氛围；赛博朋克风，让短视频充满未来科技感，适合夜景等场景。

（2）内容生成类：包括智能换天术，通过框选天空区域，输入描述词来生成不同的天空场景，如将阴天变为夕阳场景；虚拟场景扩展，可标记需要扩展区域并输入风格指令，把狭窄空间扩展为虚拟的大场景，如将狭窄房间变成豪宅。

（3）画面优化类：如智能补全修复，能对破损老照片或短视频中缺失的部分进行修复，通过涂抹缺失区域并输入生成指令，利用相关算法补全画面内容。

（4）元素添加类：如智能光影重建，可模拟不同时间段的光影效果，如黄金时刻、蓝调时间的光线等，还能选择不同的光源方向和光质；智能粒子系统可以添加雨雪、火焰、星光、魔法等粒子效果，自动适配场景透视、避让主体或识别高光区域等。

（5）人物相关类：如AI加动作，能让画面中的人物模仿别人跳舞等动作，使静止的人物动起来。

（二）添加短视频的特效

1.添加画面特效

1）步骤1：导入素材

打开剪映App，点击"开始创作"按钮，导入四川火锅美食的宣传短视频，点击"添加"按钮，进入编辑界面，如图5-17所示。

2）步骤2：选择特效

点击底部工具栏"特效"按钮，接着点击"画面特效"按钮，然后在"氛围""动感"等标签中，预览并点击目标特效，如图5-18所示。

图5-17　导入视频

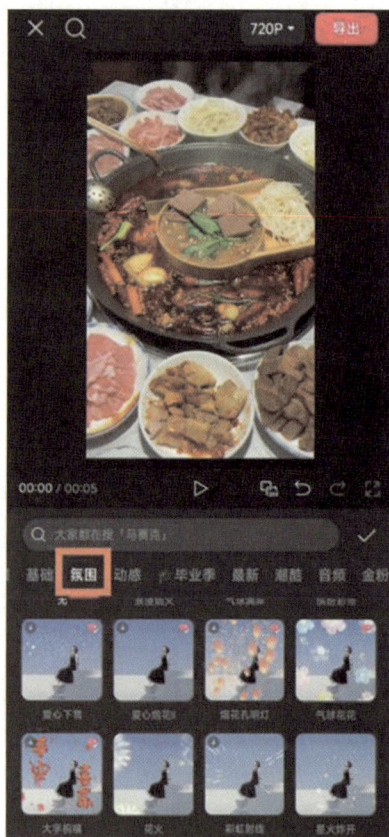

图5-18　选择目标特效

3）步骤3：应用特效

点击特效缩略图，确认效果后点击右侧"√"图标加以应用，如图5-19所示。

4）步骤4：调整特效

一是控制时间轴，长按特效轨道左右拖动可调整生效位置，拖动轨道两侧白边能控制特效持续的时长，使其与短视频节奏匹配，如图5-20所示。二是参数调节，选中特效轨道，点击"调整参数"按钮，可调整"速度""不透明度"等参数，如图5-21所示。

图5-19　确认应用特效

图5-20　调整特效时长

5）步骤5：多特效叠加

可重复添加不同特效，通过轨道上下层叠加调整显示优先级，上层会覆盖下层。但要避免同时叠加过多复杂特效，以防预览卡顿，如图5-22所示。

6）步骤6：导出短视频

特效调整完成后，点击右上角的"导出"按钮，选择合适的分辨率和帧率，再次点击"导出"按钮，等待处理完成，即可保存或分享短视频，如图5-23所示。

2.添加人物特效

人物特效的添加方法与画面特效的添加方法类似，在此不做赘述。需要注意的是，导入素材后点击"特效"按钮，进入特效页面，接着"人物特效"按钮，如图5-24所示。人物特效界面会展示多种不同类型的特效，如形象增强、情绪转变、大头、微笑、头饰等，浏览并选择符合短视频需求和个人喜好的特效，如图5-25所示。点击选中的特效，并点击右侧"√"图标以将其应用于短视频中的人物，如图5-26所示。

图 5-21　调整参数

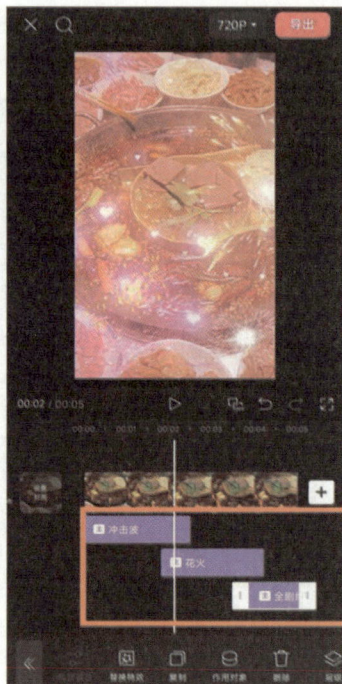

图 5-22　叠加特效

图 5-23　点击"导出"

图 5-24　点击"人物特效"

图 5-25　浏览各类特效

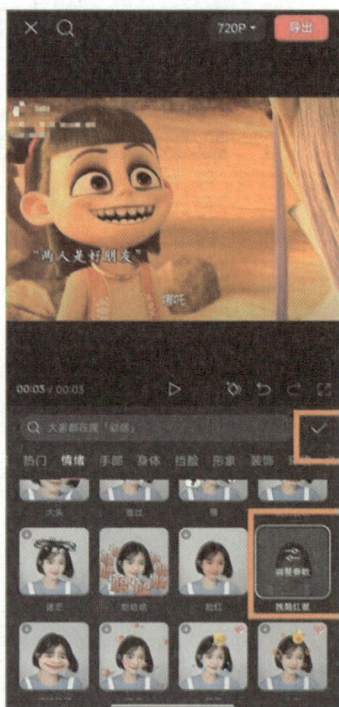

图 5-26　添加人物特效

3.添加 AI 特效

AI 特效的添加方法与画面特效的添加方法也大体类似，打开剪映 App，导入素材，点击"特效"按钮，找到"AI 特效"并点击，浏览各类 AI 特效，选择适合短视频风格的特效，如图 5-27 所示，点击右下角"生成"按钮即可应用到所选短视频片段中。

例如，旅行记录可选梦幻光晕等风景类特效，搞笑段子可选表情变形等搞笑类特效。与画面特效一样，我们需要对 AI 特效进行调整和创意组合，也可叠加多种特效，达到满意后，最后将添加了 AI 特效的短视频进行导出，如图 5-28。

图 5-27　选择特效　　　　　　图 5-28　导出视频

需要注意的是，AI 特效部分免费，部分需要付费，一些基础的 AI 特效是免费使用的，但一些高级的 AI 特效或功能通常需要付费才能使用。用户可通过消耗积分来使用剪映的付费 AI 功能，如开通会员、充值、参与活动等形式获得积分，以换取更多 AI 特效的使用。

三、任务实践

请同学们根据本任务所学内容，自行对导入的短视频，从画面、人物、AI 等三个维度选择合适的特效，进行添加。

关键操作提示：根据短视频的内容选择合适的特效效果种类，注意特效出现在短视频中的节点及特效需要持续的时长。通过特效增强短视频画面的氛围感，提升短视频内容的视觉冲击力。

任务三　添加字幕

短视频字幕和
贴纸设计

一、任务导入

在短视频中添加字幕至关重要。数据显示，80%的短视频观看者会在静音环境下浏览内容，字幕能让用户即使在嘈杂场景或不方便听声音时，也能完整接收短视频所传递的信息。据统计，带字幕的短视频完播率比无字幕的高出30%，互动率也提升约25%。添加短视频字幕可以更有效地吸引用户的注意力，增强短视频内容的传播效果，提升短视频的传播力。

那么，如何在短视频中添加字幕呢？让我们一起来探索学习。

二、知识准备

（一）短视频字幕简介

短视频字幕是一种通过文字形式将对话或文字内容呈现给用户的技术手段，以使用户能够阅读和更好地理解短视频内容。

（二）添加短视频字幕

短视频字幕在添加时，主要包括添加标题并设置字体样式、应用花字样式、添加文本动画、自动识别字幕等。

1.添加标题并设置字体样式

在短视频中添加标题并设置字体样式，可以使短视频结构更加清晰，便于用户理解和导航短视频内容，同时还可以提升短视频的专业度和视觉吸引力。

小王和助理在剪映中导入前期拍摄好的火锅短视频素材，先对短视频画面进行裁剪处理，然后为短视频素材添加标题，并设置字体样式，具体操作方法如下。

（1）步骤1：在剪映App中导入并选中短视频素材，对短视频画面进行剪裁处理，如图5-29所示。

（2）步骤2：将时间指针定位到最左侧，在工具栏中点击"文本"按钮，然后点击"新建文本"按钮，如图5-30所示。

（3）步骤3：在弹出的界面中输入标题文本"川式美味火锅"，然后在文本编辑界面中点击"字体"标签，选择所需的字体格式，此处选择"新青年体"字体格式，如图5-31所示。

图5-29　导入短视频

图5-30　新建文本

图5-31　选择字体格式

（4）步骤4：点击"样式"标签，在打开的界面上方选择预设的文本样式，如图5-32所示。

（5）步骤5：在打开的界面下方点击"文本"标签，设置文本颜色，调整"字号""透明度"等参数，如图5-33所示。

（6）步骤6：在打开的界面下方点击"描边"标签，设置描边颜色，调整"粗细"参数，如图5-34所示。

2.应用花字样式

剪映提供了丰富的花字样式，我们可以一键制作极具个性的文字效果，如发光字、空心字、金属字等。应用花字样式的具体操作方法如下。

（1）步骤1：在剪映App中导入并选中短视频素材，对短视频画面进行剪裁处理，如图5-35所示。

图5-32　选择预设的文本样式

图5-33　调节文本参数

图5-34　设置描边参数

（2）步骤2：将时间指针定位到最左侧，在工具栏中点击"文本"按钮，然后点击"新建文本"按钮，如图5-36所示。

图5-35　导入短视频

图5-36　新建文本

（3）步骤3：在弹出的界面中输入标题文本"川式美味火锅"，点击"花字"标签，滑动花字样式列表可以浏览各种样式，点击适合的花字样式并点击右侧"√"图标，即可应用样式，如图5-37所示，长按花字样式可收藏样式，此时花字样式左上角将显示"★"标记，如图5-38所示。

图5-37　选择花字样式　　　　　　　　图5-38　收藏花字样式

（4）步骤4：在查找花字样式时，可以先点击花字样式的分类标签，如点击"黑白"标签。选择好花字样式后，则单击该样式，如图5-39所示。用户还可以点击左侧的"搜索"图标，搜索相关样式，如图5-40所示。例如搜索"空心""图案"等，此处搜索带图案的花字字样，如图5-41。

3. 添加文本动画

剪映中，还可以为文本添加入场动画、出场动画和循环动画，操作方法如下。

（1）步骤1：为文本"川式美味火锅"设置文本动画，点击"动画"标签，如图5-42所示。

（2）步骤2：点击"入场"标签，选择"打字机I"动画样式，然后拖动底部滑块调整动画时长，如图5-43所示

（3）步骤3：点击"出场"标签，选择"渐隐"动画样式，然后拖动底部滑块调整动画时长，如图5-44所示。

图5-39　选择花样字式分类　　　图5-40　搜索花样样式　　　图5-41　搜索带图案的样式

图5-42　设置文本动画　　　图5-43选择文本入场动画

（4）步骤4：在文本轨道上调整文本素材时长，如图5-45所示。

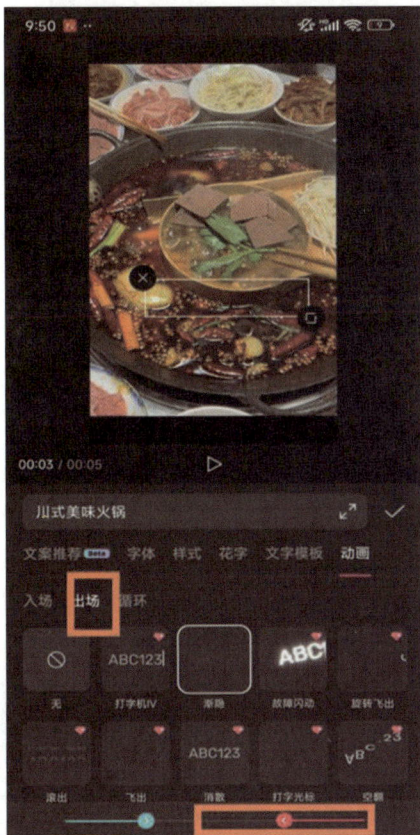

图5-44　添加出场动画　　　　　　　　图5-45　调整文本时长

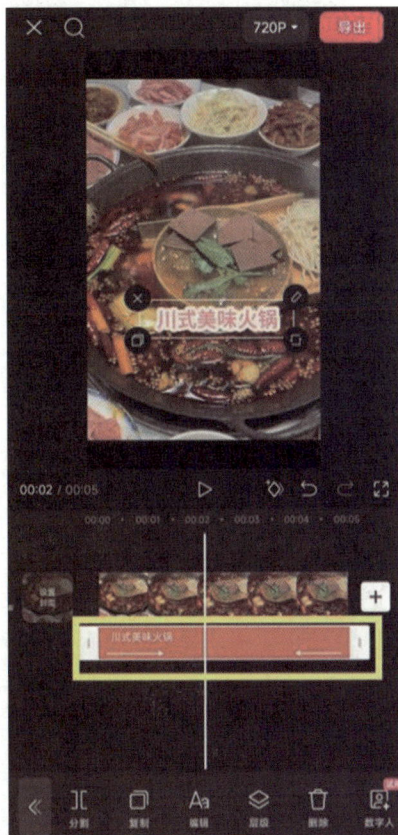

（5）步骤5：返回一级工具栏，将时间指针定位到文本素材的初始位置，点击"音频"按钮，然后点击"音效"按钮，如图5-46所示。在弹出的界面中搜索"弹簧"，找到要使用的音效后点击"使用"按钮，如图5-47所示。

4.自动识别字幕

使用剪映的文字识别功能可以将短视频中的人声或背景音乐中的歌词自动识别为字幕，避免逐句输入的麻烦。识别人声字幕和歌词字幕的具体操作方法如下。

（1）步骤1：导入带有人声的短视频素材，在工具栏中点击"文本"按钮，然后点击"识别字幕"按钮，如图5-48所示。

（2）步骤2：选择识别类型，此处选择"仅视频"类型，点击"开始识别"按钮，如图5-49所示；若要对录音进行识别，可选择"所有"类型，如图5-50所示。

图5-46 选择文本音效

图5-47 使用"弹簧"音效

图5-48 点击"识别字幕"

图5-49 选择"仅视频"

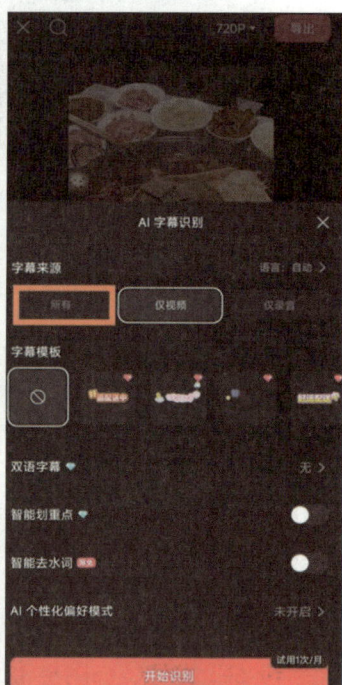

图5-50 选择"所有"

（3）步骤3：查看自动识别的字幕，选中字幕，点击"编辑字幕"按钮，如图5-51所示。

（4）步骤4：在弹出的界面中对自动识别的字幕进行编辑，点击文本即可快速跳转到相应的位置，对文本进行编辑，如修改错字等，如图5-52所示。

图5-51　点击"编辑字幕"

图5-52　批量编辑字幕

（5）步骤5：选中文本，点击"样式"按钮，在弹出的对话框中设置字体格式为"梅雨煎茶"，如图5-53所示；然后选择所需的花字样式，如图5-54所示；编辑一个字幕的字体格式、花字样式或位置等，即可将其应用到所有字幕中。

图5-53　选择字体格式

图5-54　选择文本花字

（6）步骤6：在文本样式中可以给字幕添加文本动画（入场、出场等动画）。点击"样式"按钮，为识别的字幕添加动画，如图5-55所示。此处入场动画为"卡拉OK"，如图5-56所示，出场动画为"溶解"，并修改动画时长，如图5-57所示。

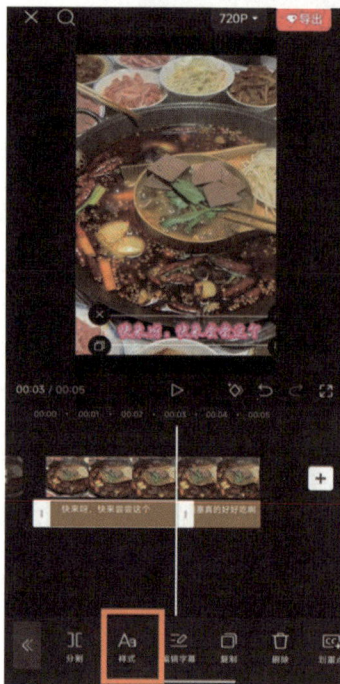

图5-55　点击"样式"　　　　图5-56　选择入场动画　　　　图5-57　选择出场动画

三、任务实践

请同学们根据本任务所学内容，自行剪辑一段短视频，为该短视频添加字幕，设置字幕花字、动画等。

关键操作提示：根据短视频的内容选择合适的字幕类型，注意字幕出现在短视频中的时间节点及持续的时长，设置字幕动画时也需要考虑字幕所表现的短视频效果。

任务四　添加贴纸

一、任务导入

短视频中，我们还可以添加另一种元素，来增强短视频的画面效果，那就是贴纸。在视觉层面上，萌趣、个性的贴纸图案可以让画面更吸睛，同时动态表情的贴纸还可以强化情绪氛围，提升画面的丰富度。在信息层面上，贴纸也能辅助传递内容，如文字贴纸标注重点、箭头贴纸引导视线，让信息更加直观。此外，在风格塑造上，不同的贴纸风格（如潮酷、治愈系等）可强化账号辨识度，且蹭热门贴纸能借平台流量机制提升短视频的曝光度。为了增强"川式美味火锅"短视频的画面效果，小王和助理需要为前期拍摄的素材添加贴纸。

那么，如何在短视频中添加贴纸呢？让我们就一起来探索学习。

二、知识准备

（一）贴纸

短视频贴纸是短视频编辑中常用的一种装饰元素，它可以是图片、文字、动画等形式，用户可以根据个人喜好和短视频内容，选择合适的贴纸添加到短视频中。

（二）贴纸的添加

1.添加内置贴纸

剪映中内置了丰富的贴纸，并对贴纸做了详细的分类，如"表情""遮挡""爱心""闪闪"等，用户可以通过搜索关键词(如"表情包"等)找到相应的贴纸。添加内置贴纸的具体操作方法如下。

（1）步骤1：在剪映App中打开前面添加了字幕的短视频素材，将时间指针定位到要添加贴纸的位置，在工具栏中点击"贴纸"按钮，如图5-58所示。

（2）步骤2：在弹出的界面中点击"情绪"标签，选中要添加的贴纸，长按贴纸，可以收藏或取消收藏贴纸，如图5-59所示。

（3）步骤3：在预览区域中调整贴纸的大小和位置，在贴纸轨道上调整贴纸的时长，使其与相应的文本轨道对齐，如图5-60所示。

我们还可以对选中的贴纸，添加"动画""层次"等效果，使短视频画面更加丰富。

图5-58　选择贴纸

图5-59 选定贴纸类别

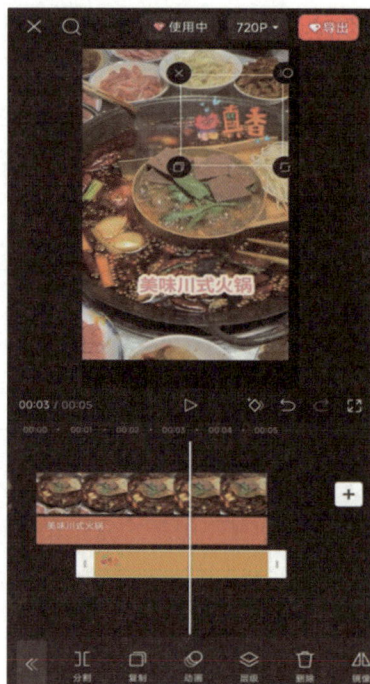

图5-60 调整贴纸位置与时长

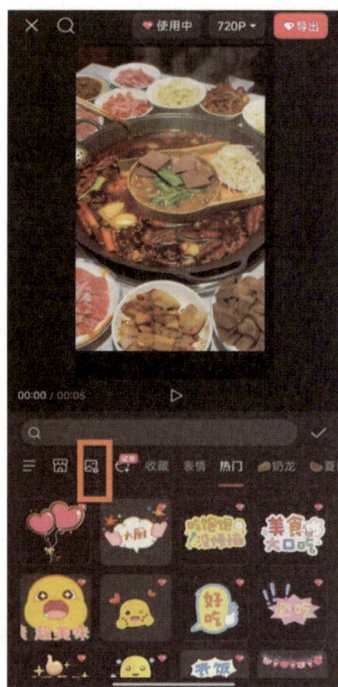

图5-61 点击"自定义贴纸"

2.添加自定义贴纸

如果剪映内置的贴纸不能满足创作需求，用户可以将自己设计的贴纸图片添加到短视频中。例如，在"川式美味火锅"短视频中添加"欢迎品尝"贴纸，具体步骤如下。

（1）步骤1：将时间指针定位到要添加贴纸的位置，点击"贴纸"按钮，在"搜索"栏下方点击"自定义贴纸"图标，如图5-61所示。

（2）步骤2：在弹出的界面中选择相册中保存的"欢迎品尝"图片，即可将图片添加到短视频画面中。调整图片的大小和旋转角度，然后在文本轨道上调整贴纸的时长，如图5-62所示。

（3）步骤3：选中贴纸，点击"动画"按钮，在弹出的界面中点击"入场动画"标签，选择"旋入"动画，拖动滑块调整动画时长，最后点击右下角"√"图标即可完成设置，如图5-63所示。

图5-62　调整贴纸大小及位置　　图5-63　设置贴纸入场动画

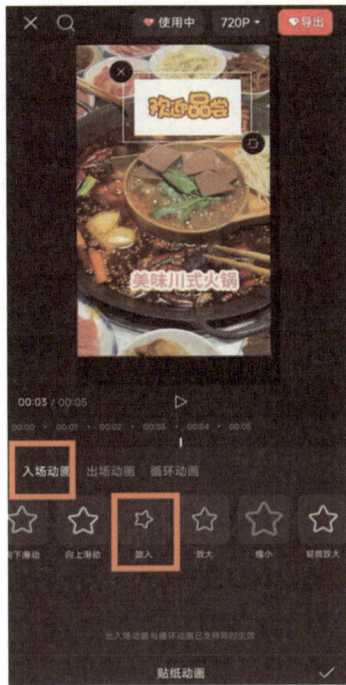

三、任务实践

请同学们根据本任务所学内容，剪辑一段短视频，并为短视频添加合适的贴纸，达到为短视频添彩的效果。

关键操作提示：根据短视频的内容选择合适的贴纸，注意贴纸出现在短视频中的时间节点及持续的时长，设置贴纸动画时也需要考虑贴纸所呈现的短视频效果。

在抖音平台
发布短视频

思政园地

我们在为短视频添加字幕、音频、动画、贴纸等相关元素时，一定要积极向上，符合平台基本要求，达到短视频所想表达的效果，具体要求如下。

在内容设计上，以社会主义核心价值观为导向，可聚焦基层奋斗者、传统文化传承、科技创新突破等正能量题材；字幕提炼精神内核，用简洁有力的文字突出人物的奉献精神、传统文化蕴含的哲理等；音频优先选用积极向上、契合主题的配乐或音效，强化情感共鸣，避免使用低俗、消极的背景音乐。

在创作过程中，动画与贴纸的运用应注重文化性和教育性。同时，在字幕排版和动画特效上，遵循简洁美观原则，避免过度堆砌元素干扰内容表达，确保信息传递清晰流畅。

短视频在创作中要树立责任意识，将个人成长与社会发展相融合，激发创作热情。在创作中讲好中国故事，为短视频行业注入更多积极向上的力量，推动行业高质量发展。

项目六　短视频（剪映）的后期制作

项目背景

　　截至2024年12月，我国短视频用户规模已突破10亿，短视频应用人均单日使用时长达到156分钟。然而，短视频内容的同质化与技术门槛之间的矛盾日益突出。尽管剪映的全球月活用户已超8亿，普通短视频创作者仍面临专业工具功能冗余、简易软件特效不足的困境。

　　以抖音为例，在其"三率加权"模型中，完播率的权重高达60%，这迫使短视频创作者通过视觉技术吸引用户关注。其中，调色决定的情绪基调和关键帧控制的节奏张力，已成为突破40%完播率阈值的核心变量。相关市场调研数据显示，73%的短视频创作者因缺乏专业后期剪辑能力，导致优质短视频素材转化率不足30%，形成了"拍摄易、出彩难"的行业痛点。

　　面对当前的行业痛点，短视频创作者必须积极探索解决方案，如通过构建调色系统形成视觉记忆，利用画中画技术实现时空折叠叙事，依托关键帧强化节奏层次，借助蒙版技术完成创意转场等，从而剪辑出更吸引用户眼球的短视频。

学习目标

◇ 素养目标

　　1.培养画面审美能力，通过技术手段精准传达与内容主题相契合的情绪和风格。

　　2.构建逻辑化剪辑思维，合理运用技术手段，提升信息传递效率和目标受众的沉浸式体验感。

　　3.强化创新意识，在技术框架内积极探索独特的视觉表达方式，增强短视频作品的辨识度。

◇ **知识目标**

1. 掌握短视频调色的基础原理，包括调色技巧与原则，熟悉不同模式的调色方法。

2. 理解画中画的叙事功能，领悟多层画面叠加在信息传递和时空表达中的重要性。

3. 明确关键帧的功能及应用场景，掌握其在动画、转场、特效中的时间轴控制原理。

4. 了解蒙版的种类及其遮罩逻辑，掌握其在画面合成和创意转场中的应用原理。

◇ **能力目标**

1. 能够独立完成短视频调色，运用专业工具调整参数，实现风格化的视觉效果；熟练掌握关键帧技术，制作动态特效，如画面缩放和位移动画。

2. 灵活设计画中画布局，通过层级调整，增强画面的层次感；精通蒙版技术，完成局部遮罩、渐显渐隐等创意转场效果。

3. 结合内容需求，综合运用剪辑技术，策划高效剪辑方案，提升短视频的叙事节奏和视觉吸引力。

工作场景与要求

为了更有效地宣传家乡并推广当地特色农产品，小张同学及其项目组已圆满完成了前期短视频素材的拍摄工作，即将全身心投入短视频的后期剪辑制作。他们期望通过精心的打磨，呈现出高质量的画质和令人耳目一新的观感体验，使这些宣传当地特色农产品的短视频切实发挥推广作用，助力家乡优质农产品被更多人了解。

在接下来的短视频剪辑过程中，小张同学及其项目组将运用剪映等工具，在后期制作中为短视频进行调色，并添加画中画、关键帧、蒙版等专业技术，使短视频摆脱千篇一律的同质化表现，呈现出独特的视觉魅力，从而吸引目标受众关注，进一步提升短视频的宣传效果。

任务一　短视频调色

剪映的基本
剪辑流程

一、任务导入

在短视频迅猛发展的今天，短视频内容的视觉呈现成为吸引用户关注的关键要素之一。色彩作为视觉艺术的核心组成部分，不仅传递着图像的基本信息，更承载着情感与氛围的营造。因此，短视频调色不仅是技术操作，更是艺术创作的体现。通过精心调色，我们可以让短视频更加生动、吸引人，使用户能在第一时间被短视频的色彩与氛围吸引，进而沉浸其中，感受短视频所传达的故事与情感。

在短视频创作的过程中，调色不仅是后期制作的必要环节，更是提升短视频质量、塑造品牌风格的重要手段。掌握调色技巧，不仅能够帮助短视频创作者修正拍摄时的色彩偏差，还能通过色彩的运用强化短视频主题，引发用户的情感共鸣。

因此，下面将深入探讨短视频调色的核心理论与实操技巧，帮助大家更好地理解并运用调色这一艺术工具。

二、知识准备

短视频调色

（一）调色的基本概念与重要性

调色，即通过技术手段调整短视频画面的色彩属性，包括但不限于色温、色调、亮度、对比度及饱和度等，以达到预期的视觉效果与强化情感表达。在短视频领域，调色的重要性不言而喻。它不仅能够修正拍摄时的色彩偏差，增强画面的真实感，还能通过巧妙的色彩搭配和光影处理，营造独特的视觉氛围，提升短视频的艺术表现力和促进用户产生情感共鸣。

（二）调色技巧与原则

在调色过程中，调色师需要遵循一定的技巧与原则，以确保调色效果的优化。

1.统一性原则

统一性原则是调色中的基石，它要求短视频的整体色调应保持一致性，以营造和谐统一的视觉氛围。这不仅包括整个短视频序列中不同场景之间的色调统一，还包括单个场景内各元素色调的协调。为实现这一目标，调色师首先需要确定一个主色调作为基调，该色调应紧密围绕短视频的主题和情感核心。例如，在讲述一段关于自然风光的旅行短视频中，若主题强调宁静与和谐，可选择温暖而柔和的色调作为基调，确保从日出到日落，无论是山川湖海还是人文景观，都能呈现出一致而和谐的视觉效果。

为了实现色调的统一，调色师还需要关注色彩的过渡与衔接，确保场景转换时色彩变化自然流畅，避免突兀或不和谐的色彩跳跃。这要求调色师具备敏锐的色彩感知能力和熟练的调色技巧，以精准控制每一个色彩参数的变化。

2.情感共鸣原则

情感共鸣原则是调色中的灵魂所在。它强调通过色彩的运用激发用户的情感共鸣，使用户在观看短视频的过程中能够深刻感受到短视频所传递的情感与主题。为实现这一目标，调色师需要深入理解短视频内容及其背后的情感内核，巧妙运用色彩的心理效应来强化情感表达。

例如，在一段讲述亲情的短视频中，通过温暖而柔和的色调来营造家庭的温馨与幸福；在讲述坚韧不拔奋斗历程的励志故事短视频中，则可采用明亮而有力的色彩来激发用户的激情与斗志。此外，色彩的变化与节奏也应与短视频的情感走向相契合，使用户的情感随着色彩的变化而起伏跌宕，从而达到情感共鸣的效果。

3.适度调整原则

适度调整原则是调色中的关键法则。它要求调色师在调整色彩参数时保持克制与平衡，避免过度处理导致画面失真或产生不自然的效果。这包括色温、色调、亮度、对比度和饱和度等各个方面的调整。

具体而言，调色师应根据短视频的实际需要和目标效果来设定合理的调整范围，并在实际操作中不断观察与对比调整前后的画面效果。色温的调整应避免过于偏暖或偏冷；色调的调整应确保画面整体色彩和谐统一；亮度和对比度的调整则需要根据画面的明暗分布和细节表现来确定合适的参数；饱和度的调整则需要注意保持色彩的鲜艳度与真实感之间的平衡。

通过遵循适度调整原则，调色师能够确保短视频画面在保持真实感和自然感的同时呈现出最佳的视觉效果和艺术表现力。

4.自然还原原则

自然还原原则是调色中的基本准则之一。它强调在调色过程中应尽可能还原画面的真实色彩和光影效果以展现出被摄主体本身的质感和空间感。这要求调色师在调整色彩参数时保持客观与真实的态度，避免过度美化或夸张处理导致画面失真。

为实现自然还原效果，调色师需要熟悉不同光照条件下的色彩变化规律，掌握正确的曝光和白平衡调整方法。同时调色师还应关注画面的明暗对比和色彩过渡，确保色彩层次丰富、细节清晰可辨。在处理高光和阴影部分时也需要注意保持自然的光影效果，避免出现过曝或欠曝的情况。

通过遵循自然还原原则，调色师能够呈现出更加真实、生动且具有立体感的画面效果，使用户能够身临其境地感受短视频所展现的场景与氛围。同时这也有助于提升短视频的可信度和观赏性，增强用户的代入感和沉浸感。

（三）调色工具详解（以剪映为例）

剪映作为一款功能强大的短视频编辑软件，内置了丰富的调色工具，为用户提供了便捷高效的调色体验。以下是对部分关键工序的详细解读。

剪映的色彩调节主要分为基础、HSL、曲线及色轮四种模式，每种模式都有其独特的功能和应用场景。

1. 基础模式

剪映当中的基础模式又可分为智能调色、LUT调色及调节调色。

1）智能调色

在剪映的基础调色模式中，智能调色功能是一种非常实用的工具，它能够帮助用户快速优化短视频的色彩表现，使画面更加生动和吸引人。智能调色功能通过内置的算法分析短视频画面的色彩分布和亮度信息，自动调整色彩平衡、对比度和饱和度等参数，以达到更自然、更吸引人的视觉效果。用户无须手动调整复杂的色彩参数，只需一键应用，即可显著提升短视频的色彩质量，通过左右拖动智能调色功能下方的"强度"功能滑块，可使画面颜色的变化增强或减弱（图6-1）。

图6-1　剪映画面智能调色

2）LUT调色

在剪映软件中，LUT（look-up table，查找表）调色功能是一种强大的色彩调整工具，它允许用户通过加载预设的LUT文件来快速改变短视频的色彩风格，实现独特的视觉效果。LUT是一种用于映射图像色彩的技术，通过读取原始图像的颜色值，并在查找表中查找对应的输出颜色值来实现色彩转换。在短视频编辑中，使用LUT可以快速应用特定的色彩风格（图6-2），而无须手动调整每个色彩参数。

图6-2　剪映画面LUT调色

（1）LUT调色功能的特点。

①快速应用：LUT文件通常包含了一套完整的色彩映射规则，用户只需选择相应的LUT文件并应用，即可快速改变短视频的色彩风格。

②风格多样：市场上有许多专业的LUT文件可供下载，涵盖了从电影胶片风格到现代数字色彩风格的多种选择，用户可以根据需求选择适合的LUT文件。

③灵活调整：虽然LUT可以快速应用色彩风格，但用户仍然可以在应用LUT后继续手动调整亮度、对比度、饱和度等参数，以达到更精细的色彩控制。

（2）使用LUT调色的注意事项。

①兼容性：确保下载的LUT文件与剪映软件兼容。不同版本的软件可能对LUT文件的格式或编码有不同的要求。

②备份原始素材：在应用LUT之前，建议备份原始短视频素材，以便在需要时可以恢复到原始色彩状态。

③预览效果：在应用LUT之前，务必预览调色效果，以确保它符合预期。LUT文件

可能会对短视频的色彩产生显著影响，因此需要仔细选择和调整。

④ 创意与技术的结合：虽然LUT提供了一种快速改变色彩风格的方法，但最终的调色效果仍然需要用户结合创意和技术进行调整和优化。

3）调节调色

调节调色即我们常说的手动调色，我们可通过手动调节色温、色调、饱和度、亮度、对比度、高光、阴影、白色与黑色、光感等参数来改变短视频画面的颜色表现（图6-3）。

图6-3　剪映画面调节调色

（1）色温：描述光源颜色的物理量，单位是开尔文（K）。在短视频编辑中，色温调整用来改变短视频画面的冷暖色调。较低的色温值（如2700K～3000K）会使画面呈现暖色调，如黄昏或烛光的温暖感觉；较高的色温值（如5500K～6500K）则会让画面显得冷峻，如晴朗的白天或明亮的荧光灯环境。通过调整色温，可以有效地营造出不同的氛围和强化情感表达。在剪映中，用户可以通过左右滑动色温滑块来调整画面的冷暖感。向右滑动滑块，色温调节参数增加，画面变暖；向左滑动，色温调节参数减少，画面变冷。

（2）色调：颜色的特定色相，它定义了颜色的基本属性，如红、黄、绿、蓝等。在短视频调色中，色调调整用于微调画面的整体颜色倾向，使画面看起来更加和谐或强调某种特定的色彩效果。例如，增加红色色调可以让画面看起来更加温暖和富有激情，而增加蓝色色调则能营造出冷静和专业的氛围。在剪映中，用户可以通过滑动色调滑块来改变画面色调。

（3）饱和度：描述色彩的鲜艳程度。在短视频编辑中，调整饱和度可以改变画面颜色的强度。高饱和度会使颜色更加鲜明和生动，适合表现活泼、鲜艳的场景；而低饱和度则会使颜色变得柔和，减少颜色的冲击力，适用于营造温馨、复古或低调的氛围。在剪映中，用户可以通过滑动饱和度滑块来调整画面的颜色鲜艳程度。向右滑动增加饱和度，画面颜色变得更加鲜艳；向左滑动减少饱和度，画面颜色则变得柔和。

（4）亮度：描述图像明亮程度的物理量。在短视频编辑中，亮度调整直接影响画面的整体光照水平。增加亮度可以使画面看起来更加明亮，减少亮度则会使画面变暗，呈现出不同的视觉效果。在剪映中，用户可以通过滑动亮度滑块来直接调整画面的亮度水平。向右滑动增加亮度，画面变亮；向左滑动则减少亮度，画面变暗。

（5）对比度：描述图像中最亮部分与最暗部分差异程度的物理量。在短视频编辑中，对比度调整用于增强或减弱画面中的明暗对比，从而影响画面的层次感和细节表现。高对比度使画面中的明暗对比更加鲜明，细节更加突出；低对比度则使画面显得柔和，减少明暗差异。在剪映中，用户可以通过滑动对比度滑块来调整画面的对比度水平。向右滑动增加对比度，向左滑动则减少对比度。

（6）高光：描述在短视频的单帧图像中最亮的区域。在短视频编辑中，高光调整用于控制这些高亮区域的亮度，以防止过曝并保持细节。适当的高光调整可以使画面中的明亮部分更加自然，避免信息丢失。在剪映中，用户可以通过滑动高光滑块来调整画面中高亮部分的亮度。向右滑动可能增加高光亮度（需要注意避免过曝），向左滑动则减少高光亮度，保留更多细节。

（7）阴影：描述在短视频的单帧图像中最暗的区域。在短视频编辑中，阴影调整用于增加暗部区域的亮度，以改善暗部细节的表现。通过调整阴影，可以使画面中的暗部区域更加清晰可辨，避免过度黑暗。在剪映中，用户可以通过滑动阴影滑块来调整画面中阴影部分的亮度。向右滑动增加阴影亮度，向左滑动则减少阴影亮度。

（8）白色与黑色：白色与黑色调整分别控制画面中最亮（白色）和最暗（黑色）部分的亮度级别。白色调整影响画面中白色区域的亮度，而黑色调整则影响画面中黑色区域的亮度。这两个参数允许用户进一步细化画面的亮度分布，以实现更精确的曝光控制。在剪映中，用户可以通过分别调整白色与黑色滑块来控制画面中最亮和最暗部分的亮度水平。

（9）光感：一个综合性的亮度调整参数，旨在通过调整画面的整体光照效果来增强或减弱画面的自然感。光感调整不仅影响画面的亮度水平，还考虑到了中间调和暗部细节的表现，使得调整后的画面更加自然和谐。在剪映中，用户可以通过滑动光感滑块来微调画面的整体光照效果，以达到所需的视觉效果。

2.HSL 模式

HSL 是色彩理论当中色彩三要素的首字母缩写，H 代表色相（hue），S 代表饱和度（saturation），L代表亮度（lightness）。在剪映中，HSL调色是一种强大的色彩调整工具，它允许用户针对画面中的不同颜色进行精细的色相、饱和度和亮度的调整。

在HSL调色模式当中，HSL调色面板的上方会给用户列出红、橙、黄、绿、青、蓝、紫、洋红八种颜色，用户可以根据需要来选择想要调整的颜色。对于选中的颜色，用户可以通过滑动颜色点下方的色相、饱和度和亮度滑块来调整其色相、饱和度和亮度。色相滑块用于改变颜色的种类；饱和度滑块用于调节颜色的鲜艳程度；亮度滑块则用于控制颜色的明暗程度（图6-4）。在调整过程中，用户可以实时预览画面的变化效果。根据预览效果，用户可以进一步微调HSL参数，以达到理想的色彩效果。

图6-4　剪映画面HSL调色

需要说明的是，在调整HSL参数时，要注意避免过度调整，从而导致画面色彩失真或不自然。特别是在调整色相时，要注意保持画面整体色调的和谐统一。

在调整饱和度和亮度时，要特别关注画面中的主体色彩。通过适当提高主体色彩的饱和度和亮度，可以使其更加突出和引人注意。

3.曲线模式

在剪映中，曲线调色是一种通过调整色彩曲线来改变短视频画面色彩表现的高级调色方法。调色曲线通常包括亮度曲线以及红、绿、蓝（RGB）三个颜色通道的曲线。这些曲线允许用户以非线性的方式精确控制画面的明暗对比和色彩平衡。

在调色曲线所在的坐标轴中有横轴与纵轴两部分，其中，横轴通常代表画面中的亮度值或颜色成分的原始状态，纵轴代表画面中的亮度值或颜色成分调整后的状态。

1）亮度曲线

在亮度曲线中（图6-5），横轴从左到右，纵轴从下到上表示画面从暗到亮的亮度范围。最左侧代表当前画面的最暗部分（接近黑色），最右侧代表当前画面的最亮部分（接近白色）。横轴表示调整前的亮度值，纵轴表示调整后的亮度值。当用户上移或右移曲线上的任意一点时，对应亮度范围的画面会变亮；当用户下移或左移曲线上的任意一点时，对应亮度范围的画面会变暗。

图6-5　剪映画面亮度曲线调节

这里需要注意亮度曲线的调整技巧，具体如下。

（1）整体亮度调整：通过整体上移或下移亮度曲线，可以快速增加或减少画面的整体亮度。但需要注意保持曲线的平滑过渡，避免产生不自然的亮度跳跃。

（2）对比度调整：要提高画面的对比度，可以在亮度曲线的暗部区域稍微下拉（但不过度），同时在亮部区域稍微上拉（图6-6）。这样可以使暗部更暗、亮部更亮，增加画面的层次感。

（3）细节保留：在调整亮度曲线时，要特别注意保留画面的细节信息。避免过度拉伸曲线导致暗部或亮部细节丢失。

图6-6　剪映画面的对比度调整

2）RGB曲线

在红、绿、蓝三个颜色通道的曲线中（图6-7），横轴同样表示最初的颜色强度或饱和度。纵轴表示调整后的颜色强度或饱和度。上移曲线上的点会增加对应颜色成分的饱和度，使颜色更加鲜艳；下移曲线上的点则会减少对应颜色成分的饱和度，使颜色更加暗淡或偏向其互补色（互补色指的是在色相环中相对夹角为180°的两种颜色）。

图6-7　剪映画面的RGB曲线

这里需要注意RGB曲线的调整技巧，具体如下。

（1）单通道调整：针对红色、绿色、蓝色三个颜色通道进行单独调整时，可以根据需要上移或下移曲线上的点来改变特定颜色的饱和度或偏向其互补色。

（2）多通道协同调整：由于画面中的色彩往往由多种颜色叠加而成，因此在进行色彩校正时通常需要同时调整多个颜色通道。通过协同调整RGB曲线三个通道可以实现更加精确和丰富的画面色彩效果。

调色师还可以在亮度曲线和RGB曲线上通过添加控制点的方式实现对特定亮度或色彩区域的精确调节。用户可以根据需要在曲线上任意位置单击鼠标左键来添加多个控制点，并通过移动这些点的位置或改变其曲率来微调画面的色彩表现。这种方法特别适用于处理复杂场景或需要精细调整的画面。

4.色轮模式

剪映调色模式中的色轮调色（图6-8）是一种功能丰富且操作直观的工具，色轮调色基于色彩理论体系当中色环的概念，这是一个在色彩理论中广泛使用的工具，用于表示和理解颜色之间的关系。在剪映中，色轮调色为用户提供了一个直观的界面，让用户能够轻松地通过调整色轮来改变短视频画面的色相、饱和度、亮度等关键参数，以达到理想的色彩效果。

图6-8　剪映画面色轮调色

色轮调色模式又可细分为一级色轮及log色轮。一级色轮包含暗部、中灰、亮部与偏移四个色轮；log色轮包含阴影、中间调、高光及偏移四个色轮。其中，暗部色轮与阴影色轮相对应；中灰色轮与中间调色轮相对应，亮部色轮与高光色轮相对应，每一个色轮都负责控制短视频画面中对应的颜色区域范围。

1）暗部（阴影）色轮

暗部（阴影）色轮主要用于控制短视频画面中较暗区域的色相、亮度及饱和度。通过调整暗部色轮，用户可以改变暗部区域的色相、亮度及饱和度，从而使画面中的阴影部分呈现出更加自然或富有表现力的色彩效果。例如，在暗部区域增加红色成分，可以使阴影部分显得更加温暖；减少亮度，则可以使暗部区域更加深邃。

2）中灰（中间调）色轮

中灰（中间调）色轮负责调整短视频画面中中等亮度区域的色相、亮度及饱和度。这一区域通常包含画面中的大部分细节和主体对象，因此中灰（中间调）色轮的调整对画面的整体效果有着至关重要的影响。通过调整中灰（中间调）色轮，用户可以平衡画面的色彩分布，使主体对象更加突出或融入背景。

3）亮部（高光）色轮

亮部（高光）色轮负责调整短视频画面中较亮区域的色相、亮度及饱和度。通过调整亮部色轮，用户可以改变高光部分的色相、亮度及饱和度，从而避免过曝或使高光部分呈现出更加细腻的色彩层次。亮部调整对于保持画面的整体亮度和色彩平衡至关重要。

4）偏移色轮

偏移色轮是一级色轮中的一个特殊功能，它允许用户对整个画面的色相进行整体性的偏移调整。通过调整偏移参数，用户可以改变画面所有颜色的色相，实现整体色调的转变。偏移调整通常用于快速改变画面的冷暖色调或营造特定的色彩氛围。

每一个色轮由色相盘滑块、亮度滑块及饱和度滑块构成。

（1）色相盘滑块：通过拖动色相盘上的指针，可以改变短视频对应画面区域的整体色调。例如，将指针向红色区域移动会增加短视频中的红色成分，向蓝色区域移动则会增加蓝色成分。色相调整直接影响短视频颜色的基本属性。

（2）亮度滑块：位于色相盘滑块的右侧，主要用于控制短视频对应画面区域颜色的明暗程度。向下滑动减少亮度，短视频对应画面区域颜色会变暗；向上滑动增加亮度，短视频对应画面区域颜色则更加明亮。

（3）饱和度滑块：饱和度滑块位于色相盘滑块的左侧，主要用于控制短视频对应画面区域颜色的纯度和强度。向下滑动减少饱和度，短视频对应画面区域颜色会变得灰暗；向上滑动增加饱和度，短视频对应画面区域颜色则更加鲜艳。

三、任务实践

请同学们根据本任务所学内容，利用剪映的调色功能，对自己的短视频进行调色操作。

任务二 短视频中的画中画

一、任务导入

短视频中的画中画

在信息爆炸的时代，用户停留在某个短视频并观看的时间极为短暂，单一画面难以承载复杂信息。而画中画技术通过双屏或多屏叠加，成为破解"短时长、高信息量"难题的关键手段。在短视频创作中，画中画是提升短视频内容表现力的核心工具，通过多层视觉信息的叠加，使有限的屏幕空间能够承载更丰富的内容。它的出现不仅体现了短视频创作形式的革新，还显著增加了短视频内容的承载量。更重要的是，它使短视频创作者在较短的时间限制内，实现从"单向输出"到"多维沟通"的升级，成为短视频在激烈市场竞争中留住用户的核心策略之一。

因此，接下来将深入探讨短视频画中画的理论与实操技巧，帮助大家更好地理解并运用这一短视频创作形式。

二、知识准备

（一）画中画简介

1.画中画的概述

画中画是一种普遍应用的短视频内容呈现形式。它能够在单一短视频全屏播放的同时，在该短视频画面的某一小区域内同步播放另一个短视频，从而使得不同的短视频素材在同一画面中展示，营造出多视频同框的视觉效果。因此，要想实现画中画效果，至少需要两个短视频素材。画中画不仅能丰富短视频的信息含量，还能增强视觉层次感和趣味性，使用户在短时间内获取更丰富的内容信息，进而增强用户的观看体验感。目前，画中画已成为短视频领域中广泛采用的展示形式。

2. 画中画的类型

1）同景嵌套型

同景嵌套型是指在主画面的同一场景中，嵌入一个较小的与之相关的画面。比如，在一个旅游类短视频中，主画面是风景全貌，画中画是游客在该风景中的特写。

2）补充说明型

画中画的素材用于补充主画面的信息，其内容可能包括文字说明、图表、数据等。

3）对比展示型

同时展示两个相关却又有所区别的画面内容，如新旧产品的对比等。

4）多视角呈现型

主画面作为主视角，而画中画则呈现其他视角的画面，旨在提供更全面的场景信息。

5）关联情节型

画中画展示的内容与主画面的情节相关但发生在不同时间或空间。

（二）画中画功能操作

1. 添加画中画

在剪映软件的界面中，并没有直接的画中画操作按钮，而是通过轨道体系与素材导入，采用"主轨道＋附加轨道"的多层架构来实现画中画的功能（图6-9），主轨道素材默认占据全屏，画中画素材自动生成独立轨道，创建画中画的流程为点击主界面"开始创作"按钮（图6-10），选择主短视频素材，将主短视频素材拖动到非线性编辑区域中，再选择想要通过画中画呈现的子短视频素材或图片素材（从本地相册或剪映云空间中导入）。

2. 画中画的调整

1）大小及比例调整

用户可随意调整画中画的画面大小及比例，选中画中画素材后，预览窗口将显示锚点标记，先选中画面所在轨道层级，再单击鼠标左键并拖动锚点（图6-11）可自由调整画中画的画面大小及比例，此外，用户也可通过界面右侧的属性面板来调整画中画的画面大小及比例（图6-12）。

图6-9　多层架构的画中画轨道界面

图6-10　创建画中画

图 6-11　拖动锚点调整画中画的画面大小及比例

图 6-12　通过属性面板调整画中画的画面大小及比例

2）位置调整

用户若想改变画中画在主画面中的位置，可先选中画中画所在的轨道层级，再单击鼠标左键并持续按住画中画的画面将其拖动至合适位置，即可改变画中画的在主画面中的位置（图6-13）。同时，用户也可通过界面右侧的属性面板来调整画中画在主画面中的位置（图6-14）。

图6-13 拖动画面改变画中画在主画面中的位置

图6-14 通过属性面板调整画中画在主画面中的位置

3）画面角度调整

用户若想调整画中画的角度，使其呈现倾斜等效果，可通过点击并按住画中画素材画面下方的旋转标识按钮进行旋转操作，也可通过界面右侧的属性面板来调整画中画的角度（图6-15）。

图 6-15 调整画中画的角度

4）透明度调整

为了让画中画素材与主短视频素材呈现更佳的融合效果，用户可以调整画中画的透明度。在轨道层级点击画中画素材，在界面右侧的属性面板中找到"不透明度"滑块，向左拖动滑块，降低透明度，使画中画在视觉呈现上更加融入主短视频画面，不会显得过于突兀（图6-16）。

图 6-16 调整画中画的透明度

3. 画中画的混合模式

剪映还提供了多种混合模式供用户选择，如"正常""变亮""滤色"等。不同的混合模式会使画中画与主短视频呈现不同的融合效果，用户可以根据短视频的风格和想要呈现的效果来确定最适合的混合模式。

一般来说，画中画的混合模式常见的主要有以下几种。

1）正常模式

正常模式是最基础的混合模式，上层画中画素材直接覆盖在下层主轨道素材之上，完全按照画中画素材原本的颜色、透明度和位置呈现，如图6-17所示。其效果就如同将一张图片直接放在另一张图片上面，上层会遮挡下层的对应区域。

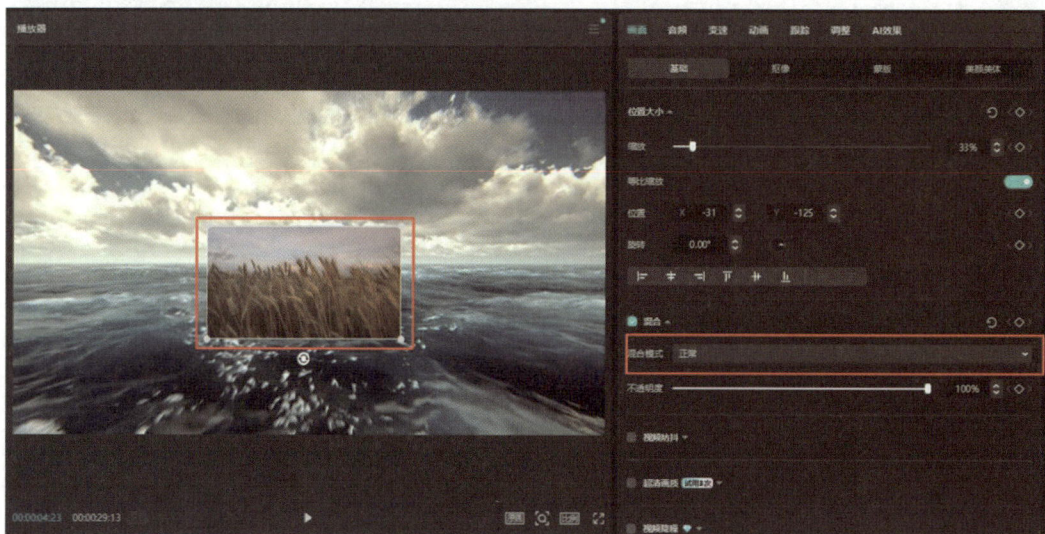

图6-17　画中画的"正常模式"

2）变亮模式

变亮模式是指系统会对比上下两层素材对应像素点的亮度值，取较亮的像素点来显示最终画面。如果画中画素材某像素点的亮度高于下层主轨道素材对应像素点的亮度，那么最终画面就显示画中画素材的该像素；否则显示下层主轨道素材的像素，如图6-18所示。变亮模式适用于需要突出画中画中较亮部分的内容，同时让画中画较暗部分融入主画面的场景。

3）滤色模式

通俗来讲，滤色模式会将两层素材中的黑色部分过滤掉（黑色反相后是白色，白色与任何颜色相乘仍为白色，再反相变回黑色），只保留亮色部分，如图6-19所示。因此，滤色模式适用于需要添加一些梦幻、发光效果元素到主短视频中的场景。

图 6-18　画中画的"变亮模式"

图 6-19　画中画的"滤色模式"

4）变暗模式

　　与变亮模式相反，变暗模式会对比上下两层素材对应像素点的亮度值，选取较暗的像素点来构成最终画面。若画中画素材某像素点的亮度低于下层主轨道素材对应像素点的亮度，最终画面就显示画中画素材的该像素；否则显示下层主轨道素材的像素，如图 6-20 所示。变暗模式适用于需要突出主轨道画面中较暗部分细节，同时让画中画较亮部分融入主画面的场景。

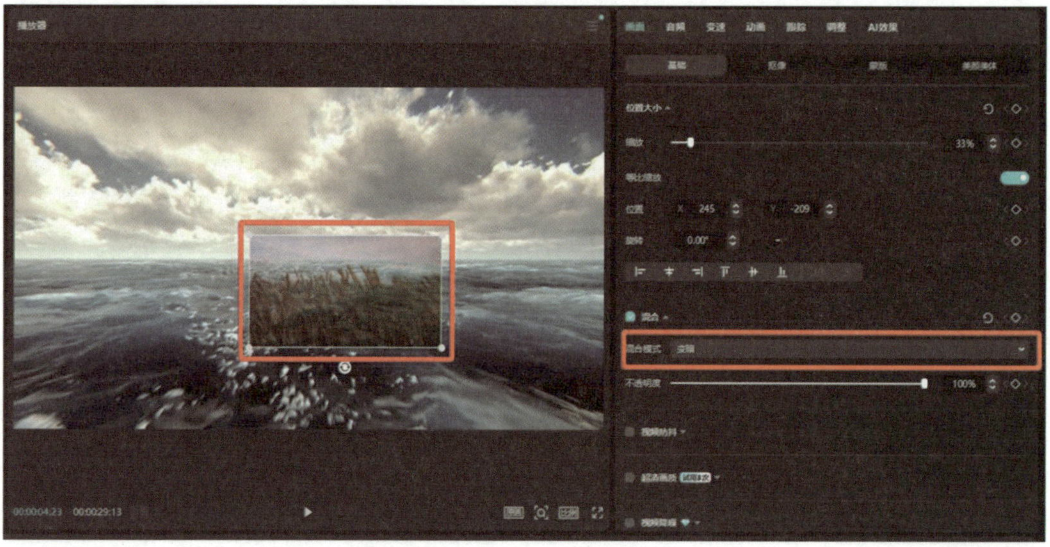

图6-20　画中画的"变暗模式"

5）叠加模式

叠加模式会根据下层主轨道素材的亮度来决定如何混合上层画中画素材。当主轨道素材较亮（灰度值大于50%）时，画中画素材会以类似"变亮"的方式与主轨道素材融合，增强画面的亮度和色彩饱和度；当主轨道素材较暗（灰度值小于50%）时，画中画素材则会以类似"变暗"的方式与主轨道素材融合，加深暗部颜色，如图6-21所示。叠加模式使得画面的亮部更亮，暗部更暗，从而增强了整体的明暗对比和色彩饱和度，常适用于需要突出产品细节或特写的场景。

图6-21　画中画的"叠加模式"

6）强光模式

强光模式同样依据下层主轨道素材的亮度来混合上层画中画素材。当主轨道素材较亮时，画中画素材以"滤色"的方式融合，使亮部更亮；当主轨道素材较暗时，画中画素材以"正片叠底"的方式融合，加深暗部，如图6-22所示。与叠加模式相比，强光模式的效果更为强烈，对画面的对比度和色彩饱和度改变更大。强光模式适用于需要创造强烈视觉冲击效果的场景。

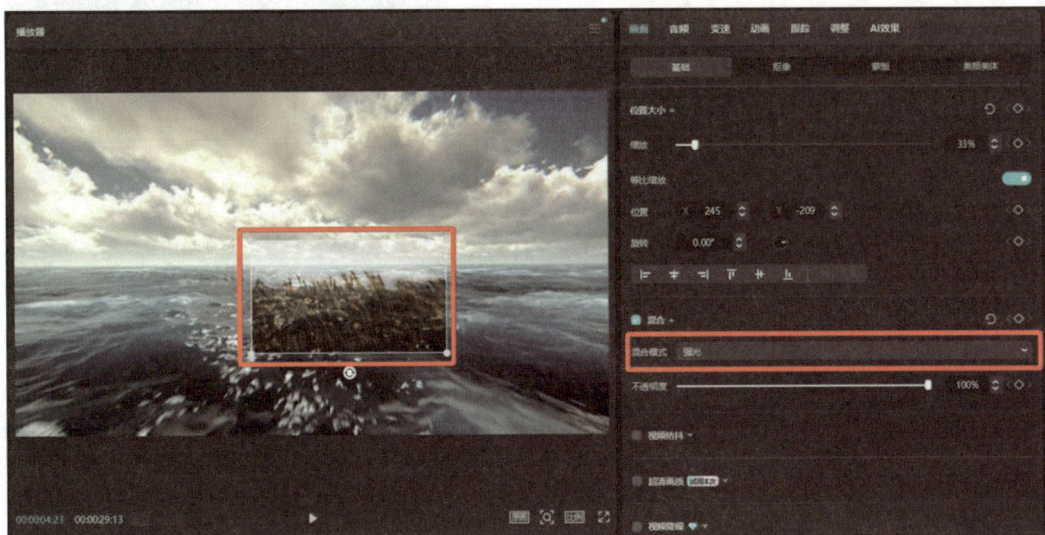

图6-22　画中画的"强光模式"

7）柔光模式

柔光模式会根据上层画中画素材的颜色来调整下层主轨道素材的亮度和对比度。如果画中画素材颜色较亮（灰度值大于50%），会使主轨道素材变亮；如果画中画素材颜色较暗（灰度值小于50%），会使主轨道素材变暗，如图6-23所示。但这种调整相对较为柔和，不会像强光模式那样产生过于强烈的效果。柔光模式常用于营造一些柔和、温馨的氛围或对画面进行轻微的色调调整。

4.设置画中画的动画效果

为了让画中画更加生动活泼，吸引用户眼球，剪映也支持为画中画添加各种动画效果，如图6-24所示。点击画中画素材，选择界面右侧属性面板的"动画"选项，这里有"入场""出场""组合"多种动画效果可供选择。比如，用户可以为画中画设置"渐显"的"入场"动画，使其渐渐出现，增加短视频的趣味性；或者设置"放大"的"入场"动画，让画中画在播放过程中逐渐放大，突出重点内容。此外，用户还可以对动画的"时长""速度"等参数进行调整，使动画效果更加自然流畅，与短视频的整体节奏相匹配。

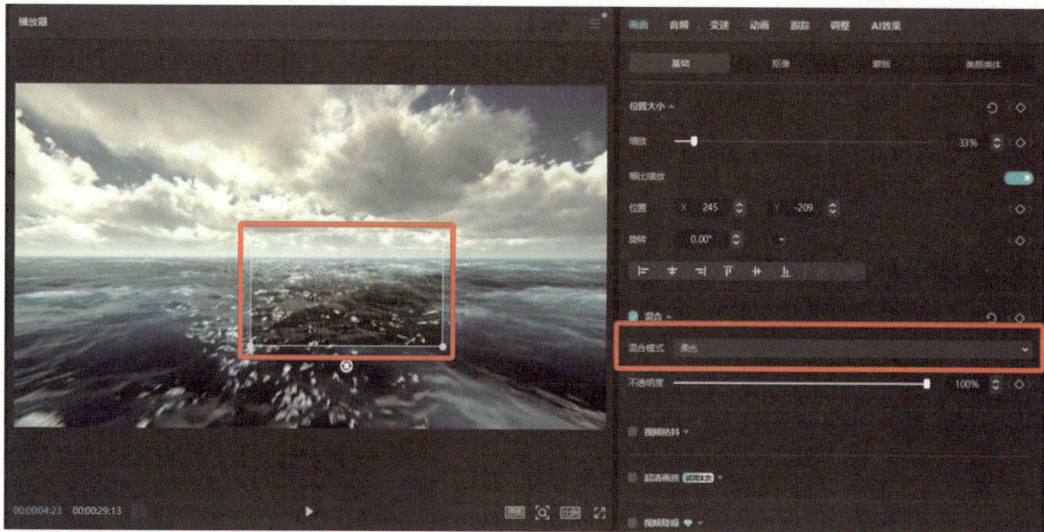

图6-23 画中画的"柔光模式"

图6-24 设置画中画的动画效果

5.设置画中画的关键帧

关键帧是剪映中实现动态效果的重要工具，在画中画功能中也同样适用。通过设置关键帧，用户可以让画中画在短视频播放过程中实现动态缩放、移动、旋转等效果，如图6-25所示。例如，用户想要制作一个画中画从画面左侧逐渐移动到右侧的效果，首先在时间轴上找到画中画开始的位置，并在右侧属性面板"位置"命令对应的关键帧开关按钮处单击鼠标左键，添加一个关键帧，此时记录下了画中画的初始位置；然后将时间指针拖动到主短视频中用户希望画中画移动到右侧的位置，再次在"位置"命令对应的关键帧开关按钮处单击鼠标左键，添加一个关键帧，并拖动画中画到画面右侧的目标位置。这样，在两个关键帧之间，画中画就会自动产生从左侧移动到右侧的动态效果。同样的方法，用户可以对画中画的"缩放""旋转"等命令添加关键帧，创造出更加丰富多样的动态视觉效果。

图6-25　设置画中画的关键帧

三、任务实践

为了提升短视频的表现张力，请同学们根据本任务所学内容，利用剪映为自己的短视频添加相关画中画素材，可以是同景嵌套型，也可以是补充说明型，抑或是多视角呈现型等各种类型，同时根据自己的短视频风格和想要呈现的画面效果，确定最适合的混合模式。

任务三　短视频中的关键帧

一、任务导入

短视频中的关键帧

在短视频日益流行的今天，后期制作成为提升短视频质量、吸引用户眼球的关键环节。其中，关键帧的应用是后期制作中不可或缺的一部分。它如同短视频的"魔法棒"，能够让静态的画面变得生动有趣，让过渡更加自然流畅，让重点信息更加突出。

想象一下，你正在制作一个介绍城市风光的短视频。如果只进行简单的剪辑和拼接操作，你的短视频作品可能会显得单调乏味。但是，如果你在短视频的某些关键时间点，比如日出、日落或者城市夜景时，使用关键帧来调整画面的色彩、亮度或者添加一些动态效果，比如让太阳从地平线缓缓升起，或者让城市的灯光在夜色中逐渐亮起，那么你的短视频作品就会立刻变得生动有趣，用户也会被深深吸引。关键帧还可以用于营造短视频的情绪和氛围。通过配合音乐节奏调整画面的速度、色彩等属性，你可以让用户更深入地感受到短视频所传达的情感和主题。

因此，掌握关键帧的应用技巧对于短视频制作来说至关重要。下面将带领大家深入了解关键帧的概念、作用及其在剪映中的具体应用方法。

二、知识准备

（一）关键帧的定义

关键帧，又称关键画面或关键格，是短视频剪辑中的一个核心概念。它指的是在特定时间点上的画面或对象属性，这些属性包括但不限于位置、大小、旋转角度、透明度、颜色、形状等。通过在不同时间点设置关键帧并调整这些属性，可以创建出平滑且富有创意的动画效果，或者实现特定的视觉变化。

在短视频剪辑的过程中，关键帧的作用尤为重要。它们如同短视频的"骨架"，支撑着整个短视频画面元素或音频元素效果的动态呈现。通过设置关键帧，用户可以控制画面中的元素如何随时间变化，从而实现各种动态效果。

（二）关键帧工具详解（以剪映为例）

在剪映中，用户在编辑短视频时，可以根据不同需求为短视频画面设置不同的关键帧，当用户把短视频素材导入剪映软件后，如果想让短视频画面呈现动态效果，可以在时间轴中先选中想要编辑的短视频素材，并将时间指针拖动到想让短视频画面开始运动的起始帧的位置（图6-26）。

在剪映软件界面的右侧，"画面"选项下的"基础"选项中，我们可以看到有若干个可供用户编辑的功能，如"缩放""位置""旋转""混合"等功能命令，并在这些功能命令的右侧可以看到一个菱形的标识，此即为关键帧的开关按钮（图6-27）。

此时，用户可以调整短视频画面的初始状态，例如，用户想让短视频画面由小及大匀速变化，那么，就可以在画面的首帧位置对画面先进行缩小的操作，并在"缩放"命令对应的关键帧开关按钮处单击鼠标左键（如图6-28）。

图 6-26　拖动时间指针

图 6-27　关键帧开关按钮

图6-28 单击"缩放"命令关键帧开关按钮

　　上述操作完成后，把时间指针向后拖动一定距离后，再把短视频画面用"缩放"命令进行放大操作，并在对应的关键帧开关按钮处单击鼠标左键（图6-29），此时播放短视频，短视频画面即会执行之前用户所设定的关键帧区间内进行匀速放大的指令。

图6-29 进行放大操作

短视频画面缩放的快慢主要取决于两个关键帧之间所间隔的时间长短，缩放比例相同的情况下，关键帧间隔时间越长，短视频画面缩放速度越慢；关键帧间隔时间越短，短视频画面缩放速度越快。如果用户想让短视频画面在缩放过程中缩放速度出现变化，则需要在两个关键帧之间至少再添加一个关键帧并调整缩放比例，操作步骤同之前一致，添加的关键帧数量越多，则短视频画面缩放的速度变化也就越丰富。

为了让短视频缩放画面有更强烈的视觉效果，用户也可以让短视频放大到一定程度之后，再次缩小一定比例，这样短视频画面所呈现出来的运动效果会更丰富，同时也会起到一定的强调效果。

此外，想让短视频画面呈现更加丰富的运动效果，用户还可以同时开启"缩放""旋转""不透明度"等参数对应的关键帧（图6-30）。这样短视频画面的运动效果会更丰富，所带来的视觉冲击力也会越强。"旋转""不透明度"等关键帧的操作方法与"缩放"命令一致，变化幅度相同的情况下，关键帧之间间隔越长，短视频画面变化越慢，关键帧之间间隔越短，短视频画面变化就越快。

图6-30　丰富短视频运动效果的不同参数关键帧

用户除了可以运用关键帧命令来控制短视频画面的运动效果外，还可以用关键帧来对音频元素的音量大小作出改变，其操作方法同短视频画面缩放的操作方法一致（如图6-31）。以此实现短视频在播放过程中，音频音量可以变大或变小的效果。

在剪映软件中，绝大多数特效参数的动态调整，也可以用编辑关键帧的方法来实现（图6-32）。

图6-31 用关键帧改变音频元素的音量大小

图6-32 编辑关键帧以进行特效参数的动态调整

以特效中的"花瓣环绕"为例，用户可以在剪映软件页面右侧的特效参数当中，利用关键帧的方法对"花瓣"的"大小""颜色""发光""速度"等参数进行动态调整。例如，用户想让特效出现一秒后花瓣变大、颜色变强、发光变强、速度变快，则用户可以先把时间指针拖动到想要特效刚开始出现的位置，并在参数面板当中把各项参数关键帧指令打开（图6-33），再把时间指针拖动到特效出现一秒后的位置，再在右侧参数面板中进行相应调节，并打开关键帧指令（图6-34）。此时播放短视频，短视频中的特效就会按照用户之前设置的关键帧进行相应的变化。

图6-33　打开各项参数关键帧指令

图6-34　调节右侧参数面板

三、任务实践

请同学们根据本任务所学内容，利用剪映软件为自己的短视频作品添加关键帧画面效果。

任务四　短视频中的蒙版

蒙版

一、任务导入

在短视频创作中，蒙版是一项既实用又富有创意的后期制作技巧。它不仅能够帮助我们实现短视频画面的叠加、融合，还能创造出独特的视觉效果，提升短视频的观赏性和专业度。

用户在制作短视频时，如果只是进行简单的剪辑和拼接操作，短视频可能会显得单调乏味。但是，如果用户在短视频的某些关键时间点，使用蒙版技巧将美丽的风景与有趣的人物互动相结合，那么该短视频的画面表现效果就会变得更加丰富。

下面将带领大家深入了解蒙版的基本原理和使用方法。通过学习和实践，你将能够熟练运用蒙版技巧为你的短视频作品增添更多创意与亮点，让你的作品在众多短视频中脱颖而出。

二、知识准备

关键帧、画中画、
蒙版功能的使用

（一）蒙版的定义与作用

蒙版，顾名思义，就像是一层遮罩，可以覆盖在短视频画面上，通过调整蒙版的形状、大小和位置，我们可以实现短视频画面的叠加、融合，创造出丰富多彩的视觉效果。在短视频编辑的语境中，蒙版扮演着至关重要的角色，它允许编辑者精确地控制哪些部分应该被显示，哪些部分应该被隐藏或融合。比如，我们可以使用蒙版将两个人物合成到一个画面中，或者将文字以独特的方式融入短视频背景中，使短视频更加生动有趣。

蒙版的核心作用在于其能够创建出丰富的视觉效果，这些效果在单层视频或图像中难以实现。具体来说，蒙版的作用主要有：叠加与融合、分割屏幕、创造动态效果、调整画面构图。

1.叠加与融合

蒙版可以实现不同视频层或图像层能够按照特定的形状和透明度进行叠加，创造出独特的视觉效果。例如，用户可以将一个人物图层叠加到风景图层上，通过调整蒙版的形状和透明度，使两者自然地融合在一起。

2.分割屏幕

使用蒙版，用户可以轻松地将屏幕分割成多个部分，每个部分显示不同的内容。这种效果在对比不同场景、展示多个角度或同时呈现多个信息点时非常有用。

3.创造动态效果

通过为蒙版添加动画效果，如旋转、大小、羽化等，用户可以创造出各种动态视觉效果。这些效果能够增强短视频的吸引力，使受众更加投入地观看，从而提高短视频的完播率。

4.调整画面构图

蒙版还可以用于调整画面的构图，突出或隐藏某些元素。例如，用户可以使用蒙版来遮挡不需要的部分，或者强调画面的某个特定区域。

（二）蒙版工具详解（以剪映为例）

在剪映中，蒙版的主要类型有三种：线性蒙版、镜面蒙版及图形蒙版，下面将以线性蒙版和镜面蒙版为例，向用户介绍剪映的蒙版工具。

如果用户想在剪映软件中使用蒙版工具，那么需要将至少两个短视频素材导入剪映软件中（图6-35），其中一个短视频素材将起到遮罩的作用。

一般来说，当作遮罩使用的短视频素材都位于另一短视频素材的最上方。用户可以在时间轴上左键单击用于遮罩的短视频素材后，在界面的右上角，"画面"选项中找到"蒙版"命令（图6-36），在"蒙版"命令中，用户可以看到蒙版的分类有"线性""镜面""圆形"等共六个蒙版类型，用户可以按需选择对应的蒙版类型，其中线性蒙版及镜面蒙版多用于短视频的转场，图形蒙版多适用于将多个短视频画面进行融合。

用户若想使用线性蒙版对短视频画面进行转场，需要先选中短视频素材，然后选择"线性"蒙版命令（图6-37）。

当用户选择"线性"蒙版命令后，用户可以看到在短视频预览区当中出现了一条细细的白线，白线上方与下方是两个不同的短视频素材（图6-38）。

图6-35　导入两个短视频素材

图6-36　"蒙版"命令

图6-37　选择"线性"蒙版命令

图6-38　短视频预览区中的白线

　　此时用户可以自行决定短视频的转场方式，可以由上向下进行转场，也可以由下向上进行转场，也可由左至右，或由右至左，亦可以斜线方式进行转场。如果想让短视频由上向下进行转场，那么需要先在短视频首帧位置开启关键帧按钮（图6-39），再按住短视频预览区中的白线，并向上拖动鼠标至画面的最上方（图6-40）。

图6-39　在短视频首帧位置开启关键帧按钮

图6-40　拖动白线至短视频画面的最上方

上述操作完成后，用户把时间指针再拖动至短视频画面轨道的任意一处，然后再把短视频画面上方边缘的白线拖动至短视频画面的最下方（图6-41），此时剪映软件会为该短视频自动打上第二个关键帧。这时预览播放短视频，用户会发现刚刚上方的素材正在向下移动，画面的移动速率取决于两个关键帧的间隔时长，如果用户把两个关键帧设置的时间间隔比较短，那么上方的素材下降的速度就会变快，短视频画面就会更快完成转场，反之亦然。

图6-41　拖动白线至短视频画面的最下方

此外，还可以设置"羽化"参数（图6-42），使两个短视频素材之间的过渡更加自然，羽化参数值设置得越大，素材边缘模糊程度也就越大，反之亦然。

如果用户想让短视频画面以斜线方式进行转场，需要点击鼠标左键按住白线下方的白色圆形标志，然后拖动鼠标，即可发现白色线条会随着鼠标的移动进行旋转变化，也可直接在页面右侧对应的"旋转"参数栏中直接输入想要让画面倾斜的角度数值（图6-43）。

上述操作完成后，再用鼠标将白线拖动至画面的任意一角（图6-44），并打开关键帧开关，再将时间指针向右拖动一定距离，然后把白线拖动至其对角线的角落位置（图6-45），操作完成后，播放短视频进行预览，即可发现此时短视频的转场是以斜线方式进行。

除线性蒙版外，用户也可以选择镜面蒙版进行画面的转场操作。与线性蒙版不同，当用户点击"镜面"蒙版命令时，会在短视频预览区出现两条白线，白线中间是其中一个短视频素材，白线两边则是另一个短视频素材（图6-46）。

图6-42　设置"羽化"参数

图6-43　画面倾斜操作

图 6-44　拖动白线至画面的任意一角

图 6-45　拖动白线至画面对角线的角落位置

图6-46　点击"镜面"蒙版命令

　　用户可以通过拖动两条白线上的粗线部分进行镜面蒙版宽窄的调整，也可以通过在界面右侧的"大小"参数中输入相应数值进行调整（图6-47）。

图6-47　进行镜面蒙版宽窄的调整

利用镜面蒙版对短视频画面进行转场操作，除了比线性蒙版多了"大小"参数的操作外，其余操作方法一致，在这里不再进行赘述。

在剪映中，一般把圆形蒙版、矩形蒙版、爱心蒙版、星形蒙版统称为图形蒙版，图形蒙版的作用一般是把两个画面的内容融合到一起，其操作时要注意把"羽化"参数尽可能调高一些，"羽化"参数越高，两个短视频画面融合的效果就越好，其余操作亦与线性蒙版及镜面蒙版相同，在这里也不再额外赘述。

修剪短视频

三、任务实践

请同学们根据本任务所学内容，利用剪映软件的蒙版功能为自己的短视频作品添加转场效果和画面融合效果。

项目七　短视频运营与变现

项目背景

　　根据《中国网络视听发展研究报告（2024）》，我国网络视听用户规模持续扩大，尤其是短视频用户数量已达到惊人的数目。短视频市场规模也在持续增长，显示出强大的商业潜力。截至2023年12月，我国短视频用户规模达10.53亿，占网民总数的96.4%，这表明用户对于短视频内容的消费习惯已经形成；71.2%的用户因观看短视频/直播购买过产品，44.4%的用户经常收看旅游/风景类短视频，这表明用户不仅将短视频作为娱乐方式，还将其作为获取信息和辅助消费决策的重要渠道。众多的短视频平台不仅提供了多样化的内容创作工具，还通过数据化运营，如个性化推荐算法，增强了用户体验感和用户黏性。同时，短视频创作者通过多种方式实现变现，包括付费内容、广告合作、品牌宣传等，这些变现模式为短视频创作者提供了更多的机会和可能性。

　　抖音作为一个领先的短视频社交媒体平台，不仅在国内拥有庞大的用户基础，还在国际市场上以TikTok的品牌名取得了显著成就。抖音通过其强大的个性化推荐算法，能够根据用户的观看历史、互动行为及地理位置等多方面数据，为用户精准推送感兴趣的内容，极大地增强了用户体验感和用户黏性。这一数据化运营策略，使得短视频内容的分发效率大大提高，也为短视频创作者提供了更多曝光机会。

　　在变现模式上，抖音为短视频创作者开辟了多条路径。一方面，通过付费内容、广告合作、品牌宣传等方式，短视频创作者可以获得直接的经济收益。例如，许多短视频创作者通过与品牌合作推广产品，或是开通直播接受用户打赏，实现了可观的收入。另一方面，抖音还推出了"抖音小店"等功能，允许短视频创作者直接在平台上销售产品，进一步拓展了变现渠道。

　　抖音平台的发展及其内容创作与变现模式的成功实践，充分展示了短视频行业的巨大潜力和广阔前景。通过不断创新和优化，抖音不仅为用户提供了高质量的短视频内容，也为短视频创作者创造了更多的价值和机会。

学习目标

◇ 素养目标

1.培养对数据的敏感性和依赖性，形成数据驱动决策和运营的思维方式。

2.鼓励在短视频运营与变现中探索新方法、新技术，勇于尝试和创新。

3.了解并遵守短视频运营与变现中的相关法律法规，确保业务合规。

4.保持对短视频行业趋势、技术发展和市场动态的关注和学习。

◇ 知识目标

1.掌握短视频数据收集、处理、分析的基本方法和工具。

2.了解短视频平台的运营策略，熟悉各种变现模式（如广告、电商、付费会员等）。

3.深入理解短视频用户行为，包括观看习惯、互动模式、消费偏好等。

◇ 能力目标

1.能够熟练运用数据分析工具，对短视频数据进行深入挖掘和分析，提取有价值的信息。

2.能够根据数据分析结果，制定并执行短视频内容的优化策略，增强用户黏性和提升用户活跃度。

3.能够基于用户行为和市场需求，制定有效的短视频变现策略，实现商业价值的最大化。

工作场景与要求

小张同学及其项目组在完成了短视频的拍摄任务后，紧张而有序地开展着短视频数据化运营与变现的工作。以数据为导向，制定符合农产品特性的短视频营销策略，并精通短视频从策划、拍摄到编辑、发布的全流程，同时注重数据反馈，不断优化制作流程。他们的目标是基于短视频的数据表现，制定精准的变现策略，促进农产品销售，并通过持续的内容输出来打造具有辨识度的农产品品牌形象，最终帮助农户增加农产品营收，提升市场竞争力，打造具有可持续竞争力的农产品品牌。

任务一　短视频数据分析

短视频运营
数据分析

一、任务导入

在完成了阳山水蜜桃的拍摄任务后，小张同学及其项目组为了确保阳山水蜜桃短视频项目能够顺利推进并取得预期效果，决定首先全面熟悉并分析同类短视频的相关数据。收集关于阳山水蜜桃短视频的相关数据，包括各类型短视频的播放量、点赞量、评论量、转化率等，进行深入的数据分析。基于数据分析的结果，明确影响阳山水蜜桃短视频营销与宣传的因素，具体包括受众匹配度、传播效果、制作成本、品牌调性等因素，从而确定阳山水蜜桃短视频营销与宣传策略等。

请问：为什么要进行短视频数据分析？

二、知识准备

我们生活在大数据时代，各行各业的发展都离不开背后的数据，制作短视频也是一样，必须关注数据。我们之所以和专业短视频创作者有区别，主要差距就在数据上，专业短视频创作者会分析短视频背后的数据，并从中找方向，寻灵感，求商机。

（一）数据分析的作用

1.理解用户行为和偏好

通过短视频数据分析，可以深入了解用户在观看、评论、点赞、分享等方面的行为习惯，从而发现用户的偏好和需求。这种洞察有助于创作者和平台制定更贴合用户口味的内容策略和推广计划，提升用户满意度和增强用户黏性。

2.优化内容创作和推广策略

数据分析揭示了不同类型内容的受欢迎程度和互动效果，为创作者提供了宝贵的反馈。创作者可以根据这些数据调整内容方向、改进制作技巧，甚至预测热门话题，以创作出更具吸引力和传播力的短视频。同时，平台也能基于数据分析优化推荐算法，增强用户体验感和提升用户留存率。

3.实时监测和反馈

短视频数据分析具备实时监测功能，能够即时反映短视频的播放量、用户互动情况、评论反馈等信息。这种即时反馈机制有助于创作者和平台及时了解短视频的表现，快速识别问题并作出调整，确保内容策略的有效性和针对性。

4.用户画像构建

通过数据分析，可以对用户进行细分和画像构建，包括性别、年龄、地域、兴趣爱好等信息。这些详细的用户画像为个性化推荐和精准营销提供了坚实的基础，有助于提升营销效率和转化率。

5.行业分析和竞争对手监测

短视频数据分析还能帮助企业和创作者了解行业发展趋势、市场竞争格局以及竞争对手的动态。这些信息对于制定企业战略、优化市场布局、抢占市场份额具有重要意义。

6.营销效果评估

通过数据分析，可以量化评估营销活动的效果，包括用户参与度、转化率、投资回报率（ROI）等关键指标。这种量化评估不仅有助于验证营销策略的有效性，还能为后续的营销决策提供数据支持，实现持续优化和改进。

以抖音为例，抖音提供了丰富的数据分析工具，如创作者中心的数据中心，如图7-1所示，可以详细展示账号数据、作品数据、粉丝数据等。通过分析这些数据，创作者可以清晰地了解短视频的完播率、点赞数、评论数等关键指标，进而优化封面、标题、内容等元素，提升短视频的表现力和吸引力。同时，抖音的数据分析还能帮助创作者发现热门话题和趋势，为内容创作提供灵感和方向。

图 7-1 抖音创作者中心的数据中心

（二）数据分析平台

短视频数据分析平台在当前的数字营销领域中扮演

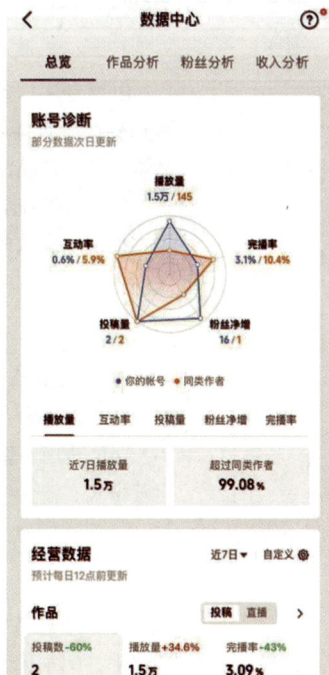

着重要角色，它们为创作者、MCN机构、广告主等提供了丰富的数据支持和洞察。以下是一些主流的短视频数据分析平台及其优劣对比分析情况（表7-1）。

表7-1 主流的短视频数据分析平台及其优劣对比分析

平台名称	优势	劣势
飞瓜数据	1.功能全面：飞瓜数据是短视频领域权威的数据分析平台，功能齐全且数据权威。支持抖音、快手等多个主流短视频平台的数据分析，包括热门短视频、音乐、爆款产品、优质账号排行等。 2.实时监控：提供短视频监控、产品监控等功能，能够实时更新热门短视频数据和达人数据。 3.电商分析：对于短视频带货的运营者来说，飞瓜数据的电商数据分析功能非常有用，可以追踪产品销量、转化率等数据	成本：虽然功能强大，但相应的会员费用也较高，可能对预算有限的用户构成一定压力
抖查查	1.功能丰富：抖查查的功能非常全面，包括直播引流榜、爆款直播间、短视频脚本库等，为创作者提供了多样化的数据支持。 2.视觉体验：设计与配色具有抖音风格，视觉感和舒适度较好	精准度：部分用户反映其实时直播数据带货相关的精准度可能有所欠缺
蝉妈妈	1.电商专注：蝉妈妈是国内权威的数据分析平台，特别专注于直播电商领域；提供了电商视频榜、产品销量榜、产品品牌榜等详细数据。 2.精准ROI统计：具备精准ROI统计功能，为广告主提供了有效的数据参考和效果监测	侧重单一：相对于其他平台，蝉妈妈的功能更侧重于直播电商领域，对于非电商类创作者的支持可能有限
新榜	1.榜单权威：作为自媒体行业主流的分析工具之一，新榜的榜单查询功能非常权威，可以查询多个主流自媒体平台的TOP账号榜单。 2.功能全面：除了榜单分析外，还提供数据监测、运营增长、流量变现等全方位的自媒体运营支持	高级功能收费：虽然免费功能可以提供一定的参考价值，但高级功能如数据监控、评论采集等需要付费
卡思数据	1.全网覆盖：作为国内权威的视频全网大数据开放平台，卡思数据监测的平台不仅限于抖音，还包括快手、B站等多个平台。 2.红人管理：为MCN机构提供了红人管理工具，有助于机构更好地管理旗下达人	高级功能收费：免费版的功能相对有限，更多高级功能需要付费解锁

每个短视频数据分析平台都有其独特的优势和劣势。用户在选择平台时，应根据自身的需求、预算以及对数据的精准度要求等因素综合考虑。例如：对于专注于直播电商领域的用户来说，蝉妈妈可能是一个更好的选择；而对于需要全面了解多个平台数据的用户来说，飞瓜数据或新榜可能更适合。同时，也可以考虑结合多个平台进行数据分析，以充分利用各平台的优势。

思政园地

　　党的二十大报告明确指出，高质量发展是全面建设社会主义现代化国家的首要任务。在这一过程中，数据分析作为科学决策的重要依据，能够帮助企业精准把握市场动态，优化资源配置，提升生产效率，从而推动经济社会的持续健康发展。因此，掌握数据分析能力，就是掌握了推动高质量发展的关键钥匙。

三、任务实践

（一）任务背景

小张同学及其项目组认识到想要在众多短视频作品中脱颖而出，实现高效的用户触达与转化，利用数据分析指导策略制定显得尤为重要。于是，他们深入探讨短视频数据分析的平台与工具，以及数据分析在短视频领域中的重要作用。学习主流短视频数据分析平台的功能与特点，如抖音、快手等平台的官方数据分析工具，以及第三方专业数据分析软件，以便做好阳山水蜜桃数据运营的初步工作。

（二）任务目标

1.掌握平台选择的方法

深入理解短视频数据分析平台的核心功能与差异，能够根据实际需求，熟练运用选择平台的原则与方法，挑选出最适合当前任务的数据分析平台。

2.提升数据操作能力

熟练使用所选的短视频数据分析平台或工具，高效收集、整理和分析短视频数据，确保数据的准确性和完整性。

（三）任务内容

1.步骤1：平台选择

1）需求分析

明确分析目的（如内容优化、用户画像构建、竞品分析等），以及所需数据类型（如播放量、点赞数、评论数、用户行为轨迹等）。

2）平台对比

对比不同短视频数据分析平台的功能覆盖、数据准确性、易用性、价格等因素，选择最适合当前需求的平台。

2.步骤2：数据收集与分析

（1）利用所选平台收集特定短视频账号的数据。

（3）分析数据，识别关键指标与趋势。

（四）总结分析

根据每个组长的汇报情况，教师进行总结点评，并排出各组的名次。

任务二　数据分析的步骤和维度

数据分析的
步骤和维度

一、任务导入

小张同学及其项目组在进行短视频投放前，为确保项目科学推进并达成预期目标，优先启动了数据洞察工作，系统性地采集了历史及竞品短视频的核心指标（如播放量、点赞量、评论量、转化率等），并通过多维度交叉分析（包括传播效果、受众匹配度、制作成本、品牌调性契合度）来验证内容策略的有效性。基于数据分析，明确了高转化内容类型的特征，精准锚定了目标用户，并强化了品牌一致性。最终，依据分析结论制定了"产地溯源+轻量化产品展示"的内容矩阵及动态监测运营策略。

请问：在阳山水蜜桃短视频项目的数据洞察中，小张同学及其项目组通过哪些数据分析维度交叉验证内容策略的有效性？这些维度分别对应哪些项目目标？

二、知识准备

（一）数据分析的步骤

1.确立目标

短视频数据分析旨在辅助创作团队科学规划并精确评估运营成效。缺乏明确目标会削弱分析的有效性。因此，首要步骤是确立清晰的数据分析目标，确保分析工作有的放矢。

2.数据挖掘

目标确定后，需要针对性地展开数据挖掘工作，主要从平台后台和第三方数据源入手。若所需数据可直接从短视频平台后台获取，则应简化流程，直接下载或复制数据。若后台数据不足，则需要利用授权的第三方数据分析工具进行补充挖掘。

3.数据预处理

原始数据往往不能直接用于分析，需要经过预处理，包括剔除无关或无效数据、合并重复或相近数据，以及组合相关数据等步骤，以形成适合分析的数据集。

4.数据分析

处理后的数据具备分析价值，主要包括如下分析内容。

（1）流量分析：考察账号访问量、访问时长、粉丝增长等流量指标。

（2）销售分析：分析下单量、下单金额、产品点击次数等销售数据。

（3）内容分析：统计并分析短视频的互动数据，如点击量、评论量、分享量，以评估内容质量及推广效果。

（4）执行分析：评估团队成员的执行效率，如短视频发布频率等，反映运营工作的实际成效。

5.数据总结与应用

分析完成后，需要对数据进行总结，重点关注自身及同类短视频的营销状况，以及行业发展趋势。通过总结，创作者能全面了解营销情况，分析营销结果，总结规律，进而制定更为完善的短视频营销策略和规划。

（二）短视频的数据逻辑

如何通过优化数据表现来提升短视频的爆款潜力和获取更多流量。核心要点包括如下几点。

1.爆款短视频的意义

爆款短视频能够为账号获取更多流量。例如，某爆款短视频在发布后一周内获得了500万次的观看，直接为账号带来了30%的新增关注者。优秀的数据表现能提升账号层级和整体数据呈现。持续产出爆款短视频的账号，其整体曝光率可提高200%，进一步促进账号的长期发展。

2.平台的推荐机制

平台结合内容数据进行同级赛马。这意味着，短视频将在相似的内容和受众群体中竞争，以获取更多的推荐机会。新媒体推荐度公式包含完播率、点赞率、转发率、评论率、收藏率等数据表现，每项数据有相应的权重。例如，完播率权重占30%，点赞率占20%，转发率占15%，评论率占15%，收藏率占20%。

3.数据权重与赛马机制

数据权重反映了平台对某一项数据的重视程度。权重分配是基于平台对用户体验和内容质量的深刻理解。

在同级赛马中，各项数据表现好的短视频会获得更多流量。例如，一个完播率达到80%、点赞率达到10%、转发率达到5%的短视频，在同级赛马中脱颖而出，获得了额外的50万次推荐播放。在赛马机制中，短视频会在相似的时长和垂类赛道中进行比较。例如，一个时长为1分钟的烹饪教程短视频，将与同样时长和烹饪垂类的其他短视频进行竞争。

（三）短视频数据分析维度

短视频数据分析的维度是多样化的，它们共同构成了评估短视频内容质量和运营效果的关键指标。

短视频数据
分析指标

1.基础播放数据

1）播放量

播放量是指短视频的曝光量，即其在某个时段内被用户观看的次数。播放量是衡量

短视频受欢迎程度的重要指标之一。例如，某短视频在发布后24小时内获得了100万次的播放量，显示出其内容的广泛吸引力。

2）点赞量

点赞量反映用户对短视频内容的喜爱程度，点赞量越高，说明短视频内容越受用户欢迎。一个获得50万点赞量的短视频，显然比只有几千点赞量的短视频更受欢迎。

3）评论量

评论量是指用户对短视频内容的反馈数量，评论量可以反映短视频的互动性和用户参与度。如果一个短视频有2万条评论，说明它引发了用户的热烈讨论和高度参与。

4）转发量

转发量是指用户将短视频分享给其他用户的次数，转发量高说明短视频内容具有传播力和吸引力。一个被转发10万次以上的短视频，其传播效果显然非常显著。

2.用户行为数据

1）完播率

完播率是指用户完整观看短视频的比例，完播率的高低直接反映了短视频内容的吸引力和用户的留存率。例如，一个1分钟的短视频，如果平均播放时长达到50秒，那么它的完播率就非常高，说明内容吸引了用户持续观看。

2）平均播放时长

平均播放时长是指用户观看短视频的平均时间长度，可以反映短视频内容的深度和用户的兴趣点。如果平均播放时长接近短视频的总时长，说明用户对其内容非常感兴趣。

3）跳出率

跳出率是指用户在观看短视频时提前退出的比例，跳出率高可能意味着短视频开头不够吸引用户或其内容与用户预期不符。一个跳出率达到60%的短视频，显然需要优化开头部分或调整内容策略。

3.内容质量数据

1）内容创意

通过用户反馈和数据分析，可以评估短视频内容的创意性和新颖度。例如，一个采用独特视角或创新表现手法的短视频，往往能获得更高的用户评价和更多的转发量。

2）选题方向

分析热门短视频和用户偏好，可以指导未来的选题方向，提高短视频内容的相关性和吸引力。如果某个领域的短视频持续获得高播放量和高互动率，那么创作者就应该考虑在这个领域深耕细作。

3）画质与音质

高清的画质和优质的音质是增强用户观看体验感的重要因素，也是数据分析中需要考虑的维度之一。画质模糊或音质不佳的短视频，往往会导致用户提前退出或对该短视频产生负面评价。

4.营销效果数据

1）粉丝增长量

通过数据分析可以评估营销活动的粉丝增长效果，了解品牌或账号的受众扩展情况。例如，某品牌在一次短视频营销活动中，粉丝量增长了50%，表明营销活动效果显著。

2）转化率

对于带有商业目的的短视频（如电商推广、广告植入等），转化率是衡量营销效果的重要指标，包括产品点击率、购买率等。如果一个短视频的转化率高达10%，说明其营销效果非常出色。

5.竞品与趋势分析

1）竞品分析

对比同类型或同领域的短视频数据，可以了解竞争对手的优劣势，指导自身的运营策略。例如，通过分析竞品短视频的播放量、点赞量、评论量等数据，可以发现自身在哪些方面存在优势或不足。

2）趋势分析

通过趋势分析可以发现短视频行业的最新趋势和热点话题，及时调整内容策略以迎合市场需求。例如，当某个热门话题或流行元素出现时，及时跟进并创作相关短视频，往往能获得更多的曝光和互动机会。

短视频数据分析的维度涵盖了基础播放数据、用户行为数据、内容质量数据、营销效果数据以及竞品与趋势分析等多个方面。这些维度的综合评估有助于短视频创作者和运营者更全面地了解短视频内容的表现和受众需求，从而制定更加精准和有效的运营策略。通过不断优化内容质量和营销策略，短视频创作者可以在激烈的市场竞争中脱颖而出，实现品牌价值的最大化。

直通职场

提升短视频的数据指标、关键技巧、目的和方法，如表7-2所示。

表7-2　提升短视频的数据指标、关键技巧、目的和方法

数据指标	关键技巧	目的	方法
提升完播率	制造悬念	吸引用户期待和关注，激发观看兴趣	通过设置疑问或矛盾冲突，利用反常识、揭秘爆料、对比冲突等方式制造悬念
	直接点题	快速明了地输出重点，吸引寻求干货或实用价值的用户	在开头部分直截了当地点明短视频主题和带来的价值，如使用"数字+好处"或"数字+成果"的形式
	黄金三秒	利用热点或引人深思的问题吸引用户，提升完播率	将问题前置，抛出近期热点或长期关注的话题，激发用户兴趣
	画面音乐与特效	增强画面冲击力和质感，提供新奇特的感受和直观体验。	使用热门音乐、蹭热点、优化灯光、动画、特效和音乐配合
引爆点赞率	共鸣体验	触动用户情感，使用户感觉被理解和产生情感共鸣，从而增加点赞行为	注重文案中精神价值观念的传达，强调短视频背后的深层含义，而不仅仅是外在表现； 借鉴成功案例，如引用有影响力的观点或故事，强调能引发用户情感共鸣的主题，如"好好生活"对周围人的积极影响
	正能量	利用正能量内容易于被用户接受的特点，唤起用户对正能量的支持和共鸣，通过点赞行为表达认同	分享正能量的故事，触及用户内心的柔软部分，引发其情感共鸣； 强调正能量在现实生活中的价值，使用户通过点赞行为传递对正能量的支持和认可
	获得认同	通过表达内容的趣味性和生活感悟，获得用户的认同，提高点赞率	从目标用户出发，思考并表达他们会认同的观点和事情，以建立共鸣； 自信、流畅地表达自己认同的观点和事情，展现真实态度，吸引相似用户并促使他们点赞

数据指标	关键技巧	目的	方法
增加评论量	对立效应	利用对立话题激发用户辩论欲望，提高评论率	在短视频内容中设置对立元素，呈现矛盾，以此设置悬念，吸引用户发表观点
	设计槽点	通过槽点吸引用户关注，促使用户发表看法，增加评论互动	故意在内容中设置小陷阱，如错别字、故意说错话等，引发用户吐槽或共鸣
	意见征集	利用用户的表达欲，提高评论率，同时收集用户反馈	在短视频中直接询问用户意见或看法，结合热门话题进行意见征集
	引发共鸣	通过共鸣感让用户感觉被理解，从而激发评论欲望	选择能够增强用户代入感的话题，激发用户共鸣
	感恩回馈	利用福利吸引用户参与评论，增强用户互动	通过抽奖送福利等方式，鼓励用户评论，提高评论率
优化收藏率	收藏即学会	通过让用户感觉收藏即掌握技能或知识，从而提高收藏率	展示具体技能和技巧，如生活小妙招、工作技能等，让用户感觉收藏后就能轻松掌握； 通过案例演示，让用户看到收藏内容的实际应用效果，增加收藏动机
	激发购买欲望	通过种草方式展示产品价值，促使用户因购买欲望而收藏短视频	在短视频中渲染使用产品后的美好效果，增强使用产品后的视觉呈现； 展示产品的独特卖点和优势，让用户感受到购买的必要性和紧迫性
	分享心灵鸡汤	通过分享生活感悟和心灵治愈的内容，引发用户共鸣，提高收藏率	发表对生活、人生的感悟和看法，触动用户情感，让用户感觉心灵被治愈； 分享具有共鸣和启发性的内容，让用户觉得其值得被收藏和被分享

续表

数据指标	关键技巧	目的	方法
推动转发率	替你说话	通过替用户表达他们想说但难以言表的话，触动用户情感，引发用户共鸣，从而提高转发率	专注于用户的情绪，理解他们在生活中的情感需求； 创作内容时代入用户的视角，替他们说出心里话； 确保内容能够完整代表用户的观点和情感，增强用户的认同感
	危害性知识	通过分享对生活、健康有害的常识性知识，引发用户对自身和身边人的关心，从而提高转发率	结合生活中的常识，特别是与健康相关的知识； 强调不知道这些危害性知识可能带来的不良后果； 创作内容时注重传递关心和关爱的情感，让用户感受到分享的价值
	圈子型内容	通过创作与特定社交圈子、文化圈子等相关的内容，吸引目标用户群体，并引导他们在圈子内的转发和分享	站在用户的角度，了解他们所属的社交圈子和文化背景； 结合用户的生活体验和感受，创作与圈子相关的内容； 确保内容能够引发目标用户群体的共鸣和兴趣，促使他们在圈子内分享

三、任务实践

**短视频数据的
关键性指标**

（一）任务背景

　　要想在众多短视频中脱颖而出，实现高效的用户触达与转化，必须依靠数据分析来指导策略制定。为了提升阳山水蜜桃品牌的市场表现，小张同学及其项目组决定深入探讨短视频数据分析的指标，以及数据分析在短视频领域中的重要作用。为此，他们需要学习并理解主流短视频数据分析指标以及指标提升的技巧和方法，以便更好地进行阳山水蜜桃的数据运营工作，为后续的策略优化和营销推广打下坚实的基础。

（二）任务目标

1. 用户活跃度分析

考察用户观看阳山水蜜桃短视频的时长、频率等，了解用户的活跃度和兴趣点。

2. 用户留存率分析

分析新用户在观看阳山水蜜桃短视频后的留存情况，评估短视频的吸引力和用户忠诚度。

3. 用户转化率分析

如果短视频涉及产品销售，需要分析用户的购买行为，了解用户的付费意愿和消费能力。

（三）任务内容

1. 步骤1：数据采集与清洗

1）数据采集
收集阳山水蜜桃相关短视频的播放量、点赞量、评论量、转发量、观看时长等关键指标数据。

2）数据清洗
对采集到的数据进行去重、处理缺失值和异常值，确保数据的准确性和一致性，为后续分析提供可靠数据。

2. 步骤2：用户行为分析

1）用户留存率分析
分析新用户在观看阳山水蜜桃短视频后的留存情况，评估短视频的吸引力和用户忠诚度。

2）用户活跃度分析
考察用户观看阳山水蜜桃短视频的时长、频率等，了解用户的活跃度和兴趣点。

3）用户转化率分析

针对涉及产品销售的短视频，分析用户的购买行为，了解用户的付费意愿和消费能力。

3.步骤3：内容质量评估

1）短视频互动度分析

分析点赞、评论、分享等互动数据，了解用户对内容的认可度和参与度。

2）短视频内容类型分析

识别受欢迎的短视频类型，如原产地直播、产品展示、制作过程等，为内容创作提供明确方向。

4.步骤4：竞品分析

分析同类型水蜜桃短视频的数据表现，了解竞争对手的优势和不足，寻找差异化竞争点。

（四）总结分析

根据每个组长的汇报情况，教师进行总结点评，并排出各组的名次。

任务三　短视频账号矩阵化运营

短视频账号
矩阵化运营

一、任务导入

通过深入学习，小张同学及其项目组在阳山水蜜桃短视频项目上都有了明显的进步，作品的投放也很顺利。但是为了进一步做好短视频的运营工作，他们决定进行短视频账号的矩阵化运营。小张同学及其项目组广泛收集关于阳山水蜜桃短视频的相关数据，这些数据涵盖各类短视频的播放量、点赞量、评论量以及转化率等关键指标。对收集到的数据进行深入分析，以揭示阳山水蜜桃短视频的市场表现和用户行为模式。基于数据分析的结果，明确影响阳山水蜜桃短视频营销与宣传的因素，最终，将根据数据分析结果，制订具体的短视频账号矩阵化运营计划，以确保项目的成功执行和预期效果的达成。

请问：打造短视频账号矩阵的方法有哪些呢？

二、知识准备

短视频账号矩阵是指在多个社交媒体平台上，通过创建多个不同类型和面向不同受众群体的账号，以全面扩大品牌影响力和市场覆盖面的策略。打造短视频账号矩阵的目的是通过多元化的内容形式和传播渠道，实现品牌信息的广泛传播和深度渗透。

（一）短视频账号矩阵的作用

1.对企业而言

1）多元发展与吸引不同群体

通过在社交媒体平台上创建和运营不同类型的账号，企业能够覆盖更广泛的用户群体，实现品牌影响力的全面扩展。例如，美妆品牌"完美日记"不仅在微博、微信公众号等平台上拥有官方账号，还在小红书、抖音等年轻人聚集的社交媒体平台上创建了账号，通过发布美妆教程、产品试用等内容，吸引了大量年轻用户，有效提升了品牌影响力。

2）分散风险

在新媒体环境中，单一账号可能因违规或异常而面临封禁等风险，这将对企业的品牌推广造成重大损失。而通过在新媒体矩阵中布局多个账号，企业可以确保品牌在不同平台上的稳定运营，降低因单一账号问题而带来的整体风险。例如，某知名食品品牌曾因其官方微博发布不当内容而引发争议，但由于其在其他平台上的账号运营正常，因此并未对品牌造成致命打击。

3）多渠道扩大推广

不同平台具有不同的用户特点和偏好，企业可以根据这些特点制定定制化的推广策略，以更有效地提升品牌曝光度和用户参与度。例如，旅游品牌"携程"在微信公众号上发布深度游记和攻略，吸引关注旅游文化的用户；而在抖音上则发布短视频形式的旅游攻略和景点介绍，吸引喜欢短视频内容的用户。这种多渠道、定制化的推广策略使得"携程"的品牌曝光度和用户参与度得到了显著提升。

4）内容创新与形式组合

不同平台的内容制作方式和传播规律各不相同，企业需要深入了解并掌握这些规律，以实现内容形式的创新与组合。例如，"李宁"这一运动品牌在微博上发布图文结合的新品预告和运动健身知识，而在抖音上则发布运动挑战和健身教程的短视频。这种根据平台特性进行的内容创新与形式组合，使得"李宁"的品牌内容更具吸引力和传播力。

2.对个人而言

1）子主题与受众细分

通过在不同平台上创建不同主题的账号，个人能够精准地吸引具有特定兴趣或需求的用户群体。这种策略不仅有助于扩大个人的影响力，还能让内容更加聚焦和深入。例如，知名美食博主"日食记"在抖音上开设了专注于家常菜制作的账号，吸引了大量热爱烹饪和美食的用户。同时，该美食博主还在B站上创建了账号，分享更多关于食材选择、烹饪技巧等深度内容，进一步满足了不同用户群体的需求。

2）提升个人品牌与商业价值

通过短视频账号矩阵，个人可以塑造更加立体、多元的品牌形象。这种品牌形象的提升有助于增加商业合作机会，如品牌代言、广告合作等，从而提升个人的商业价值。例如，某时尚博主通过在微博、抖音、小红书等多个平台上运营不同风格的账号，展示了自己在时尚、美妆、生活等多个领域的专业能力和独特魅力。这种多元化的品牌形象让该博主成功吸引了众多品牌代言和广告合作机会，极大地提升了其商业价值。

（二）短视频账号矩阵的布局策略

如何实现短视频
账号的矩阵化运营

1.横向矩阵

1）跨平台布局

在多个社交媒体平台上创建账号，如微博、微信公众号、抖音、小红书等，以覆盖更广泛的用户群体。

2）内容差异化

根据不同平台的特点和用户偏好，制定差异化的内容策略，如短视频、图文、直播等。

以某知名美妆品牌为例，该品牌在多个社交媒体平台上创建了短视频账号，形成了横向矩阵。

（1）微博：发布美妆教程、新品预告、活动宣传等短视频，利用微博的广泛传播性吸引粉丝关注。

（2）抖音：主打美妆技巧、产品试用、用户评价等短视频内容，借助抖音的算法推荐机制触达更多潜在用户。

（3）小红书：分享美妆心得、护肤知识、妆容打卡等短视频内容，利用小红书的社区氛围与用户进行深度互动。

（4）B站：制作关于美妆教程、品牌故事、合作达人分享等内容的短视频，吸引B站年轻用户群体关注。

通过在不同平台上发布符合平台特性和用户偏好的短视频内容，该品牌成功覆盖了更广泛的用户群体，提升了品牌知名度和增强了用户黏性。

2.纵向矩阵

1）同一平台多账号

在单一平台上创建多个账号，如微信的订阅号、服务号、视频号等，以占据更多用户搜索入口和展示位置。

2）内容聚焦与互补

各账号内容聚焦于同一品类，但各有侧重，形成互补效应，有利于增强用户黏性和提升品牌忠诚度。

以某知名健身教练为例，该教练在微信平台上创建了多个短视频账号，形成了纵向矩阵，具体内容如下。

一是订阅号。定期发布健身教程、饮食建议、训练计划等短视频内容，吸引用户订阅并获取专业健身指导。

二是服务号。提供个性化健身方案、在线答疑、课程报名等增值服务，通过短视频展示服务内容和效果。

三是视频号。主打健身日常、训练花絮、成果展示等短视频内容，利用视频号的直观性和互动性增强用户黏性。

通过在同一平台上创建多个短视频账号，并聚焦于健身这一主题但各有侧重的内容策略，该健身教练成功占据了更多用户搜索入口和展示位置，增强了用户黏性和提升了个人品牌影响力。

（三）短视频账号矩阵化运营策略

1.账号定位与分工

1）主账号定位

主账号着重专注于品牌故事、原产地直播、产品展示等高质量内容，旨在树立和强化品牌形象。例如，某知名美妆品牌的主账号在抖音平台上拥有百万粉丝，通过发布一系列精美的短视频，如"品牌背后的故事""原产地探访：寻找天然成分"等，成功吸引了大量用户关注。这些短视频的观看时长达到45秒以上，点赞量和评论量也均保持在行业领先水平，显示出用户对品牌故事和产品展示的高度兴趣。

2）子账号1定位

子账号1主要负责日常生产过程、新品研发的分享，旨在增强用户的参与感和提升用户信任度。例如，某食品品牌子账号定期发布"一天的生产线：从原料到成品"等短视频，展示食品的生产和加工过程。这些短视频的观看时长和互动数据均保持稳定增长，用户反馈积极，并对产品的真实性和质量有了更深入的了解。

3）子账号2定位

子账号2专注于用户评测、反馈收集，旨在促进用户互动和口碑传播。例如，某电子产品品牌账号发布了"真实用户声音：产品评测大揭秘"等短视频，收集并展示了用户的真实评测和反馈。该类短视频的评论量和转发量均远高于其他类型的短视频，显示出用户对评测和反馈的高度关注，进一步增强了口碑传播的效果。

2. 内容协同与互补

主账号发布高质量内容后，子账号会进行内容的转发和二次创作，形成内容矩阵，从而提升整体的曝光度。各账号会根据用户反馈和数据分析，不断优化内容方向，以实现更精准的营销。例如，通过分析用户观看时长和互动数据，我们发现用户对原产地直播和产品展示类内容更感兴趣，因此我们可相应增加这类内容的发布频率。

3. 用户引导与转化

通过主账号的高品质内容吸引用户关注，并进一步引导用户关注子账号，从而形成用户矩阵。这一策略有助于扩大用户群体并提高用户的忠诚度。子账号会通过日常的互动和福利活动来增强用户黏性和提升其转化率。例如，子账号2会定期举办"用户评测大赛"，邀请用户参与评测并分享体验，同时提供优惠券等福利作为奖励，这一策略有效提升了用户的参与度和增强了其购买意愿。

通过明确的账号定位与分工、内容协同与互补以及用户引导与转化策略，我们可以实现短视频账号的矩阵化运营。这一策略不仅有助于提升品牌影响力和增强用户黏性，还能有效促进产品销售和商业化变现。

搭建短视频账号矩阵是一项系统工程，需要企业或个人在明确目标、制定策略、布局账号、创作内容等方面进行全面规划和具体实施。通过构建完善的短视频账号矩阵，企业可以实现品牌影响力的全面提升和目标市场的广泛拓展；个人则能够吸引更多粉丝和关注者，提升个人影响力和商业价值。

三、任务实践

（一）任务背景

为了进一步提升阳山水蜜桃的品牌影响力和市场占有率，小张同学及其项目组决定实施短视频账号矩阵化运营策略。希望通过构建多元化的短视频账号矩阵，全面扩大品牌的覆盖面，吸引不同受众群体，为此，他们学习并理解短视频矩阵化运营的方法和策略，以实现品牌与市场的深度渗透与广泛连接。

（二）任务目标

1.品牌影响力提升

通过短视频账号矩阵化运营，全面提升阳山水蜜桃的品牌知名度和美誉度。

2.目标市场拓展

覆盖更广泛的用户群体，实现阳山水蜜桃市场的全面拓展。

3.用户黏性增强

通过多元化的内容和互动形式，提升用户对阳山水蜜桃品牌的忠诚度和增强用户黏性。

（三）任务内容

1.步骤1：账号矩阵构建

1）横向矩阵
在多个社交媒体平台（如微博、微信公众号、抖音、小红书等）创建阳山水蜜桃的短视频账号，形成横向覆盖。
2）纵向矩阵
在微信平台上创建多个账号，如订阅号、服务号、视频号等，形成纵向深入。

2.步骤2：内容协同与互补

（1）主账号负责发布高质量的品牌故事、原产地直播、产品展示等内容。
（2）子账号进行内容的转发和二次创作，形成内容矩阵，提升整体曝光度。
（3）根据用户反馈和数据分析，不断优化内容方向，实现精准营销。

3.步骤3：运营策略实施与监控

（1）制订详细的运营计划，包括内容发布频率、互动活动安排等。

（2）定期对运营数据进行监控和分析，如观看时长、互动数据、转化率等，及时调整运营策略。

（四）总结分析

根据每个组长的汇报情况，教师进行总结点评，并排出各组的名次。

任务四　短视频变现

一、任务导入

短视频的变现

小张同学及其项目组在阳山水蜜桃短视频项目的探索中，凭借深入学习和不懈努力，取得了显著的进步，作品投放也收获了满满的成果。为了进一步深耕短视频运营，小张同学及其项目组毅然决定启动账号的矩阵化运营策略。他们对阳山水蜜桃短视频进行了深入数据分析，构思并打造了一个阳山水蜜桃短视频账号矩阵化运营的方案。他们根据阳山水蜜桃产品的特性和目标受众的分布，选择适合的短视频平台进行账号布局，如抖音、快手、小红书等。为不同平台或不同目标受众群体创建多个账号，每个账号设定独特的定位和风格，形成互补效应。同时，针对不同平台的用户特点和偏好，进行内容的差异化定制，以增强内容的传播效果和用户黏性。然而，小张同学及其项目组认为这样的方案设计还不能完全达到预期效果。

请问：矩阵化运营方案需要从哪些方面综合考虑和实施，以确保项目的顺利执行呢？

二、知识准备

（一）短视频变现模式

短视频变现的核心在于内容与IP的影响力。内容的优劣、精致程度、垂类赛道的选择以及与目标受众的匹配程度，共同决定了流量的价值。而影响力则体现在用户对内容的信任度、黏性以及对用户消费决策的影响上。一个成功的短视频变现模式，需要在以上方面都做到出色。

（二）短视频变现的要点

创作者在实现短视频变现的过程中，需要关注两大核心维度：内容维度、IP效应与粉丝信任。

1.内容维度

1）内容本身

内容本身是变现的基础。内容的优劣、精致程度、垂类赛道的选择等，都直接决定了流量的价值。创作者需要不断提升内容质量，以吸引更多用户关注。

2）承接广告时的内容需求

在承接广告时，创作者需要考虑广告主的需求，如曝光或销售转化，并据此制作相应类型的内容。这要求创作者具备一定的市场洞察力和广告策划能力。

2.IP效应与粉丝信任

1）建立IP效应

一个成功的IP可以带来大量的粉丝和关注度，从而提升变现效率。创作者需要注重个人品牌的打造，形成独特的风格和形象。

2）增强粉丝的信任和黏性

粉丝的信任和黏性是变现的关键。创作者需要通过与粉丝的互动、提供有价值的内容等方式，提升粉丝的忠诚度和增强粉丝的信任感。

（三）短视频变现的方式

1.平台补贴变现

平台补贴变现

为吸引并留住顶尖短视频创作者，同时激励他们不断创造引人入胜的高质量内容，众多短视频平台纷纷采取了极具吸引力的举措——实施平台补贴与流量共享激励计划。这些计划为符合条件的创作者提供了直接的经济支持与流量红利，旨在营造一个既能激发创意又能保障创作者权益的良好生态。

一旦创作者选择加入这一行列，只要他们发布的短视频作品达到平台设定的标准，诸如内容原创性、观看时长、用户互动率等关键指标，即可自动获得由平台提供的补贴金及基于短视频流量的额外收益。这一机制不仅是对创作者才华与努力的直接回馈，更是对他们持续贡献优质内容的强大激励，从而促进了整个短视频行业的健康与繁荣。

1）抖音：全民任务

全民任务是抖音推出的创作者激励活动，只要参与对应任务并发布短视频，抖音便会对符合要求的短视频按照播放量、互动量（点赞、评论、转发）等维度为优质短视频创作者提供现金、流量、礼品等形式的奖励。

参与全民任务活动对新手短视频创作者来说十分友好，不仅参与门槛低，而且参与方式也比较简单。具体操作为：在抖音中的"我"界面中点击右上角"☰"按钮，点击"抖音创作者中心"选项，在打开的界面中点击"全部"按钮，然后在打开的"工具服务"面板中点击"变现任务"选项，进入"变现任务中心"界面，如图7-2所示；查看该界面中最近可以做的任务；点击感兴趣的任务，查看该任务的具体详情，点击"去参与"按钮，即可参与任务。

图7-2　抖音变现任务中心

2）快手：星火计划

快手深刻洞察到短视频创作者的成长需求与愿景，特此推出了"星火计划"，旨在打造一个全方位支持创作者发展的生态系统。该计划的核心在于为短视频创作者铺设更广阔的舞台，提供更多的曝光机会，助力他们跨越传统界限，触达更广泛的用户群体。

参与快手星火计划的创作者，将通过完成一系列精心设计的任务与挑战，不仅能够在快手平台上获得显著提升的流量支持，还将直接收获丰厚的现金奖励。参与星火计划的方式比较简单，只需在快手"首页"界面中点击右上角的搜索图标按钮，输入"创作者中心"五个字，在打开的界面中点击"进入"按钮，然后点击"全部服务"按钮，在"变现服务"栏中点击"星火计划"按钮，如图7-3所示；查看"星火计划"的详情说明，如图7-4所示；点击"加入星火计划，开始赚钱"按钮，进入"星火计划"界面，如图7-5所示，在其中选择自己感兴趣的计划并加入，然后根据任务要求制作和发布短视频，若满足任务要求即可获得收益。

图7-3 点击"全部服务"

图7-4 "星火计划"详情说明

图7-5 加入"星火计划"

图7-6 "北极星计划"界面

3）微信视频号：北极星计划

微信视频号隆重推出了"北极星计划"，这是一项旨在深度挖掘并全力扶持杰出短视频创作者的宏伟蓝图。该计划的核心聚焦于发现那些独具匠心、内容优质的创作者，通过一系列精心设计的任务与评估体系，为这些创作者提供广阔的展示舞台。

参与北极星计划的方式为：进入微信视频号的"创作者中心"界面，在"创作者服务"栏中点击"更多"选项，点击"成长激励"栏中的"北极星计划"选项，查看计划中的各种活动，如图7-6所示；点击"作者招募"选项并查看正在进行中的活动的详情，如图7-7所示；在想要参与的活动栏中直接点击"参与"按钮，然后在打开的界面中点击"参加计划"按钮，如图7-8所示。

4）哔哩哔哩：创作激励计划

创作激励计划是哔哩哔哩推出的针对UP主(uploader，上传者)创作的自制稿件(自制视频原创专栏或自制音频)进行综合评估并提供相应收益的计划。该计划旨在减少UP

主在内容创作上的成本与压力，增强其持续创作的信心与积极性，激励其创造出更多的优秀内容。

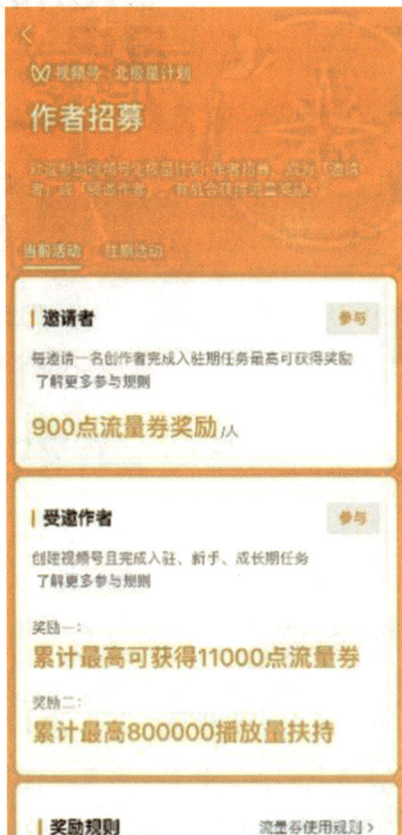

图7-7　"作者招募"界面

图7-8　点击"参加计划"

加入创作激励计划需要满足一定的条件，满足条件的 UP 主可在哔哩哔哩"我的"界面中点击"创作中心"图标按钮，在"创作中心"界面中点击"创作激励"图标按钮，进入"创作激励计划"界面中申请加入计划即可。

5）小红书：视频号成长计划

视频号成长计划是小红书针对在该平台上传短视频的短视频创作者设立的一项计划。该计划旨在帮助短视频创作者增加短视频的曝光量和粉丝数量，从而让他们获得更多的收益，为其创作提供发挥的空间。虽然小红书为加入该计划的短视频创作者设置了不同的准入门槛，但是一旦加入后，小红书会给短视频创作者提供百亿流量扶持等多项权益。

参与视频号成长计划的方法为：在小红书中的"我"界面中点击左上角"☰"按钮，在打开的面板中点击"创作者中心"选项，在打开的界面中点击"活动中心"选项，进入"活动中心"界面，找到自己想加入的活动，然后点击"去发布"按钮，如图7-9所示，根据提示报名参与计划。

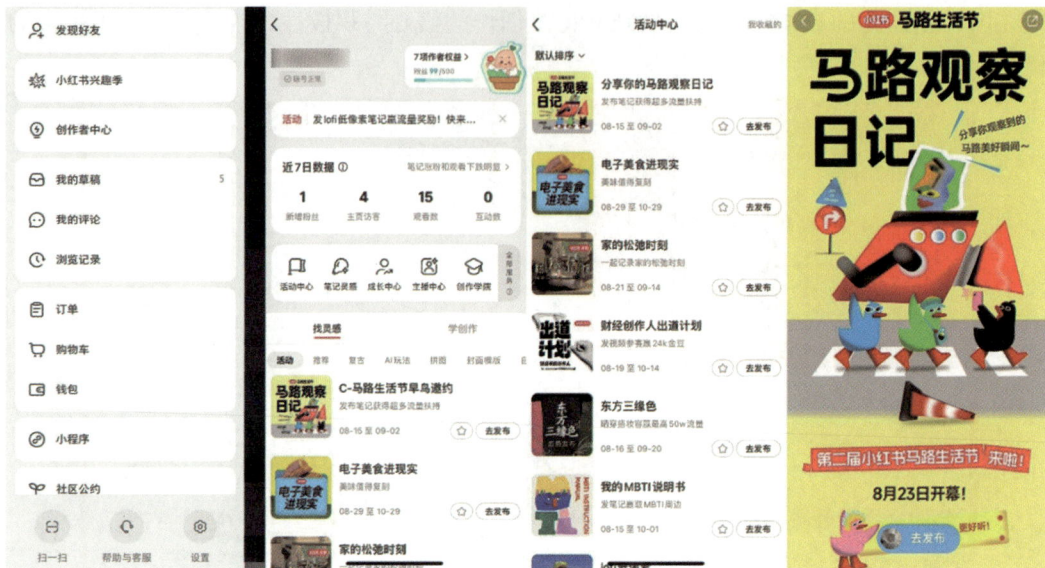

图7-9   小红书视频号成长计划

直通职场

　　除了定期提供的官方补贴计划外，各大短视频平台还会灵活推出多样化的特色计划，以进一步激发创作者的潜能与活力。例如，抖音平台就推出了诸如"中视频计划"，旨在鼓励创作者制作更高质量的中长视频内容；"站外播放激励计划"则着眼于扩大内容的跨平台影响力，为创作者带来额外的曝光与收益；"剧有引力计划"更是聚焦于影视剧情类内容的创作，为相关领域的创作者提供了专属舞台。

　　与此同时，快手平台也不甘落后，其"光合计划"与"光合优创计划"双管齐下，旨在为创作者提供更加全面和个性化的成长路径。这些计划不仅关注创作者的创作成果，更重视其个人能力的提升与创作环境的优化。

　　短视频创作者在参与这些计划时，需要细致研读活动要求，结合自身的能力与专长，量身打造符合计划导向的高质量内容。通过这样的努力，他们不仅能够赢取现金奖励与流量扶持等实质性回馈，更有机会获得各短视频平台的官方认证优先权，从而在行业内树立更加专业、权威的形象。这一系列举措无疑为短视频创作者开辟了更加宽广的成长空间与无限可能。

2.广告变现

　　当短视频创作者有了一定的粉丝量和播放量后，可以通过短视频平台进行广告变现。由于广告主一般都会在粉丝量、播放量、精准性方面对短视频创作者有硬性要求，因此广告变现的门槛会相对高一些。广告变现是目前比较普遍的一种短视频变现方式，短视频创作者主要通过在短视频内容中推广产品、展示品牌来获取收益。短视频广告主要有硬广和软广两种。

1）硬广

硬广即硬性广告，是一种较为明显、直接的广告形式，通常以展示品牌或产品为主要内容，目的是推销产品或服务，一般不带有隐晦或间接的表达。

2）软广

软广即软性广告，是指在短视频中隐性或间接插入商家产品或服务的广告形式，通常不会直接提到品牌或产品名称，而是通过内容、场景、人物等方式进行暗示或引导。因此软广与短视频内容比较贴合，不会让用户感觉广告太过突兀。

硬广的呈现形式虽然比较生硬，但是成本较低。软广的植入方式多种多样，如道具植入、剧情植入、场景植入和台词植入等。常见的软广主要是剧情植入广告，如将广告主的品牌、产品植入短视频的剧情中，让用户在观看过程中不知不觉地形成记忆，进而去了解广告中的产品或服务。这种广告对于用户来说接受程度比较高，而且不容易影响用户体验。图7-10所示的亲子类短视频中虽然展示了牛奶产品，但是并没有影响整个短视频的内容节奏与完整性，而是让广告很好地融入短视频内容中，让用户在无形之中接收到了广告信息，起到了很好的宣传效果。

图7-10　亲子类短视频的软广

📔 **思政园地**

　　广告变现对于短视频创作者来说意味着收益的增加，但同时也存在一定的法律风险。这就需要短视频创作者增强自身的法治观念，做社会主义法治的忠实崇尚者、自觉遵守者、坚定捍卫者，遵守相关法律规定，尽可能地把控风险。

　　短视频创作者在选择产品或服务时，应避开法律明文规定不允许通过互联网平台进行宣传或销售的产品或服务，如烟草等。同时，短视频创作者还需要确保广告内容的真实性和合法性，不得发布虚假、夸大或误导性的广告，遵守《中华人民共和国广告法》等相关规定，若发现商家提供的产品或服务不符合实际情况，应立即拒绝或停止合作。此外，短视频创作者还需要确保广告内容的公正性，不得使用虚假或误导性的手段来推销产品或服务。

　　3.知识付费变现

　　随着各种互联网移动产品的出现，信息查询更加便捷，但由于信息众多且烦琐，用户不能马上获取有价值的信息。知识付费可以帮助用户节省大量的时间和精力，在短时间内找到想要的信息，因此，很多用户愿意为高质量的知识买单。并且，知识付费也激励着创作者创作更多有价值的短视频内容。良性循环使得知识付费这一变现方式越来越得到大众认可。简单来说，知识付费的本质，就是把知识变成产品，并销售出去。

　　短视频内容丰富、覆盖群体广，用户活跃度较高、黏性较强，因此，各大短视频平台纷纷推出知识付费业务。目前，知识付费变现中常见的方法主要有课程变现、咨询变现、出版变现三种。

　　1）课程变现

　　现如今，越来越多的人借助网络课程提高学习、生活和工作技能，因此，网络课程成为移动互联网时代的新型学习方式。很多短视频创作者将自己的知识、技能或经验制作成系列短视频，并通过短视频平台向用户展现部分内容以吸引用户关注，待积累足量的用户后再引导有需求的用户为更有价值的知识付费。

　　图7-11所示为一个学习办公软件的技能类短视频账号，用以吸引想要学习办公软件的用户关注。用户若想系统化地学习相关技术，就可以点击短视频下方链接，即可进入相应的课程购买界面，购买网络课程并学习课程知识，如图7-12所示。

图7-11　学习办公软件的技能
类短视频账号

图7-12　课程购买界面

直通职场

　　课程变现的关键在于课程内容有付费的价值，具有较强的专业性、稀缺性和系统性。对于用户来说，价值越大的课程越值得付费观看，越能激起用户付费学习的兴趣。

2）咨询变现

咨询变现指的是短视频创作者通过短视频分享自己的专业知识或经验，然后吸引用户关注，获得用户的认可，再通过在线一对一的付费咨询服务来实现变现。目前，短视频平台中比较热门的咨询类型有健康咨询、法律咨询、心理咨询、情感咨询等。

图7-13所示为法律咨询相关内容的短视频账号，其以介绍法律知识来吸引用户。用户点击短视频下方的咨询链接，即可进入相应的界面查看详细的咨询服务，如图7-14所示。

图7-13 法律咨询类短视频账号

图7-14 法律咨询服务界面

图7-15 樊登抖音个人账号主页

3）出版变现

出版变现主要是通过出版图书获得相应收入。在移动互联网时代，短视频可以为图书出版做推广，积累用户基础，而图书出版可以扩大短视频的影响力。出版变现对短视频创作者的素质和技能要求都非常高，但同时也能带来长期的收益。图7-15所示为帆书(原樊登读书)创始人樊登在抖音的个人账号，该账号中的短视频内容多为樊登以脱口秀的方式与用户分享和探讨热点话题，以吸引用户关注。当该账号积累了数百万粉丝后，樊登出版了多本图书（图7-16），获得了不错的销量。

图 7-16　樊登抖音个人账号的图书产品

4.电商变现

电商变现即通过短视频内容实现产品的推荐及销售转化，主要有两种变现方式，一是自营电商店铺变现，二是第三方网络店铺变现。

1）自营电商店铺变现

许多短视频平台为了实现自身平台的商业闭环，增添了电商功能，也就是自营电商店铺，如抖音小店、快手小店、小红书店铺等自营电商店铺属于短视频平台内的电商平台。其主要具有两大优势：一是用户在购买产品时无须跳转至第三方平台，可以直接在短视频平台中购买；二是短视频创作者可以直接在短视频中添加产品链接，该链接将直接显示在短视频播放界面的下方，用户在观看短视频时可以点击产品链接购买。

在小红书短视频中点击下方产品链接可跳转到产品购买界面，如图 7-17 所示；点击"领券购买"按钮，即可购买该产品，如图 7-18；点击账号头像可进入该个人账号界面，点击"店铺"图标按钮，可进入该账号个人店铺中查看更多产品，如图 7-19 所示。

图7-17　某电商类小红书短视频

图7-18　某小红书店铺产品

图7-19　某小红书店铺主页

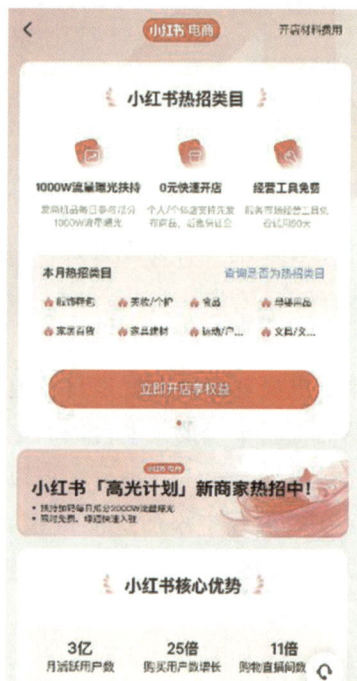

图7-20　开设小红书店铺

短视频创作者可以在短视频平台开设线上店铺，然后将用户引流到账号自营电商店铺，实现流量变现。下面以开设小红书店铺为例，介绍短视频平台的自营电商店铺变现方式，具体操作如下。

打开小红书App，在小红书中的"我"界面中点击左上角"▤"按钮，在打开的面板中点击"创作者中心"选项，进入界面后点击"全部服务"选项，在"收益变现"栏中点击"开通店铺"图标按钮，在打开的界面中点击"立即开店享权益"按钮，如图7-20所示。

在"店铺申请"界面中选择想要开设的店铺类型，这里选中"个人身份"选项，然后点击"立即入驻"按钮，如图7-21所示。

在打开的界面中选择主要售卖的产品类型，这里选中第一种类型，如图7-22所示。

在打开的界面中提交个人身份信息，然后继续按照系统提示操作，申请完成后即可开设店铺。

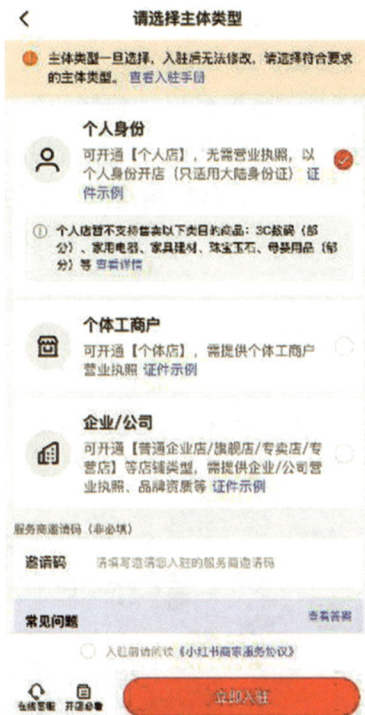

图7-21　"店铺申请"界面

图7-22　选择主要售卖的产品

直通职场

　　除了深耕小红书这一平台外，短视频创作者还拥有广阔的舞台，可以在其他多元化的短视频平台上开设线上店铺，以此作为实现内容变现的新渠道。然而，值得注意的是，每个短视频平台对于线上店铺的开设标准与运营规范均有所不同，这就要求创作者们在迈出这一步时，务必细致入微地了解并遵循各个平台的具体要求。

　　为了最大化利用短视频平台的商业潜力，创作者应当保持高度的市场敏感度，持续关注并研究不同平台的最新政策、用户画像、消费趋势以及成功案例。通过精准把握平台特色与用户偏好，创作者能够更有效地设计店铺布局、优化产品结构、制定营销策略，从而在激烈的市场竞争中脱颖而出，实现内容与商业的双赢。

2）第三方网络店铺变现

第三方网络店铺变现策略，是短视频创作者巧妙利用其在各大短视频平台（如抖音、快手、哔哩哔哩、小红书及微信视频号等）累积的庞大流量与忠实粉丝基础，将这些宝贵的线上资源引流至自营的第三方网络店铺（如拼多多、天猫、京东等），通过直接售卖短视频中展示或提及的同款产品，实现内容价值向经济价值的转化。这一策略已成为众多短视频账号在粉丝基础稳固后，寻求商业变现的重要途径。

以四川某知名美食类短视频账号为例（图7-23），该账号以其独特的生活化视角，生动展现了四川地道美食与深厚的乡土文化，不仅唤起了用户对美好生活的向往，也成功地将四川的美食魅力传播至全国乃至更广泛的地域。通过持续输出高质量的美食制作与享用内容，该账号在多个短视频平台上获得了大量用户的喜爱，彰显了其强大的内容吸引力和用户黏性。

基于这样的流量与粉丝基础，该账号巧妙地将短视频平台上的高人气转化为电商领域的购买力，通过在拼多多与天猫开设自营旗舰店，实现了从内容创作到产品销售的无缝对接。这一举措不仅丰富了账号的变现渠道，也为粉丝带来了便捷的购物体验，让他们能在享受视觉盛宴的同时，轻松购买到心仪的美食产品，实现了创作者与粉丝的双赢，如图7-24所示。

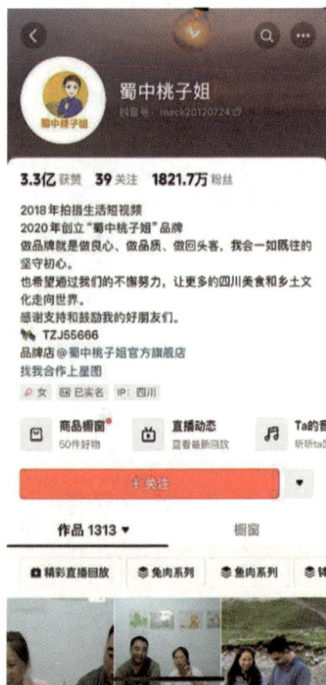

图7-23　某知名美食类短视频账号

图7-24　某短视频账号开设的拼多多、天猫自营旗舰店

5.直播变现

直播的出现为短视频带来了新的机遇，也为短视频变现打开了一扇新的大门。短视频创作者可通过直播的方式推销产品，吸引用户购买产品，从而获得收益；也可以接受用户的打赏，从而获得更多的关注和流量，实现直播变现。

1）直播带货

直播行业不仅铸就了众多商家的辉煌，也催生了一大批知名主播。国货之光如逐本、百雀羚等品牌，在知名主播的强力助推下，凭借直播带货的浪潮，成功打造了一系列热销单品，销售额实现了质的飞跃。然而，直播带货犹如双刃剑，机遇与挑战并存，要求短视频创作者在策划一场高效带货直播时，需要精细布局以下四大关键要素。

（1）精选带货产品：产品的选择直接关乎直播的成效与用户的满意度。创作者需要深入洞察市场需求，精选那些销量与口碑俱佳的产品，或是以赠品形式巧妙引入新品，测试市场反应，依据用户反馈灵活调整策略，确保所售产品精准对接消费者需求。

（2）精细打磨直播流程：一个流畅且引人入胜的直播流程是成功的关键。创作者需要细致规划每个环节，确保直播各环节时间分配合理，避免冷场与遗漏，同时预留弹性空间以应对突发状况。通过预演来不断优化细节，剔除任何可能侵权的元素，并精准掌握直播节奏，营造积极互动的直播氛围，给用户留下深刻印象。

（3）全面检测直播设备：设备是直播的基石，任何技术故障都可能瞬间浇灭用户的观看热情。因此，创作者务必在直播前对所用设备进行彻底检查，确认设备完好无缺、数量充足且功能正常。小到摄像头、麦克风，大到灯光、网络，每一个细节都不容忽视，确保直播全程顺畅。

（4）精心策划直播预热：预热是吸引用户、提升直播关注度的有效手段。通过发布精心制作的直播预告短视频，巧妙设置悬念，清晰传达直播时间、亮点内容及特色产品信息，不仅能够有效引流，还能进一步巩固个人品牌或商家形象，激发用户兴趣。如今，大部分的短视频平台都有直播功能。

2）用户打赏

用户打赏是指用户对喜爱的直播内容通过赏金的方式进行资金支持，赏金以虚拟礼物的形式被赠送给短视频创作者。用户通过充值购买虚拟礼物，而短视频创作者获得虚拟礼物后可折现，且通常需要和短视频平台按比例分成。图7-25为某短视频平台的用户打赏界面。

相较于其他变现途径，直播变现以其无与伦比的实时互动性脱颖而出，为短视频创作者开辟了更为广阔的收益空间。想要充分利用这一优势，具体做法如下。

第一，构建信任基石。在直播领域，用户的信任是无价之宝。为此，创作者应遵循以下三大黄金原则。一是诚信为本，确保直播内容真实可靠，避免任何误导性或欺骗性的信息，同时，对于给用户的承诺，务必全力以赴兑现。二是守时如金，严格遵守设定的直播时间表，

图7-25　某短视频平台的用户打赏界面

如遇不可抗力因素需要调整直播时间，务必提前通知用户，维护良好的时间管理形象。三是持之以恒，深知用户积累非一日之功，需要保持长期稳定的直播频率，以时间和努力赢得更多用户的青睐。

第二，点燃互动热情。直播的魅力在于即时交流，创作者应主动出击，通过寻找与用户共鸣的话题，激发直播间的活力与提升用户参与度。保持对话的开放性和趣味性，让每一位进入直播间的用户都能感受到温暖与欢迎，有效避免冷场，保持直播氛围的活跃。

第三，深化情感联结。情感是连接创作者与用户的纽带。通过个性化关怀，如在特殊节日推出专属福利、组织粉丝见面会，以及细致入微地感谢每一位赠送礼物的粉丝，念出他们的名字并表达感激之情等，这些细微之处都能让粉丝感受到被尊重与被珍视，从而深化情感联结，提升粉丝忠诚度。

第四，精准响应需求。直播过程中，用户通过弹幕传达的每一条信息都是宝贵的反馈。创作者应设立高效的信息监控机制，如设置专人或专用设备实时关注弹幕动态，确保对用户的需求、疑问乃至建议都能迅速且恰当地给予回应。这种即时反馈机制不仅能提升直播质量，还能显著增强用户的参与感和提升其满意度，为直播间的长期发展奠定坚实的基础。

6.其他变现方式

除了前面所讲的常见的短视频变现方式外，短视频创作者还可以根据自身特点或需求，尝试选择其他变现方式，如线下引流变现、社群变现、IP衍生变现等。

短视频的其他
变现方式

1）线下引流变现

短视频线下引流变现是指通过在短视频平台发布短视频，将用户引导到线下消费，以实现盈利。比较常见的方式就是通过短视频进行同城引流，短视频内容范围覆盖了食品、二手车、旅游、装修、美容，美发等各个行业。例如，某酒店在其抖音账号发布宣传短视频，利用抖音账号的流量和影响力，通过优惠活动吸引用户到线下酒店入住，从而实现变现。

2）社群变现

社群，作为人际关系的紧密联结体，是一个由志同道合者构成的虚拟空间，成员间在此交流思想、增进理解、培育情感，共同编织出一张紧密的社会网络。一个成熟而典型的社群，不仅拥有稳固的成员架构与统一的群体意识，还遵循着明确的行为准则，保持着活跃的互动氛围，成员间分工明确，协同行动，展现出高度的组织性与凝聚力。

社群变现策略，正是基于这一坚实的社群基础，巧妙地将短视频平台上的目标受众引导至微信、QQ等社交媒体平台，构建起以共同兴趣为核心的圈层，最终促进消费行为的产生。其精髓在于口碑效应的运用，通过用户间的正面评价与传播，持续吸引新成员的加入，构建深厚的情感联结与信任体系，进而塑造独特的个人品牌形象，为产品赋予不可复制的价值。

实施短视频社群变现，可遵循以下三大关键步骤。

（1）步骤1：吸引用户关注。

用户是社群发展的基石。短视频创作者需要巧妙运用创意内容，如围绕电动牙刷设计的趣味刷牙情景剧、实用的口腔护理小贴士等，激发用户的好奇心与兴趣，引导他们关注账号，成为潜在社群成员。

以电动牙刷品牌"洁齿微笑"账号为例，该账号团队设计了一系列创意内容来吸引用户关注。其中一个短视频以"时间旅行者的刷牙挑战"为主题，展示了主角使用电动牙刷在不同历史时空中刷牙的趣味场景，如穿越到古代与古人分享现代口腔护理知识，或是未来世界的高科技刷牙体验。同时，穿插实用的口腔护理小贴士，如正确的刷牙方法、牙线的使用技巧等，既具有娱乐性又具有教育意义，迅速吸引了大量用户关注和点赞，账号粉丝量在短时间内大幅增长。

（2）步骤2：精准引流至社群。

在积累了一定的粉丝基础后，通过高质量的内容持续输出与高频次的互动，增强用户黏性。随后，从积极参与互动的忠实粉丝中筛选出目标用户，利用诸如拼团优惠、限时赠送等激励措施，引导他们加入社群，进一步扩大社群规模。

随着"洁齿微笑"账号粉丝量的增加，该账号团队开始实施精准引流策略。他们首先通过问卷调查了解粉丝的兴趣偏好和需求，然后筛选出那些对电动牙刷使用技巧、口腔健康知识有高度兴趣且积极参与互动的忠实粉丝。接下来，利用一系列创意引流活动，如："好友拼团享优惠"——邀请三位好友加入拼团即可享受电动牙刷特别折扣；"限时免费试用官招募"——前100名入群的粉丝有机会获得电动牙刷免费试用一个月的机会，并需要分享使用体验至社群。这些活动有效激发了粉丝的参与热情，成功将大量目标用户引流至社群。

（3）步骤3：精心维护，促进转化。

社群建立后，维持其活跃度与凝聚力至关重要。这包括但不限于线上线下活动的融合举办，促进信息的流通与成员间的情感交流；致力于打造卓越的社群口碑，通过优质服务与高质量内容赢得成员认可，激发自传播效应；持续不断地为社群成员提供价值，无论是专业知识的分享还是个性化的服务体验，都是增强社群生命力、促进变现转化的关键。

社群建立后，"洁齿微笑"账号团队致力于打造一个温馨、专业的交流环境。他们定期组织线上口腔健康讲座，邀请口腔专家为社群成员解答疑问，分享最新的口腔护理研究成果；同时，举办线下聚会活动，如户外徒步，结合口腔健康知识进行宣传，让成员们在轻松愉快的氛围中加深对彼此的了解和信任。社群内还设有"每日口腔小知识"

栏目，持续为成员提供有价值的内容。此外，社群管理团队密切关注成员反馈，及时解决问题，确保每位成员都能感受到被重视和被关怀。通过这些努力，"洁齿微笑"社群不仅保持了高度的活跃度和凝聚力，还成功转化了大量潜在消费者，品牌知名度和销售额均实现了显著提升。

3）IP衍生变现

当短视频账号成长为拥有庞大忠实粉丝群体的超级IP时，其商业价值便迎来了全面爆发的契机。创作者可围绕IP核心，开发多元化的衍生产品或服务，如创立自有品牌、跨界合作、涉足影视制作乃至参与热门综艺节目等，全方位挖掘IP的市场潜力，实现收益的多元化与最大化。这一过程不仅是对IP影响力的深度挖掘，更是创作者个人品牌价值的全面升华。还有一种IP衍生变现的方式就是，当短视频账号被打造成更强大的IP后，将短视频的内容转化为电影、栏目、广告等其他形式。例如，某短视频账号通过制作漫画动画短视频收获了大量的粉丝，图7-26所示为该短视频抖音账号的界面，其粉丝规模庞大，获赞上亿次。该短视频账号在影视、漫画、图书等领域拓展了大量衍生业务，图7-27所示为与该短视频账号相关的绘本漫画书，图7-28所示为该短视频账号中主要角色的相关摆件。

图7-26 某漫画动画类短视频账号

图7-27 与某短视频账号相关的绘本漫画书

图7-28 某短视频账号主要角色摆件

拓展案例

"凯叔讲故事"——一段从心出发的商业传奇之旅

自 2014 年 4 月，前中央电视台资深主持人王凯，以其深厚的配音艺术底蕴与丰富的主持经验为基石，加之对亲子情感的深刻洞察，匠心独运地开启了"凯叔讲故事"这一温馨篇章。起初，这仅仅是一个源自父亲对子女无尽爱意的睡前故事分享平台，通过微信公众号这一新媒体窗口，王凯以温柔而富有磁性的嗓音，为万千家庭编织了一个又一个梦幻般的童话夜晚。

知识付费变现
案例分析：
凯叔讲故事

短短两载春秋，这份源自心底的温情与坚持，如同春风化雨般滋养了无数孩子的心灵，也悄然间汇聚成一股不可小觑的力量。"凯叔讲故事"微信公众号迅速成长为拥有上百忠实粉丝的亲子文化地标，构建起了一个充满活力与温度的互联网亲子社群。在这个独特的空间里，每一个家庭都能找到共鸣，每一次点击都是对高质量陪伴理念的认同与践行。

为了深化社群凝聚力，激发用户的持续参与热情，"凯叔讲故事"创造性地引入了"打卡"机制，将学习与互动进行巧妙融合。家长们与孩子一同参与，通过完成每日的学习任务、分享心得，不仅能够获得实质性的奖励，更能在这一过程中加深亲子间的情感联结，共同见证成长的足迹。以"父母育儿训练营"为例，这一精心设计的课程不仅传授科学的育儿知识，更鼓励家长们通过提交听课笔记、作业分享等形式，积极参与到社群的学习与讨论中来，形成了良好的学习氛围与正向激励循环。

随着品牌影响力的日益扩大，"凯叔讲故事"已远远超越了最初的音频故事范畴，逐步转型为一家专注于原创儿童内容创作与教育的领先品牌。其在各大社交媒体平台上的影响力同样不容小觑，如图 7-29 所示，在抖音这一充满活力的短视频平台上，"凯叔讲故事"的粉丝群同样热闹非凡，成为连接品牌与广大家长、孩子的又一重要桥梁。

王凯与"凯叔讲故事"团队，以匠心独运的内容创作、创新互动的社群运营，以及对儿童教育事业的无限热爱，共同绘制了一幅关于成长、陪伴与梦想的美丽画卷。这不仅是一段商业变现的成功故事，更是对儿童教育领域深刻洞察与不懈探索的生动诠释。随着短视频进入爆发式增长，"凯叔讲故事"这一品牌在小红书、抖音、快手、微信视频号等多个短视频平台均开设了账号，通过在短视频平台发布原创短视频，以及前期在微信公众号中的粉丝积累迅速吸引了大量用户关注，也获得了短视频平台的流量支持。为了通

过短视频实现变现，"凯叔讲故事"在短视频中对产品进行了详细介绍，引起用户的兴趣后，促使用户通过自营电商店铺和第三方网络店铺购买产品。图7-30所示为抖音中的"凯叔讲故事官方旗舰店"店铺页面。同时，"凯叔讲故事"还会在多个短视频平台开启直播，通过直播带货实现变现。

图7-29 凯叔的粉丝群

图7-30 "凯叔讲故事官方旗舰店"店铺页面

随着粉丝规模不断扩大，"凯叔讲故事"还为家长设计帮助孩子成长的付费育儿课程，通常以微课的形式授课，受到了很多家长的欢迎。同时，"凯叔讲故事"还与出版社合作，推出了一系列图书，成功实现了知识付费变现。

三、任务实践

(一) 任务背景

为了进一步深耕短视频运营领域，小张同学及其项目组决定启动账号的矩阵化运营策略。通过对阳山水蜜桃短视频的深入数据分析，小张同学及其项目组构思并着手制定一个针对性的短视频账号矩阵化运营方案。根据阳山水蜜桃产品的独特性和目标受众的分布情况，他们精心选择了多个适合的短视频平台进行账号布局，为不同平台或不同受众创建了多个账号，并为每个账号设定了独特的定位和风格，以期形成互补效应。同时，为了提升内容的传播效果和增强用户黏性，小张同学及其项目组根据不同平台的用户特点和偏好，进行内容的差异化定制。

（二）任务目标

1.掌握短视频变现方法

通过实践，学生需要熟练掌握短视频广告植入、品牌合作、电商带货等多种变现方法。

2.提升变现能力

通过短视频创作与运营，掌握有效的变现方法，提高短视频的商业价值。

3 优化变现策略

根据短视频平台的数据反馈，不断调整和优化变现策略，以实现收益的最大化。

（三）任务内容

1.步骤1：选择平台和账号布局

1）选择平台
根据目标受众的分布情况和短视频平台的用户特点，选择合适的短视频平台（如抖音、快手、小红书等）进行账号布局。

2）账号布局
为不同平台或不同受众创建多个账号，形成短视频账号矩阵。每个账号设定独特的定位和风格，形成互补效应。

2.步骤2：推广与引流

1）利用平台功能
充分利用短视频平台的推荐算法、热门话题等功能，提高短视频的曝光度和增强短视频的传播效果。

2）合作与联动
与其他短视频创作者或品牌进行合作，通过互推、联合活动等方式，扩大受众范围。

3. 步骤3：变现策略实施

1）广告植入

在短视频中植入广告，为品牌或产品做宣传。根据广告效果与广告主协商费用。

2）短视频带货

在短视频中展示和推荐产品，引导用户购买。通过电商平台或短视频平台的产品链接实现产品销售。

3）平台奖励分成

参与短视频平台的创作者激励计划或任务，根据短视频播放量、互动数据等指标获得平台奖励分成。

（四）总结分析

根据每个组长的汇报情况，教师进行总结点评，并排出各组的名次。

项目八　短视频制作实训案例

项目背景

近年来，随着网络技术的快速发展，短视频、直播电商等新媒体形式成为解决农产品销售难题的有效手段。它们不仅能够降低农产品的交易成本，而且可以有效地解决农产品产销信息不对称的问题，打破农产品销售的时空限制。2020年，许多农产品出现了滞销的情况，电商平台纷纷启动了"爱心助农"计划，通过直播等方式，许多地方官员走进直播间，为本地特产代言，有效解决了农产品滞销的问题。这些新方式不仅帮助农户实现了农产品的快速销售，也加深了消费者对农产品品牌的印象，形成了可持续的品牌竞争力。

沂蒙山区土地丰饶，以其得天独厚的自然条件孕育出了品质上乘的黄桃，然而由于地理位置相对偏远，黄桃销售受到一定限制。为了响应国家乡村振兴战略，扩大沂蒙山黄桃的知名度和提升其市场竞争力，同时助力当地农户增收，我们计划通过短视频这一新兴媒介进行产品推广。小李是一名短视频制作专业的学生，拥有专业的制作技能和创新思维，教师安排他负责沂蒙山黄桃的短视频推广项目，旨在通过创意内容吸引目标消费者，激发他们的购买欲望，推动当地农产品的销售，为乡村振兴贡献力量。

学习目标

◇ 素养目标

1.引导学生具备良好的职业道德和社会责任感，包括诚实守信、尊重版权、保护隐私等。

2.培养学生的创新意识和审美情趣，提高综合素质。

3.增强学生的团队合作精神和沟通能力，学会在团队中扮演不同的角色并相互协作完成项目。

4.引导学生遵守法律法规、公序良俗、商业道德，坚持正确导向，弘扬社会主义核心价值观，营造良好的网络生态。

◇ 知识目标

1.熟悉短视频创作的基本流程。

2.掌握短视频策划的方法和技巧。

3.掌握短视频脚本设计的要点。

4.掌握短视频剪辑的方法。

5.了解短视频的数据分析方法。

◇ 能力目标

1.能够通过团队合作完成短视频的策划、脚本、拍摄、剪辑、发布和数据分析全流程工作。

2.具备短视频内容策划的能力，包括精准定位目标人群、确定主题、风格设定等。

3.能够灵活运用所学知识设计短视频脚本。

4.能够运用剪映进行高质量的短视频剪辑和制作。

5.学会数据分析，能够通过用户反馈和平台数据优化短视频内容，增强传播效果。

工作场景与要求

小李接到教师布置的任务后，迅速投入并开展相关工作。经过调研，小李所在的项目组成员一致认为，开展短视频制作必须事先对各个环节进行细致规划，否则短视频可能无法顺利制作，也难以达到预期的传播效果。随后项目组成员讨论决定，为了提升沂蒙山黄桃的知名度和市场竞争力，需要从短视频的策划、脚本、拍摄、剪辑、发布以及数据分析等方面进行准备与分工。

任务一　短视频的策划

一、任务导入

短视频的策划

一个好的短视频策划不仅可以吸引目标用户关注，还能激发他们的情感共鸣，从而增强短视频的传播效果。沂蒙山黄桃作为一种的优质农产品，也需要通过有创意的短视频内容来提高其知名度和市场竞争力。在策划阶段，需要根据目标人群的需求和偏好，准确提炼产品卖点，最终确定内容的方向、风格以及选择合适的平台。接下来，我们跟随小李同学及其项目组一步步完成短视频的策划。

二、知识准备

短视频的成功与否，取决于能否激发目标用户的情感共鸣，满足其内在需求，赢得用户的喜爱和促使他们主动传播，直至成为爆款。因此，在策划阶段，我们需要深入了解目标人群的需求和偏好、准确提炼产品卖点，并确定内容的方向、风格以及选择合适的平台。

（一）目标人群分析

为了更加全面地收集目标人群的信息，通过专业的数据分析平台（如蝉妈妈、卡思数据、飞瓜数据、百度指数、360 趋势等），获取所需信息。

（二）产品卖点分析

1.挖掘自身卖点

在进行产品卖点分析时，可以运用 FBA 法则，即特性（feature）、优势（advantage）和益处（benefit）的法则，来挖掘产品的独特之处。FBA 法则是一种有效的营销工具，我们从沂蒙山黄桃的特性（feature）、如何给消费者带来的好处（benefit）以及竞争优势（advantage）三个方面来分析和展示产品的卖点。

2.分析同类竞品

分析同类竞品，就是分析竞争对手产品的卖点，主要可以从产品的包装、价格、口味以及用户反馈等方面进行分析，与自身产品进行对比，将有助于我们在短视频策划中突出沂蒙山黄桃的独特卖点。最终吸引目标消费者，激发他们的购买欲望。

（三）定位内容方向

在定位内容方向时，可以根据目标人群和产品卖点，定位短视频的内容风格、内容形式，创作出新颖且受欢迎的短视频内容。

三、任务实践

本任务实践将利用前面所学的知识，以沂蒙山黄桃为例，从目标人群分析开始，一步步完成短视频的策划。

（一）目标人群分析

登录蝉妈妈数据平台进行数据查询，在"达人"搜索栏输入"沂蒙山黄桃"并搜索，如图8-1所示。可以查看达人、商品、SPU、直播、视频、小店以及品牌等七个关于产品的不同信息。

图8-1 搜索"沂蒙山黄桃"

如图8-2所示，与"沂蒙山黄桃"有关的达人粉丝数最高是5.9万。如果想了解更多达人信息，可点击达人账号，查看基础分析、直播分析、视频分析、投放分析、带货分析、粉丝分析、达人诊断等数据，如图8-3所示。依次点击"粉丝分析"—"视频观众"，如图8-4所示，性别分布中，男性占比（51%）高于女性占比（49%）；年龄分布中，31～40岁占32.79%，为最高值，24～30岁占31.15%，18～23岁占16.39%；地域分布中，山东占比（74.19%）最高。

在"商品"搜索栏继续搜索"沂蒙山黄桃"，如图8-5所示，可以看到同类产品的竞品昨日销量最高的是250～500件，同时也能看到蝉选特推爆品之一——湖南炎陵高山黄桃。如果想要了解更多信息，可再点击排名最高的产品链接，进入查看，如图8-6所示。其他更多信息，可逐一查询。

每个平台的侧重点不同，所以想要获得某一产品的更多信息，需要综合使用两个或更多平台进行查询。以360趋势为例，查看更多关于沂蒙山黄桃的信息。

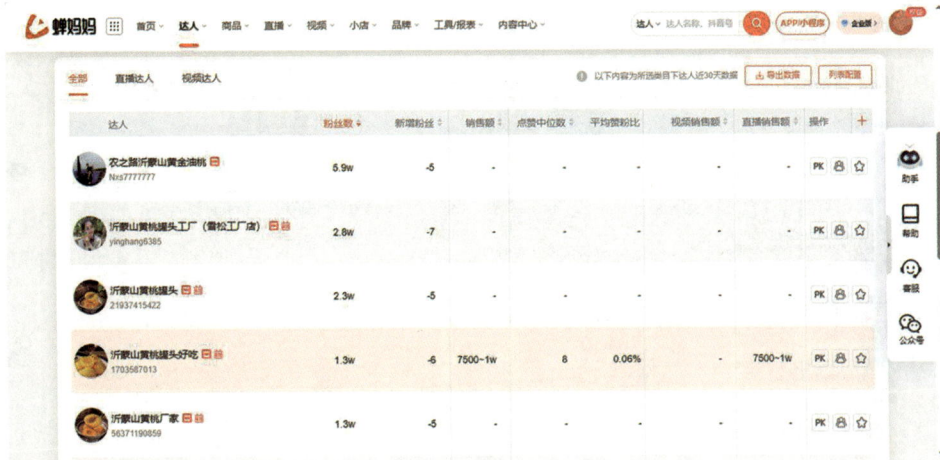

图8-2 查询"沂蒙山黄桃"达人数据

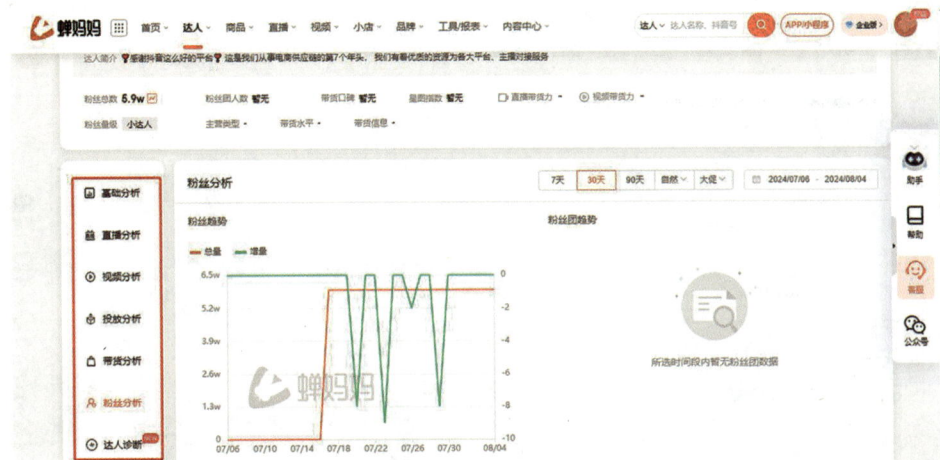

图8-3 达人"农之路沂蒙山黄金油桃"数据

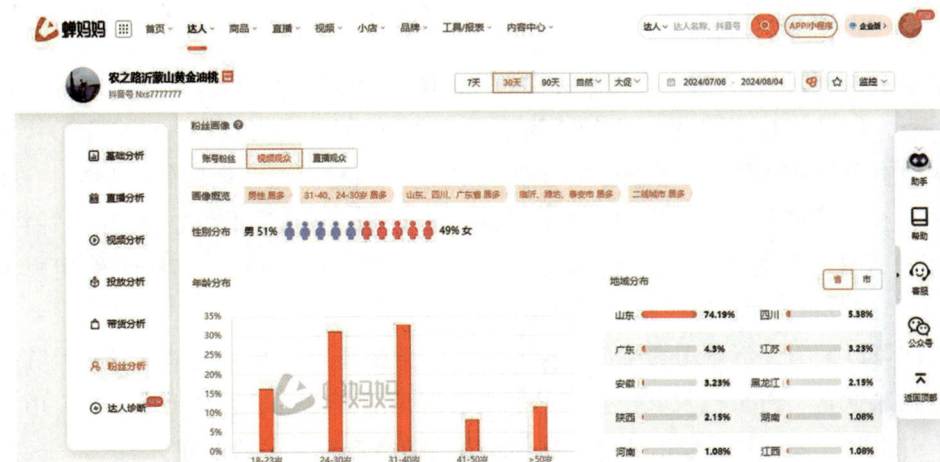

图8-4 达人"农之路沂蒙山黄金油桃"粉丝数据

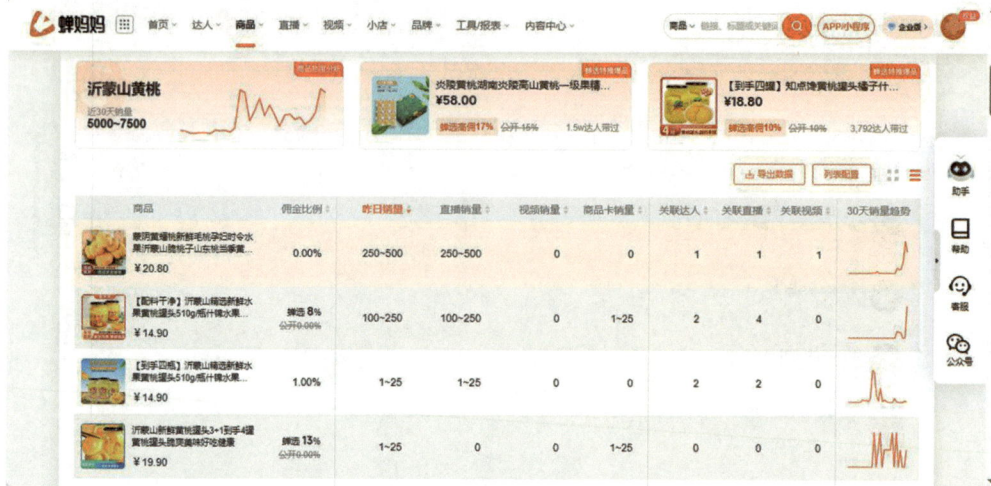

图8-5　查询"沂蒙山黄桃"商品数据

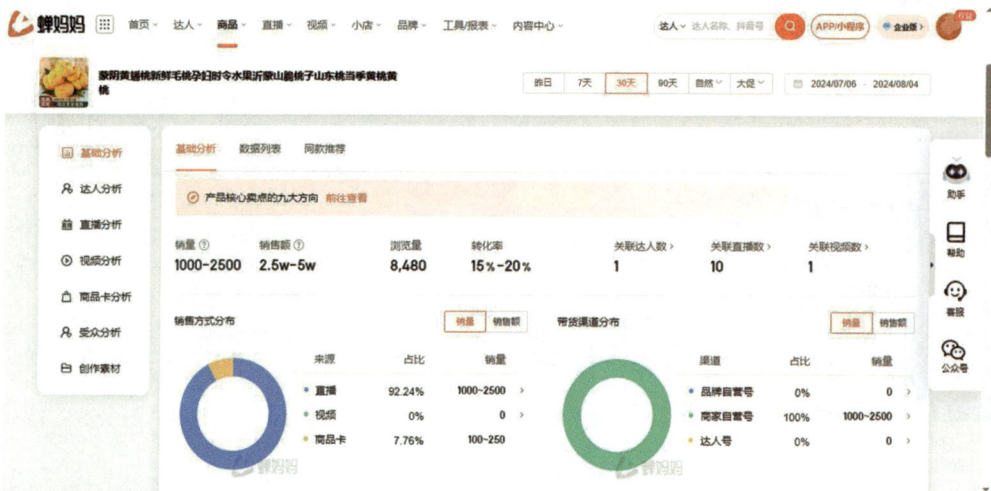

图8-6　蒙阴黄蟠桃新鲜毛桃孕妇时令水果沂蒙山脆桃子山东桃当季黄桃数据

　　登录360趋势平台，进一步搜索关键词"黄桃"，查看其变化趋势、需求分布、用户画像信息，如图8-7、图8-8、图8-9所示。

　　由以上图片可以看出，在"变化趋势"数据中，黄桃数据变化具有季节性，7～8月为旺季；在"需求分布"数据中，关联关注较多的是"罐头""功效与作用""图片"；在"用户画像"数据中，性别比例层面，女性用户占比（53%）高于男性用户占比（47%）；年龄分布层面，25～34岁用户占比（48%）最高。

　　由此可以推测，沂蒙山黄桃的目标人群可能主要是25～40岁的消费者，尤其是那些注重健康饮食、对黄桃及其衍生产品感兴趣的消费者。由于沂蒙山在山东，山东地区的人群更容易接触到沂蒙山黄桃，也可能对当地特产有更多的偏好。

图8-7 360趋势搜索"黄桃"查看变化趋势

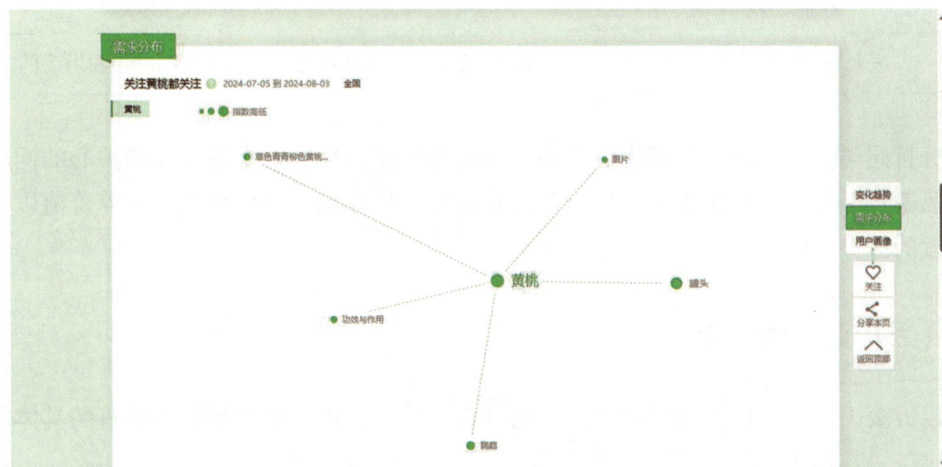

图8-8 360趋势搜索"黄桃"查看需求分布

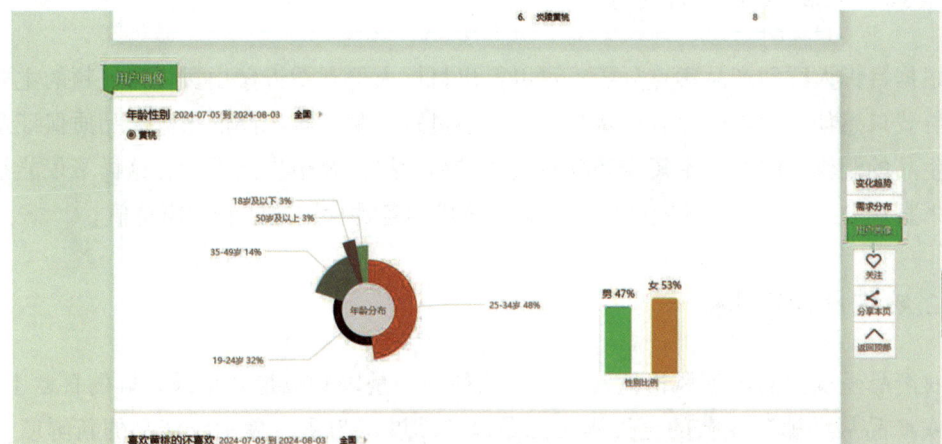

图8-9 360趋势搜索"黄桃"查看用户画像

（二）产品卖点分析

运用FBA法则挖掘"沂蒙山黄桃"产品卖点，见表8-1。

表8-1 挖掘"沂蒙山黄桃"产品卖点

序号	特性（feature）	优势（advantage）	益处（benefit）
1	天然生长环境（整体）	得天独厚的自然条件，品质上乘	提供纯天然、无污染的高品质黄桃
2	品质精选（近景）	外表圆润饱满、果肉脆甜多汁	带来愉悦的视觉享受和丰富的口感体验
3	果香浓郁（特写）	浓郁的桃子香气	增添食用时的感官享受
4	适合制作衍生产品（全景）	制作黄桃罐头、黄桃甜品等	满足不同口味和用途的需求

分析同类竞品，通过与湖南炎陵高山黄桃的对比分析，提炼消费者最关心的问题以及产品卖点，可以通过短视频强调沂蒙山黄桃的生长环境、口感特点、营养价值以及产地直发的优势，以此来吸引消费者的注意力。

（三）定位内容方向

以沂蒙山黄桃目标人群和产品卖点的分析结果为依据，对本短视频项目的具体内容进行定位，其具体步骤如下。

1.确定短视频展示的内容

根据目标人群和产品卖点分析，可以得出目标人群观看沂蒙山黄桃短视频的主要需求是寻找口感佳、营养价值高的水果，希望通过短视频了解产品的来源、品质保证及黄桃衍生品的制作。因此，本短视频项目选择产品拍摄以及衍生品展示，这样不仅能给用户带来直观的产品体验，还能让用户了解到黄桃的各种食用方法和健康价值。

2.确定内容的风格

农产品短视频的内容风格通常有以下几种：一是以Vlog形式记录采摘的日常工作，展示农产品从种植到收获的全过程；二是以产品展示为主，展示农产品的新鲜度、色泽、口感等特点；三是通过讲述与农产品相关的有趣故事或者背后的文化意义来激发用户的兴趣。由于我们无法到黄桃种植现场拍摄，因此我们选择以产品展示为主，展示黄桃圆润的外形、多汁的果肉、鲜艳的颜色以及衍生品。

3.确定短视频的内容形式

考虑到制作成本和团队的问题，以及本短视频项目以产品展示为主要内容，所以本短视频的内容形式以产品本身为主，可以出现人物的手部。

请各小组选取自己家乡具有代表性的一款农产品，完成表8-2的短视频策划。

表8-2　短视频策划

目标人群分析	
产品卖点分析	
内容方向	
内容风格	
内容形式	

任务二　短视频的脚本

一、任务导入

短视频的脚本

小李同学及其项目组在前期策划的基础上，已经明确了目标人群、产品卖点以及内容方向。现在的任务是通过撰写一份引人入胜的短视频脚本，来展示沂蒙山黄桃的独特魅力，激发潜在消费者的兴趣，进而促进产品的销售。一个好的脚本不仅要突出产品的独特卖点，而且要能触动消费者的情感，让他们愿意分享和传播，最终实现产品销量的增长。

二、知识准备

常见的短视频脚本有提纲脚本、分镜头脚本和文学脚本三种类型。根据前期短视频策划的思路，沂蒙山黄桃产品脚本适合使用分镜头脚本。分镜头脚本主要包括镜头的镜号、画面内容、时长、景别、拍摄方式、拍摄角度以及字幕等。由于用户的注意力在观看时还会受画面的影响，所以在设计分镜头脚本时，需要注意拍摄镜头的景别、构图以及持续时间的合理性。

三、任务实践

根据前期的分析和讨论，小李同学及其项目组撰写了一份关于沂蒙山黄桃的短视频脚本，如表8-3所示。

表8-3　沂蒙山黄桃视频脚本

镜号	画面内容	时长	景别	拍摄方式	拍摄角度	字幕	备注
1	展示切开的黄桃汁水丰富的状态	4秒	特写	固定拍摄	俯拍	真的绝了，一口爆汁	
2	展示黄桃圆润饱满的状态	2秒	全景	固定拍摄	正面	我还是头一次吃到这么好吃的黄桃	
3	水龙头下清洗黄桃	2秒	中景	固定拍摄	侧面	它就是来自沂蒙山的黄桃，一年只有这一季	
4	展示咬黄桃后爆汁水的状态	2秒	特写	固定拍摄	俯拍	现摘现发	
5	展示咬黄桃爆汁水	2秒	近景	固定拍摄	俯拍	自然成熟，不催熟	
6	手拿黄桃展示外观	2秒	全景	固定拍摄	俯拍	每一颗都是精挑细选，圆润饱满的好品质	
7	展示黄桃清脆的状态	2秒	全景	固定拍摄	俯拍	一口下去，汁水四溢	
8	展示黄桃爆汁水的状态	2秒	近景	固定拍摄	俯拍	如同泉涌，水嫩脆甜	

续表

镜号	画面内容	时长	景别	拍摄方式	拍摄角度	字幕	备注
9	展示黄桃新鲜的状态	2秒	全景	固定拍摄	俯拍	真的巨好吃	
10	倒牛奶，制作黄桃甜品	2秒	近景	固定拍摄	侧面	果肉纯甜，细腻无渣	
11	黄桃甜品靠近镜头	2秒	特写	固定拍摄	斜侧俯拍	每一口都是满满的桃子香	
12	展示制作成黄桃罐头	2秒	全景	摇镜头	斜侧俯拍	多种吃法	
13	黄桃罐头靠近镜头	2秒	特写	固定拍摄	斜侧俯拍	美味根本停不下来	
14	展示多种吃法	5秒	全景	摇镜头	俯拍	趁现在应季，一定要给家人安排上	

任务三　短视频的拍摄

一、任务导入

短视频的拍摄

小李同学及其项目组根据撰写好的脚本，拍摄沂蒙山黄桃短视频。拍摄是短视频制作过程中非常关键的一环，它直接决定了最终作品的质量。本任务旨在通过实际操作，将精心策划的内容转化为生动有趣的短视频片段，为后期剪辑提供优质的素材。

二、知识准备

（一）拍摄前的准备工作

（1）设备检查：确保相机、手机或其他拍摄设备电量充足，存储空间足够。

（2）脚本熟悉：再次审阅脚本，明确每个镜头的拍摄要求。

（3）场景布置：提前布置场景，确保背景干净整洁，符合脚本要求。

（4）光线调整：根据拍摄时间调整光线，必要时使用补光灯。

（5）道具准备：准备好所有需要用到的道具，如黄桃样品、器皿等。

（二）拍摄技巧

（1）稳定手持：使用稳定器或三脚架保持画面稳定。

（2）构图原则：遵循三分法则等构图原则，使画面更具吸引力。

（3）多角度拍摄：尝试不同的拍摄角度，增加短视频内容的多样性。

（4）特写镜头：对于细节部分使用特写镜头，突出黄桃的特点。

（三）后期考虑

备用方案：准备备用拍摄方案，以防天气或其他因素影响拍摄进度。

三、任务实践

（一）准备拍摄器材

（1）手机：由于没有特别复杂的拍摄要求，因此可以使用具备高清拍摄功能的手机进行拍摄。

（2）三脚架：使用手机三脚架，可以很好地保持手机拍摄时的稳定性。

（3）灯光设备：以自然光为主光，并配备便携式LED补光灯。

（二）布置场景和准备道具

（1）室内场景：选择明亮的室内空间，确保背景干净整洁。

（2）道具：准备新鲜的沂蒙山黄桃、绿叶、黄桃罐头、切菜板、刀具、勺子、果盘、牛奶、水龙头。

（三）现场布光

（1）自然光：选择光照较好的时间段，利用自然光作为主光源，选择顺光进行拍摄。

（2）辅助光：在光线不足的情况下，使用补光灯进行补充照明。

（四）拍摄素材

完成所有布置工作后，根据脚本内容逐一拍摄每个镜头。在拍摄过程中，注意捕捉黄桃的细节，如切开时的汁水喷溅、果肉的颜色等。使用多角度拍摄，如从顶部向下俯拍、侧面平拍等，以展示黄桃的不同方面，并确保画面稳定，避免晃动。根据拍摄进度灵活调整拍摄计划，确保按时完成所有拍摄内容。图8-10所示为拍摄好的沂蒙山黄桃短视频素材。

| 镜号1 | 镜号2 | 镜号3 | 镜号4 | 镜号5 | 镜号6 | 镜号7 |

| 镜号8 | 镜号9 | 镜号10 | 镜号11 | 镜号12 | 镜号13 | 镜号14 |

图8-10　沂蒙山黄桃短视频素材

任务四　短视频的剪辑

一、任务导入

短视频的剪辑

剪辑作为短视频制作过程中的重要一环，能够直接影响最终作品的质量和吸引力。小李同学及其项目组通过本任务的学习，将拍摄好的沂蒙山黄桃短视频素材剪辑成一个引人入胜的作品，激发潜在消费者的兴趣，进而促进产品的销售。

二、知识准备

剪辑是指将拍摄好的短视频素材按照一定的逻辑顺序和创意构思进行编辑和组合的过程，以形成一个连贯的、有吸引力的短视频作品。剪辑不仅仅是技术性的操作，它还涉及艺术创造和叙事技巧的应用。在剪辑的过程中，通常会考虑以下要素。

（1）选择最佳镜头：分析脚本，从拍摄的多个镜头中挑选出最合适的镜头来展示。

（2）安排镜头顺序：决定镜头之间的排列顺序，以保证作品的连续性和逻辑性。

（3）拼接、剪辑镜头：通过镜头的长度和过渡来控制短视频的整体节奏，吸引用户的注意力。

（4）添加转场效果：使用各种转场技巧（如淡入淡出、叠化等）来平滑地转换不同的镜头。

（5）声音处理：确保音频清晰，需要调整音量、添加背景音乐或音效来增强短视频的表现力。

（6）色彩校正与调色：调整短视频的颜色和亮度，使之更加美观和谐，增强其视觉效果。

（7）添加特效和动画：在必要时添加视觉特效或动画元素来增强视觉冲击力。

（8）添加字幕和标题：添加字幕、标题或其他文字说明，帮助用户理解短视频的内容。

三、任务实践

（一）导入和剪辑素材

1.步骤1：导入素材

打开剪映App，点击"开始创作"按钮，如图8-11所示，进入素材选取界面，在"照片视频"面板的"视频"选项卡中，依次选择拍摄的1-14镜号短视频素材，然后点击右下角的"添加"按钮，导入素材，进入操作界面，如图8-12所示。

图8-11　开始创作　　　　　图8-12　导入素材

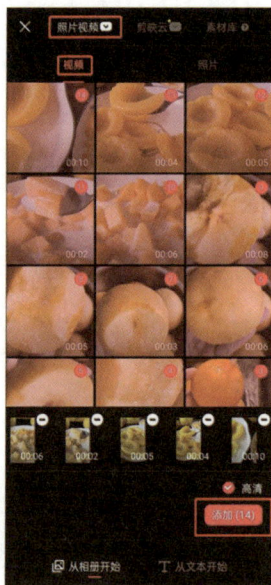

2.步骤2：剪辑素材

在短视频界面的时间轴上，拖动时间指针使其位于第4秒处，点击操作界面底部的"剪辑"按钮进入剪辑界面，如图8-13所示。接着点击操作界面底部的"分割"按钮，将镜号1子视频分割成两段，如图8-14所示。

图8-13　点击"剪辑"　　　　　图8-14　分割视频

选中位于右侧的短视频片段，点击"删除"按钮，进行删除，如图8-15所示。

参照上述方法，依次将镜号2-13的子视频各截取2秒的短视频片段，将镜号14的子视频截取7秒的短视频片段。

3.步骤3：变速

在时间轴上选中镜号14子视频片段，点击下方工具栏中的"变速"按钮，如图8-16所示，打开"常规变速"选项栏，拖动下方的变速条，调整至1.5倍速，如图8-17所示，最终使整体的短视频时长保持在31秒左右。

4.步骤4：关闭原声

点击时间轴左侧的"关闭原声"按钮，如图8-18所示。

图 8-15 删除右侧视频

图 8-16 点击"变速"

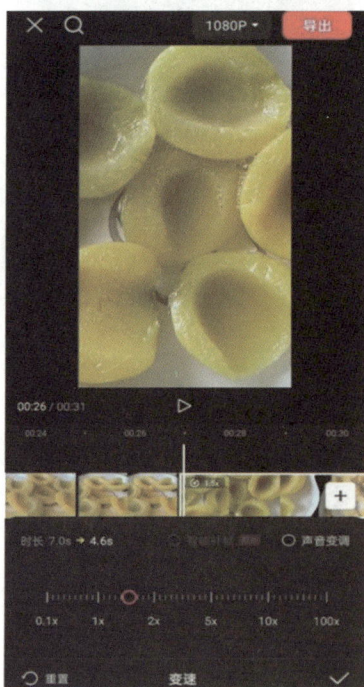

图 8-17 调整至 1.5 倍速

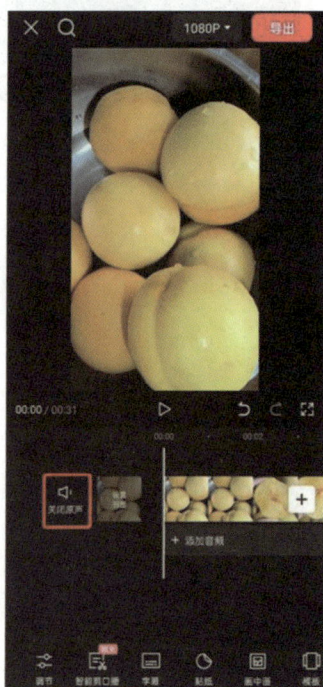

图 8-18 点击"关闭原声"

（二）添加转场和滤镜

1.步骤1：添加转场

在时间轴区域中点击镜号1子视频和镜号2子视频中间的分割线，如图8-19所示；打开"转场"选项栏，选择"叠化"标签下的"叠化"转场效果，如图8-20所示；然后点击"全局应用"按钮，如图8-21所示；将叠化转场应用到全部片段，如图8-22所示。

2.步骤2：添加滤镜

将时间指针移动至短视频的起始位置，在未选中任何素材的状态下，点击底部工具栏中的"滤镜"按钮，如图8-23所示。打开"滤镜"选项栏，选择"美食"标签下的"暖食"滤镜效果，如图8-24所示。

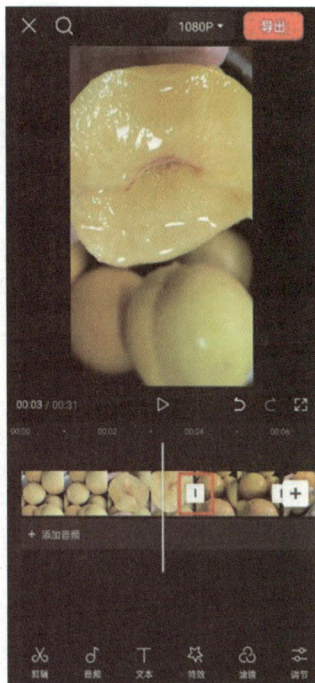

图8-19　点击分割线

图8-20　选择"叠化"转场

图8-21　全局应用

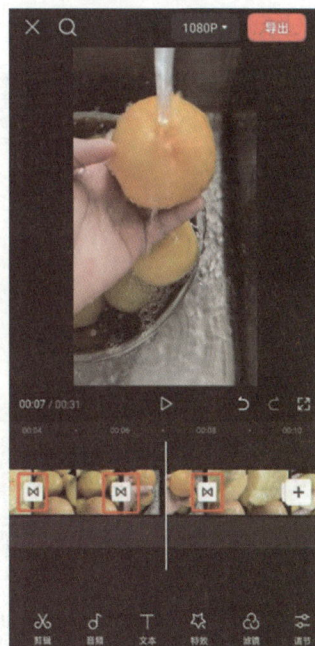

图8-22　叠化转场全局应用

3.步骤3：尾端对齐

在时间轴区域中选中"暖食"滤镜素材，将其最右侧的白色边框向右拖动，如

图 8-25 所示，使其尾端和素材的尾端对齐，如图 8-26 所示。

图 8-23　点击"滤镜"

图 8-24　选择"暖食"滤镜

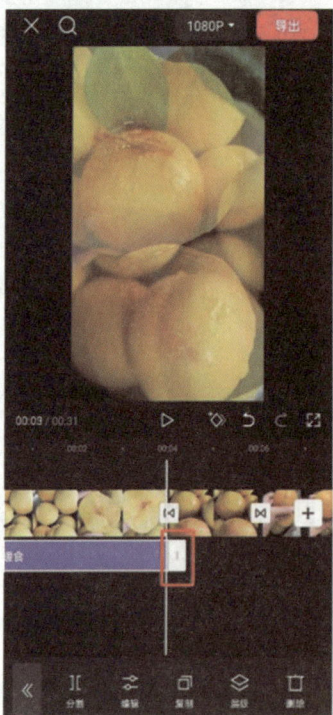

图 8-25　向右拖动

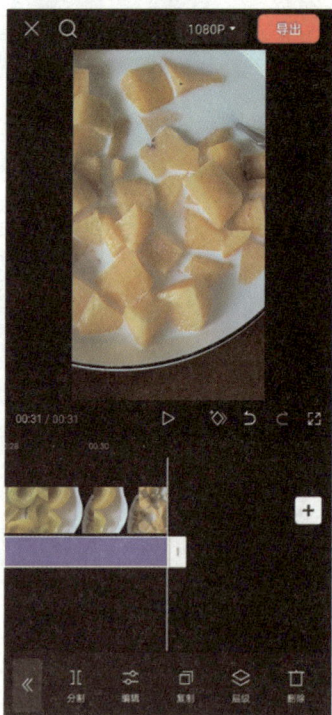

图 8-26　与素材尾端对齐

（三）添加字幕和配音

1.步骤1：添加字幕

在未选中任何素材的状态下，点击底部工具栏中的"字幕"按钮，如图 8-27 所示；点击"输入字幕"按钮，将提前准备好的文案内容粘贴到文本框中，可以通过换行来进行字幕分句，然后点击右上角的"应用"按钮，如图 8-28 所示。

图 8-27 点击"字幕"

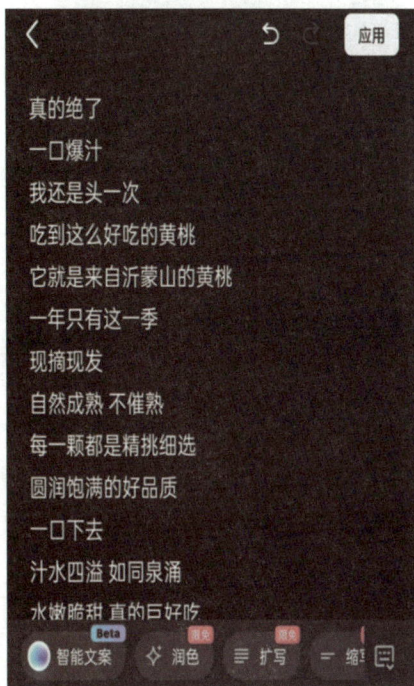

图 8-28 输入文案

2.步骤2：添加配音

进行智能配音，点击界面右侧的"更多音色"选项，如图 8-29 所示；点击"方言"标签下的"东北老铁"音色，如图 8-30 所示，然后点击右上角的"下一步"按钮，即可生成配音。

3.步骤3：调节字幕

在预览区域中将文本框放大，调整到合适大小，如图 8-31 所示，进行预览。如果出现字幕与画面时间不一致，可以在时间轴区域中选中字幕素材，将其左右拖动调整至合适位置，如图 8-32 所示。

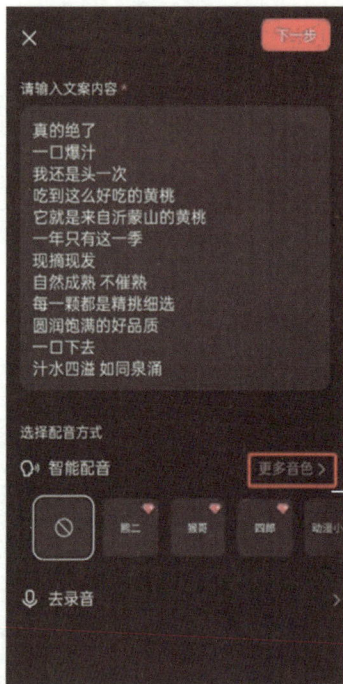

图8-29 选择"更多音色"

图8-30 选择"东北老铁"音色

图8-31 调整文本框大小

图8-32 调整字幕素材位置

（四）导出成片

完成上述所有操作后，即可点击界面右上角的"导出"按钮，将其保存至手机相册。

任务五　短视频的发布

一、任务导入

小李同学及其项目组完成短视频的制作后，接下来的重要一步就是将其发布到合适的平台上，以达到最大的曝光度和影响力。通过正确的发布策略，可以有效地吸引目标受众，促进产品销售，提升品牌形象。在这个环节，我们需要考虑选择哪些平台发布，如何优化短视频封面、标题、文案和标签等问题。接下来，让我们一起探讨如何将制作好的沂蒙山黄桃短视频发布出去。

二、知识准备

短视频的成功发布不仅在于内容本身的质量，还需要考虑发布的平台、时间、方式等因素。一个成功的发布策略可以帮助短视频获得更多的曝光机会，从而达到推广产品的目的。以下是短视频发布的一些关键要素。

（一）选择合适的平台

根据前面的内容，确定目标受众年龄为25～40岁，且以山东地区为主，因此选择抖音作为主要发布平台。因为抖音拥有广泛的用户基础，适合农产品营销。

（二）优化短视频封面和标题

（1）短视频封面应该具有吸引力，能够一目了然地传达短视频的主题。比如选择一张黄桃切开后的特写图片，展现出其汁水丰富的状态。

（2）标题要简洁明了，激发用户的认同感，促进用户互动，同时包含关键词以提高搜索量。

（三）撰写有吸引力的文案

（1）文案应简洁地概述短视频的内容，同时鼓励用户观看、点赞、评论和分享。

（2）选择相关的话题标签，更容易获得平台推荐，以提高短视频的曝光率。

（四）选择最佳发布时间

（1）研究目标受众最活跃的时间段，可以选择中午12点以及晚上19点至21点发布短视频。

（2）使用蝉妈妈等数据分析工具来帮助确定最佳发布时间。

三、任务实践

（一）制作封面

（1）步骤1：打开抖音App，注册并登录账号后，点击底部的"［＋］"按钮，创建短视频，如图8-33所示，进入操作界面。

（2）步骤2：点击右下方的"相册"按钮，如图8-34所示，进入素材选取界面，在"所有照片"面板的"视频"选项卡中选择之前剪辑好的短视频，如图8-35所示，点击"下一步"按钮，导入素材，进入编辑界面，如图8-36所示。

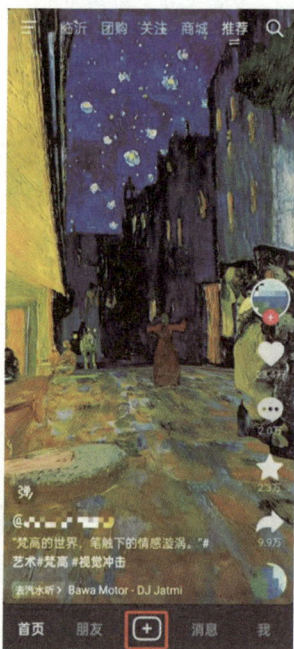

图8-33　创建短视频

图8-34　点击"相册"

图 8-35　导入素材

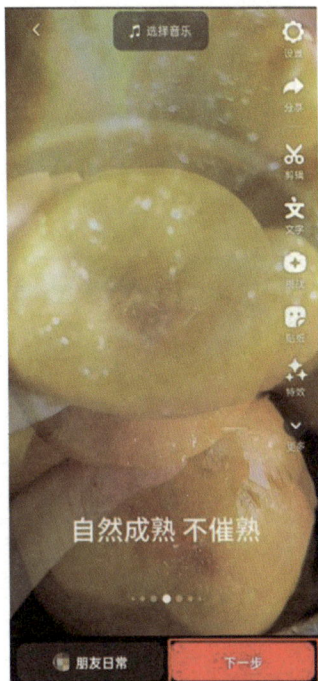

图 8-36　编辑界面

（3）步骤 3：点击编辑界面底部的"下一步"按钮，进入发布界面，接着点击发布界面右上角的"选封面"选项，如图 8-37 所示，从作品中选取有吸引力的图片作为封面，如图 8-38 所示。

图 8-37　选封面

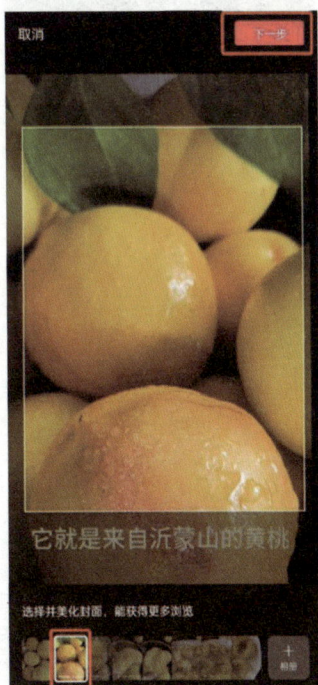

图 8-38　选择封面

（4）步骤4：点击界面右上角的"下一步"按钮，进入模板界面，在该界面的"美食"标签下选择合适的封面模板，如图8-39所示。

（5）步骤5：在预览窗口中选择标题，然后点击文本框，删除文本框中的内容并输入"沂蒙山黄桃"作为标题；使用相同方法，将标题下方的文本改成"甜蜜翻倍"，以此作为副标题，最后调整标题和副标题的大小和位置，如图8-40所示。

图8-39 选择美食封面模板　　　　图8-40 封面标题和副标题

（6）步骤6：点击界面右上角的"保存封面"按钮，并返回发布界面。

（二）发布短视频

1.步骤1：添加话题及标题

如图8-41所示，在发布界面中点击"#话题"标签，在展开的列表中选择热度较高的话题，重复以上操作选择多个话题，并添加文案："【鲜美来袭】沂蒙山黄桃，让你的夏天甜蜜翻倍！"

2.步骤2：发布短视频

添加完文案和话题后，点击发布界面右下方的"发作品"按钮，即可发布短视频作品，如图8-42所示。

图 8-41　添加话题以及标题

图 8-42　发布作品

任务六　短视频的数据分析

一、任务导入

在短视频发布了一段时间后，通过数据分析，可以了解到短视频的传播效果，以及如何进一步优化未来的短视频制作和推广策略。沂蒙山黄桃的短视频推广项目，需要分析短视频的播放量、完播量、互动率、吸粉率等关键指标，了解到这些后，小李同学及其项目组在教师的指导下，尝试着完成这项任务。

二、知识准备

（一）播放量

分析短视频的播放量，判断短视频的曝光度。

（二）完播量

计算短视频的完播率，了解用户观看短视频的完整度。

（三）互动率

主要通过点赞量、评论量、转发量这三类数据来体现，了解用户的参与度。

（四）吸粉率

分析新增粉丝的数量，了解短视频对粉丝增长的影响情况。

三、任务实践

（一）获取数据

（1）步骤1：打开抖音App，点击"我"界面右上角的"≡"按钮，在展开的列表中选择"抖音创作者中心"选项，如图8-43所示，进入创作者中心界面，点击该界面"全部作品"区域的"更多"选项，进入"数据中心"界面，如图8-44所示。

图8-43　抖音创作者中心

图8-44　点击"更多"

（2）步骤2：在"数据中心"界面"总览"选项卡的"账号诊断"区域可以查看短视频的核心数据，如图8-45所示。

（3）步骤3：在"数据中心"界面的"作品分析"选项卡中可以查看已发布短视频的播放、点赞、评论、分享的数据，如图8-46所示。点击短视频画面，可以在打开的"作品详情数据"界面中查看总览、流量分析和观众分析的详情数据，如图8-47所示。

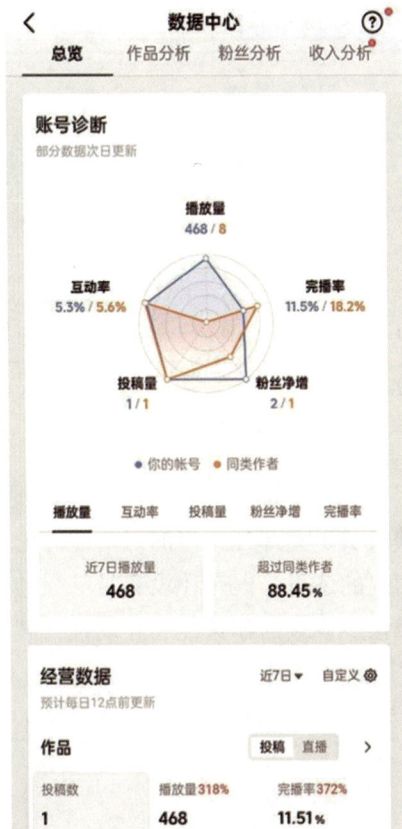

图8-45　账号诊断

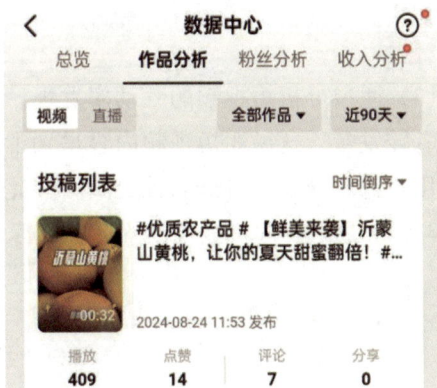

图8-46　作品分析

（二）分析数据

对获取的数据进行分析，总结经验，优化短视频内容。

（1）通过账号诊断发现，短视频的播放量、粉丝净增相比同类短视频较高。这说明该短视频的内容具有一定的吸引力，能够成功地激发用户的兴趣，促使他们关注账号。

（2）通过分析短视频的完播率发现，虽然受到部分用户的喜爱，但是2秒跳出率比较高。这说明短视频开头的部分可能不够吸引人，未能在短时间内吸引用户的注意力，导致部分用户在短时间内就选择退出。可以通过优化短视频开头的设计，比如使用更吸引用户眼球的画面或者提问法来引导用户继续观看，以提高完播率。

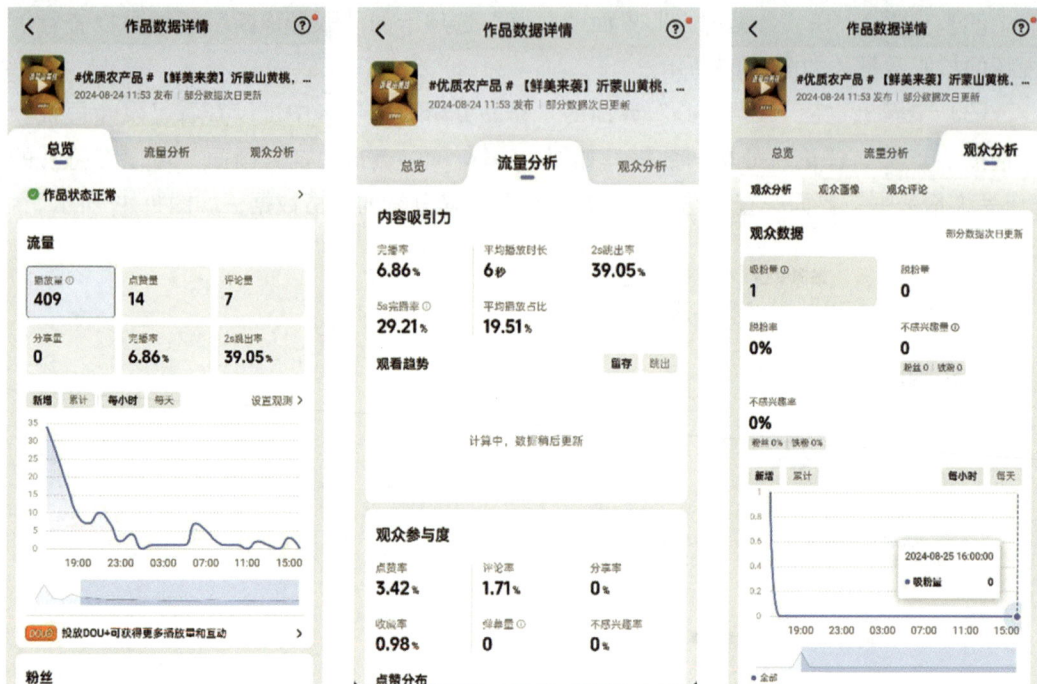

图 8-47　单个短视频的数据详情

（3）通过分析短视频的互动率发现，该短视频吸引了一部分用户的点赞、评论，但是没有转发量。这说明短视频内容得到了一部分用户的认可，但是还没有足够强的驱动力让用户愿意分享给自己的社交圈。因此，可以增强短视频的趣味性和互动性，鼓励用户参与，如通过发起挑战或设置话题等形式提高用户的参与度。

参 考 文 献

[1] 邓元兵，胡莹.短视频策划、拍摄与制作[M].北京：人民邮电出版社，2022.

[2] 胡龙玉，杨佳佳.短视频拍摄与制作实训教程[M].北京：北京大学出版社，2024.

[3] 郑昊，米鹿.短视频：策划、制作与运营[M].北京：人民邮电出版社，2019.

[4] 冯永强，许媛.短视频创作AIGC版[M].北京：人民邮电出版社，2025.

[5] 王冠宁，张光，张瀛，等.短视频创作实战[M].北京：人民邮电出版社，2022.

[6] 尹涛，陈杰.剪映：手机短视频制作[M].北京：人民邮电出版社，2023.

[7] 孟巍巍，张宏如，尹君君.手机短视频 策划 拍摄 剪辑 发布[M].北京：人民邮电出版社，2024.